CALCUL ET CONSTRUCTION

DES

PONTS MÉTALLIQUES

PAR

MM. FR. LAISSLE ET AD. SCHUEBLER,
INGÉNIEURS.

Traduit de l'allemand
avec l'approbation des auteurs.

Tome premier.

STUTTGART.
PAUL NEFF, ÉDITEUR.
1871.

CALCUL ET CONSTRUCTION

DES

PONTS MÉTALLIQUES

PAR

MM. FR. LAISSLE et AD. SCHÜEBLER,

Jngénjeurs.

Traduit de l'allemand
avec l'approbation des auteurs.

Tome premier.

Stuttgart.

PAUL NEFF, ÉDITEUR.

1871.

Imprimerie de Woerner et Comp. à Stouttgart.

TABLE DES MATIÈRES.

Chapitre premier.

Développement des principes fondamentaux.

§. 1. Préliminaires.

§. 2. Développement des conditions d'équilibre et leur application spéciale aux ponts-poutres.

§. 3. Etude de la résistance des corps prismatiques.

Appendice.

Résumé

des notations employées.

<hr>

Les notations suivantes, qui arrivent fréquemment dans le cours de cet ouvrage, ont toujours les significations ci-après désignées:

P — une force connue en direction et en grandeur, agissant en un point donné.

E — le module d'élasticité.

$\mathfrak{A}$ — l'effort par unité carrée d'une pièce soumise à la traction.

$\mathfrak{B}$ — l'effort par unité carrée d'une pièce soumise à la compression.

$\mathfrak{C}$ — l'effort rasant, c'est-à-dire la force de cisaillement par unité carrée.

Θ — le moment d'inertie d'une section.

Ω — la section de la nervure ou semelle d'une poutre.

H — la hauteur totale d'une poutre.

$\mathfrak{H}$ — la distance des points d'application des tensions et des compressions dans la section d'une poutre chargée.

$\mathfrak{H}_0$ — la distance des deux nervures d'une poutre.

$a\ (\mathfrak{b})$ — la distance à l'axe neutre des fibres extérieures longitudinales soumises à la tension (ou à la compression).

$a_0\ (\mathfrak{b}_0)$ — la distance à l'axe neutre des centres de gravité des nervures soumises à la tension (ou à la compression).

δ — l'épaisseur de la paroi verticale d'une poutre à parois pleines.

l — la portée d'une poutre quelconque.

$a,\ b,\ c\ \dots$ — les portées d'une suite de travées de pont à poutres continues.

$A,\ B,\ C\ \dots$ — les appuis successifs d'un pont à plusieurs travées, et aussi les réactions sur ces appuis.

p — le propre poids d'un pont par unité de longueur, calculé en général pour une voie de chemin de fer.

k — la surcharge sur le pont par unité de longueur.

$q = p + k$ — la charge totale par unité de longueur.

$\mathfrak{M}$ — le moment de flexion, ou le moment des forces extérieures.

$\Sigma X y$ — le moment de résistance d'une poutre, de valeur égale à $\mathfrak{M}$.

$\mathfrak{B}$ — la somme des composantes verticales des forces extérieures — somme ordinairement nommée l'effort tranchant.

ΣY — la résistance verticale de la coupe considérée d'une poutre, de valeur égale à $\mathfrak{B}$.

CHAPITRE PREMIER.

Développement des principes fondamentaux.

§ 1.

INTRODUCTION.

1. Les parties principales d'un pont sont: les *soutiens* (piles et culées), les *maîtresses poutres* ou *fermes* et le *tablier*; ce dernier consiste en un plancher servant au passage de chariots ou de piétons ou bien à celui d'une ou de plusieurs voies ferrées; dans les ponts en pierre et généralement dans les ponts en fer de faible ouverture, le tablier est placé immédiatement au-dessus des fermes, dans la plupart des autres cas, il se trouve entre les fermes, relié à celles-ci par des *pièces de pont* ou des *entretoises*. — Comme faisant partie du pont, on distingue encore: le *contre-ventement*, système de croisillons qui ne peut être supprimé que lorsque les fermes ou le tablier possèdent une rigidité suffisante pour s'opposer aux oscillations latérales, et enfin le *garde-corps*, lorsqu'il n'est pas formé et remplacé par les fermes elles-mêmes.

La construction des fermes devant faire l'objet principal de cet ouvrage, nous classifierons les ponts d'après la forme des maîtresses poutres; celles-ci présentent, pour autant qu'elles ne sont pas des poutres homogènes, dans toute la longueur du pont des *tiges* ou *nervures* dont la disposition nous donne la classification suivante:

1° Les *ponts en arc*, où chaque ferme se compose d'une tige convexe savoir *l'arc*, qui est stable par son mode de construction.

2° Les *ponts en chaînes* ou *ponts suspendus*; chaque ferme se compose d'une tige concave, de la *chaîne*, qui tend à se mettre en équilibre sous chaque charge qu'elle est destinée à supporter; cet équilibre n'est en général possible que par un changement de forme de la chaîne, lequel produit des oscillations tant verticales qu'horizontales; ces dernières pourraient être supprimées, quand on donnerait à la chaîne une disposition telle qu'elle fût capable, comme l'arc, d'une résistance suffisante dans le sens vertical pour ne plus se déformer, mais par là les avantages principaux de la chaîne disparaîtraient; la théorie des ponts en arc et des ponts en chaînes sera donc toujours différente.

3° Les *ponts-poutres*, aussi nommés *ponts à poutres droites*, dans lesquels chaque ferme se compose de deux tiges ou nervures, courbées ou droites; ces tiges sont toujours reliées entr'elles sur toute leur longueur par un système de *barres* ou par une *paroi verticale pleine*, suffisante pour que chaque déformation d'une des nervures nécessite en même temps celle de la poutre entière, comme cela arrive dans une poutre formée d'une seule pièce.

L'arc aussi bien que la chaîne exerce sur les culées un effort horizontal, précisément parce qu'ils ne sont formés que *d'une seule tige*. Cet effort horizontal peut être détruit par l'emploi d'un tirant ou corde sans que ce système rentre dans celui d'une poutre droite, puisqu'il y manque la liaison intime entre la tige et la corde, cette dernière n'étant qu'une construction auxiliaire qui a pour but, d'obtenir la stabilité des culées. — On peut se figurer un pont composé à la fois d'un arc et d'une chaîne, ensorte que les tiges concaves et convexes annulassent leurs efforts horizontaux respectifs, sans qu'on eût recours à un système intermédiaire semblable à celui que présentent les poutres droites. — L'emploi de tels ponts est en tout cas peu fréquent et ne pourrait avoir lieu que dans des conditions tout-à-fait exceptionnelles.

2. Nous diviserons notre sujet en divers chapitres; dans le premier nous développerons *les conditions d'équilibre*, ayant surtout égard aux *ponts-poutres* dont l'emploi est très-fréquent et qui, dans tous les systèmes de construction, forment des parties intermédiaires presque toujours indispensables; nous y ajouterons encore l'étude de la résistance des corps.

Les deux chapitres qui suivent ne forment pour ainsi dire qu'un complément de quelques théories contenues dans le premier chapitre; le second contiendra *les résultats d'expériences* sur la résistance des matériaux (les coefficients de résistance); dans le troisième chapitre, nous développerons pour des ponts-poutres et pour chaque coupe, *les forces et les moments de forces* variant pour diverses dispositions et portées.

Dans le quatrième chapitre, nous commençons à donner *des règles pratiques* pour chaque espèce de construction, en les basant sur les théories développées dans le premier chapitre et en employant toujours les résultats consignés dans le second et dans le troisième chapitre. — Ces formules pratiques sont énoncées de manière qu'on pourra obtenir directement les tensions ou les pressions qui agissent sur la matière d'après les données principales et les dimensions du pont; ou bien étant données les tensions ainsi que les éléments principaux du pont, on pourra en déduire les dimensions de coupe à adopter; nos formules pratiques s'appliquent également aux deux cas.

§ 2.

Développement des conditions d'équilibre et leur application spéciale aux ponts-poutres droites.

3. Pour qu'un corps soit en repos, il faut que les forces agissant sur ce corps se fassent équilibre.

La *pesanteur* est la force principale à laquelle doivent résister les constructions des ponts; elle se compose du *poids de la construction elle-même* et de la *surcharge*. Pour un pont de route, la surcharge est fournie par le poids d'une colonne serrée ou de pesants chariots venant à passer sur le pont; pour un pont de chemin de fer, par celui d'une ou de plusieurs locomotives avec tender, suivies de wagons chargés qui s'étendent sur toute la longueur du pont.

Les autres forces verticales sont de peu d'importance, une légère addition à la surcharge y suffira. La *force résultant des coups de vent*, qui agissent dans un sens plus ou moins horizontal, est toujours peu considérable comparativement à celle de la pesanteur, toutefois sa direction étant toute différente demande une disposition spéciale, le *contreventement*.

Les dimensions principales du pont sont déterminées en général par les forces verticales, propre poids plus surcharge; mais il faut de plus que, dans le sens horizontal, le pont présente une ferme de résistance suffisante. — Dans des cas spéciaux on pourra, si l'on veut calculer le contreventement, se servir de la table suivante donnée par M. Morin:

Table I.

Vitesse du vent en mètre par seconde.	Pression en kilogrammes contre une surface d'un mètre carré choquée directement.
3,00 M.	1,047 Kilogr.
5,00 M.	2,908 ,,
8,00 M.	7,443 ,,
10,85 M.	13,691 ,,
14,00 M.	22,790 ,,
20,00 M.	46,520 ,,
40,00 M.	186,080 ,,

Remarque. Il sera d'ordinaire suffisant de prendre 150 kilog. par mètre carré de surface perpendiculaire à la direction du vent.

Les forces extérieures que nous supposons données, déterminent *des réactions sur les appuis* telles, que toujours, tant en direction qu'en intensité, les conditions d'équilibre se trouvent remplies.

Ce n'est que par des changements infiniment petits des appuis eux-mêmes, que peuvent s'opérer les variations de direction et d'intensité des réactions sur les appuis; nous verrons dans la suite comment nous pourrons toujours déterminer ces réactions, lorsque les positions des surcharges sont connues.

Il est absolument nécessaire de connaître d'avance les forces extérieures, si l'on veut déterminer les *forces moléculaires* ou *forces intérieures*, c'est-à-dire les pressions ou les tensions.

La seconde opération de tout calcul statique est donc: *connaissant les forces extérieures, trouver pour un point quelconque d'un système, les forces moléculaires, c'est-à-dire la pression, ou la tension par unité de surface.*

A cet effet, nous remarquerons que, si dans une construction sur laquelle agissent les forces extérieures, nous faisons une section quelconque, nous obtiendrons deux parties, qui en général tendraient à se mettre en mouvement sous l'action de ces forces, si *les forces moléculaires qui agissent à la surface de la coupe considérée* ne suffisaient pas exactement à former équilibre avec les forces extérieures.

C'est donc en recherchant les conditions d'équilibre que nous trouverons *les résultantes des forces moléculaires agissant dans chaque coupe*; elles se composent en général d'une force et d'un couple.

Il serait sans doute très-difficile pour un corps de forme quelconque de déterminer par la résultante ainsi trouvée les forces qui agissent dans chaque partie de la coupe transversale; heureusement que dans les constructions et surtout dans celles de pont, où chaque partie est construite dans un but déterminé, où existe un arrangement régulier, cette difficulté est par là tournée et nous pourrons dans chaque cas déterminer les lois d'après lesquelles les forces agissent sur chaque élément; le mode de recherche variera selon les circonstances spéciales, ainsi que nous le verrons dans la suite.

4. Les conditions d'équilibre sont intimement liées à nos recherches, puisque ce sont elles qui nous fourniront le moyen de trouver les forces moléculaires, dès que nous connaîtrons les forces extérieures; ces dernières, par exemple les réactions sur les appuis, étant souvent inconnues, c'est encore au moyen des conditions d'équilibre que nous les trouverons.

Passons à *la détermination des conditions d'équilibre des forces extérieures.*

Si nous décomposons toutes les forces P agissant sur un corps selon 3 axes, x, y et z perpendiculaires entre eux, nous obtiendrons des composantes P_x, P_y et P_z; il faut pour que l'équilibre existe, premièrement: que la somme algébrique de ces composantes sur chacun des trois axes soit nulle, donc

$$\Sigma P_x = 0 \quad . \quad . \quad . \quad . \quad 1)$$
$$\Sigma P_y = 0 \quad . \quad . \quad . \quad . \quad 2)$$
$$\Sigma P_z = 0 \quad . \quad . \quad . \quad . \quad 3)$$

En second lieu si l'on calcule les moments, nous remarquons que le moment de la force P pris par rapport à l'axe des z est donné par la somme des produits

$$yP_x + xP_y,$$

où x, y et z désignent les coordonnées du point d'application de la force P; pour que l'équilibre existe, il faut que la somme des moments relativement aux trois axes soit nulle, donc

$$\Sigma yP_x + \Sigma xP_y = 0 \quad . \quad . \quad . \quad . \quad 4)$$
$$\Sigma zP_x + \Sigma xP_z = 0 \quad . \quad . \quad . \quad . \quad 5)$$
$$\Sigma yP_z + \Sigma zP_y = 0 \quad . \quad . \quad . \quad . \quad 6)$$

Nous prendrons toujours l'axe des y parallèle à la direction de la pesanteur, l'axe des x sera donc horizontal et nous le placerons dans la direction de l'axe de la construction; la plus grande partie des forces que nous aurons à considérer sera donc parallèle au plan xy et nous n'aurons guère à nous occuper que des équations 1) 2) et 4).

Nous désignerons par ΣX et ΣY la somme des *forces composantes moléculaires*, horizontales et verticales, agissant sur une coupe quelconque; si nous plaçons l'origine des coordonnées sur cette coupe et que nous conservions les notations ci-devant de P_x et P_y pour les composantes horizontales et verticales des forces *extérieures*, nous obtiendrons pour les conditions d'équilibre les relations:

$$\Sigma X = \Sigma P_x \quad . \quad . \quad . \quad . \quad . \quad . \quad 7)$$
$$\Sigma Y = \Sigma P_y \quad . \quad . \quad . \quad . \quad . \quad . \quad 8)$$
$$\Sigma Xy = \Sigma xP_y + \Sigma yP_x \quad . \quad . \quad 9)$$

Dans ces trois équations, les forces extérieures et leurs moments sont opposés aux forces moléculaires et à leurs moments; la valeur $\Sigma xP_y + \Sigma yP_x$ exprime le moment des forces extérieures pris relativement à la coupe considérée et nous la nommerons dans la suite *moment de flexion*; ΣP_x est la *poussée horizontale* et ΣP_y *l'effort tranchant*.

Pour les *ponts-poutres*, les réactions sur les appuis sont parallèles à la pesanteur; ici nous négligeons les petites forces horizontales qui résultent par exemple d'un changement de température produisant un frottement, la poussée horizontale ΣP_x devient nulle ainsi que le moment ΣyP_x, et les équations 7 à 9 se réduisent aux expressions:

$$\Sigma X = 0 \quad . \quad . \quad . \quad . \quad 10)$$
$$\Sigma Y = \Sigma P_y \quad . \quad . \quad . \quad 11)$$
$$\Sigma Xy = \Sigma xP_y \quad . \quad . \quad . \quad 12)$$

L'équation 10) montre que ΣXy est un couple dont le moment est indépendant de l'origine des coordonnées, où qu'il soit transporté; ΣXy ainsi que le moment de flexion $\Sigma x P_y$ est constant pour la coupe considérée.

Nous nommons ΣXy le *moment de résistance* de la surface d'une coupe quelconque et ΣY la *résistance verticale*; ainsi que nous venons de le voir, ces deux valeurs sont pour des ponts-poutres en valeur numérique égales et de sens contraire au moment de flexion ou à l'effort tranchant; dans la suite, lorsqu'il sera question de la coupe d'un pont-poutres, nous désignerons le moment de flexion par $\mathfrak{M}$, l'effort tranchant par $\mathfrak{B}$; les équations 10) à 12) s'écriront alors

$$\Sigma X = 0 \quad . \quad . \quad . \quad . \quad 10^a)$$
$$\Sigma Y = \mathfrak{B} \quad . \quad . \quad . \quad . \quad 11^a)$$
$$\Sigma Xy = \mathfrak{M} \quad . \quad . \quad . \quad . \quad 12^a)$$

Nous désignerons par A, B, C . . . . ., les réactions sur les appuis résultant des forces extérieures, par p le poids par unité de longueur de la construction elle-même, par k celui de la surcharge et leur somme par q, les valeurs de p, k et q pouvant varier pour diverses coupes verticales.

5. M. W. Schwedler dans un article sur les ponts-poutres qui a paru en 1851 à Berlin dans la *„Zeitschrift für Bauwesen"*, a introduit le premier sous la forme que nous venons de donner le moment de résistance ΣXy et la résistance verticale ΣY, en faisant observer une relation remarquable entre ces deux valeurs. — Considérons l'extrémité d'une poutre quelconque, plaçons l'origine des coordonnées sur l'appui en A; soit

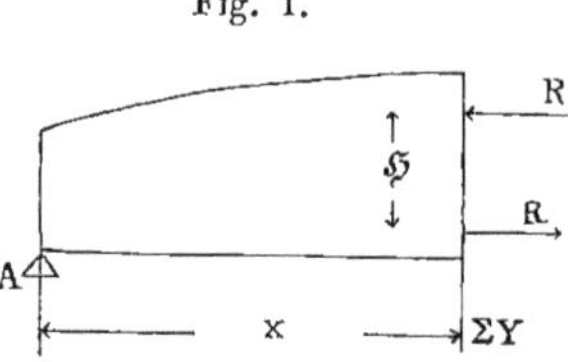

x l'abscisse d'une coupe quelconque, et la charge totale exprimée par la relation $q = F(x)$ dans laquelle comme au N° **4**, q indique la charge par unité de longueur pour la coupe x, ensorte que $\int_o^x q \, . \, dx$ désigne la charge répartie entre A et x; les valeurs ΣX, ΣY et ΣXy ont la signification indiquée au N° **4**, de même A indique la pression sur l'appui A. L'origine des coordonnées étant en A, nous aurons pour les conditions d'équilibre

$$\Sigma X = 0 \quad . \quad . \quad . \quad . \quad . \quad . \quad . \quad . \quad . \quad 13)$$
$$\Sigma Y = A - \int_o^x q \, . \, dx \quad . \quad . \quad . \quad . \quad 14)$$
$$\Sigma Xy = \int_o^x qx \, . \, dx + x\Sigma Y \quad . \quad . \quad . \quad 15)$$

Nous pourrons toujours choisir une abscisse a de façon que $A = \int_0^a q\,dx$, nous aurons d'après l'équation 14):

$$\Sigma Y = \int_x^a q\,dx \quad \ldots \quad 16)$$

c'est-à-dire que la valeur ΣY est toujours égale aux poids répartis entre a et x; nous voyons que ΣY augmente à mesure qu'on se rapproche de l'appui et qu'il est nul pour l'abscisse a.

Différentiant les grandeurs ΣY et ΣXy par rapport à x dans les équations 14) et 15), on obtient

$$d\Sigma Y = - q\,dx$$
$$d\Sigma Xy = qx\,dx + \Sigma Y \cdot dx + x\,d\Sigma Y$$

d'où résulte:

$$\frac{d\Sigma Xy}{dx} = \Sigma Y \quad \ldots \ldots \ldots \quad 17)$$

Figurons-nous l'appui N comme point intermédiaire d'une poutre continue et introduisons à gauche de l'origine des coor-

Fig. 2.

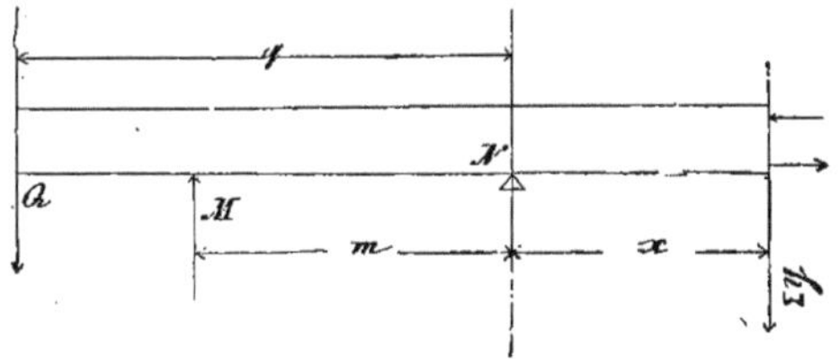

données la somme des charges Q et celles des pressions sur les appuis M avec leurs bras de levier respectifs q et m, les équations 13) à 15) prendront les formes:

$$\Sigma X = 0 \quad \ldots \ldots \ldots \ldots \ldots \quad 13^a)$$

$$\Sigma Y = M + N - (Q + \int_0^x q\,dx) \quad \ldots \quad 14^a)$$

$$\Sigma Xy = \int_0^x qx\,dx + x\Sigma Y + Mm - Qq \quad . \quad 15^a)$$

Choisissons encore une abscisse a de telle façon que $M + N - Q = \int_0^a q\,dx$, nous obtiendrons comme ci-devant

$$\Sigma Y = \int_x^a q \cdot dx \quad \ldots \ldots \ldots \quad 16^a)$$

c'est-à-dire que ΣY représente encore la charge répartie entre x et le point pour lequel $\Sigma Y = 0$.

En différentiant les équations $14^a)$ et $15^a)$ on verra que les valeurs $d\Sigma Y$ et $d\Sigma Xy$ sont identiques à celles obtenues par les équations 14) et 15), ce qui montre que la relation contenue dans l'équation 17) est aussi bien applicable à des poutres continues qu'à celles qui reposent librement sur deux appuis.

6. La valeur numérique du moment de résistance ΣXy étant indépendante du choix de l'origine des coordonnées pour des ponts-poutres, on peut y substituer la valeur du moment de flexion obtenue facilement pour la même coupe au moyen des forces extérieures; d'après les équations 8), 11^a) et 16) on voit clairement que l'effort tranchant $\mathfrak{B}$ est toujours égal à la résistance verticale ΣY.

Si x désigne l'abscisse d'un élément pour une origine de coordonnées quelconques — et que $\mathfrak{M}$ représente le moment de flexion pour ce même élément en fonction de l'abscisse x, d'après l'équation 17) on aura toujours

$$\frac{d\mathfrak{M}}{dx} = \mathfrak{B} \quad . \quad . \quad . \quad . \quad . \quad 18)$$

En portant comme ordonnée une série de valeurs $\mathfrak{M}$ calculée pour un nombre suffisant de coupes x, on obtiendra ainsi une courbe dont la tangente trigonométrique sera proportionnelle à la valeur $\mathfrak{B}$ de l'effort tranchant pour la coupe considérée.

Pour $\mathfrak{B} = 0$, ce qui revient à $\Sigma Y = 0$, la tangente à la courbe des moments de flexion est horizontale, c'est-à-dire que pour ce point, qu'on peut facilement déterminer par les équations 14), 14^a) ou 16), la valeur de $\mathfrak{M}$ a atteint un maximum ou un minimum; il est donc facile, pour des ponts-poutres, de déterminer la plus grande valeur des moments de flexion.

Nous pourrons construire, d'une manière tout-à-fait analogue, une courbe pour l'effort tranchant; dans la planche II, nous avons construit au-dessus de l'axe des abscisses la courbe des $\mathfrak{M}$, au-dessous celle des $\mathfrak{B}$; — les valeurs *négatives* ont été portées par un rabattement du côté de l'axe des abscisses où sont déjà contenus les termes positifs, puisqu'il s'agit pour le moment des valeurs numériques de $\mathfrak{M}$ et de $\mathfrak{B}$.

7. Nommons R et R', la somme des composantes positives et négatives des forces moléculaires agissant sur un élément, égales en valeur numérique et figurons-nous qu'elles agissent à leurs points d'application respectifs distants entre eux de la grandeur $\mathfrak{H}$ nous aurons d'après la théorie des couples:

$$\mathfrak{M} = \Sigma Xy = \mathfrak{H}R = \mathfrak{H}R' \quad . \quad . \quad . \quad . \quad 19)$$

Si dans les parties d'une tige soumises à des efforts de traction et de compression, on parvient à déterminer avec une approximation suffisante les points d'application des sommes des composantes horizontales de tension et de pression, on obtiendra directement par l'équation 19) au moyen du moment de flexion $\mathfrak{M}$, la valeur de la force horizontale R agissant dans la tige, en divisant cette valeur par le cosinus de l'inclinaison que la tige forme, avec l'horizon.

§ 3.
Etude de la résistance des corps prismatiques.

8. L'étude de la *résistance à l'extension et à la compression* repose sur l'observation, qu'une force de tension ou de compression agissant dans le sens longitudinal d'un corps, se répartit uniformément sur toute la surface de ce corps, de sorte qu'on a toujours la relation :

$$P = \mathfrak{A}w = \mathfrak{B}w \quad \ldots \ldots \quad 20)$$

dans laquelle P désigne la force agissante, w la section transversale du prisme, $\mathfrak{A}$ l'effort de tension, $\mathfrak{B}$ l'effort de pression par unité carrée.

(Nous entendrons par „effort de tension et de compression" les forces réparties sur une unité carrée.)

Si nous nommons P_a la traction et P_b la pression capable de rompre le corps (soit par traction, soit par écrasement), $\mathfrak{A}_0$ et $\mathfrak{B}_0$ les efforts de tension et de compression par unité carrée correspondante, nous aurons :

$$P_a = \mathfrak{A}_0 \, w \quad \ldots \ldots \quad \left.\begin{matrix} \\ \\ \end{matrix}\right\} \quad 21)$$
$$P_b = \mathfrak{B}_0 \, w \quad \ldots \ldots$$

L'expérience a montré que pour un même corps, $\mathfrak{A}_0$ et $\mathfrak{B}_0$ ont des valeurs assez constantes. En pratique on ne prend qu'une portion des valeurs de $\mathfrak{A}_0$ et $\mathfrak{B}_0$ comme effort à adopter pour l'extension ou la compression.

Remarque. Dans le second chapitre cette portion adoptée des valeurs de $\mathfrak{A}_0$ et $\mathfrak{B}_0$ est renfermée dans les coefficients pratiques.

9. Lorsqu'un corps prismatique ou cylindrique est soumis à un effort de traction longitudinale, il *s'allonge*, soumis à un effort de compression il se *raccourcit;* l'expérience a montré que cet allongement ou ce raccourcissement est proportionnel à la longueur du corps et à l'effort de tension ou de compression par unité carrée, ce qui s'exprime par la formule :

$$\frac{\lambda}{l} = \frac{\mathfrak{A}}{E} = \frac{\mathfrak{B}}{E} \quad \ldots \ldots \quad 22)$$

dans laquelle

l désigne la longueur primitive du prisme,
λ son allongement ou son raccourcissement,
$\mathfrak{A}$ et $\mathfrak{B}$, comme ci-dessus, les efforts de traction et de compression par unité carrée,
E un coefficient dépendant de la nature du corps et pouvant avoir diverses valeurs pour la tension et la pression; on le nomme *coefficient* ou *module d'élasticité.*

Pour les efforts de traction ou de compression qui ne doivent pas être dépassés dans les constructions, le coefficient d'élasticité est constant pour chaque matière et dans les limites pratiques, il est à peu près le même pour la tension que pour la compression.

La table suivante II donne les valeurs de E en kilogrammes, lorsque dans la formule 22) l'effort de tension $\mathfrak{A}$ ou de compression $\mathfrak{B}$ est donné en kilogrammes par centimètre carré; l et λ doivent être exprimés dans la même unité, qui du reste peut être choisie à volonté.

Table II.

Pour bois	E =	100000	kilogr. par centim. carré.			
„ fer forgé . . .	E =	1'800000	„	„	„	„
„ fonte	E =	900000	„	„	„	„
„ acier fondu . .	E =	1'800000	„	„	„	„
„ acier trempé . .	E =	3'000000	„	„	„	„

Les expériences faites sur l'acier fondu ne permettent pas de fixer avec une grande certitude la valeur du coefficient d'élasticité, qui a été trouvé en partie très-faible, montrant un décroissement très rapide par une augmentation graduelle de charge et variant beaucoup avec la texture de la matière employée.

Le module d'élasticité E représente encore la force de tension, fictive il est vrai, qui serait capable de doubler la longueur d'un corps d'un centimètre carré de section.

Si l'on fait usage de la table II pour les coefficients d'élasticité, la table III montre les changements produits par des efforts de tension ou de compression s'opérant sur divers corps dans les limites de la pratique.

Table III.

Tension ou pression en kilogrammes par centimètre carré.	Allongement ou raccourcissement $\frac{\lambda}{1}$		
	Bois	Fer forgé	Fonte
100	$1/1000$	$1/18000$	$1/9000$
200	—	$1/9000$	$1/4500$
400	—	$1/4500$	$1/2250$
600	—	$1/3000$	$1/1500$
800	—	$1/2250$	$1/1125$
1000	—	$1/1800$	$1/900$
1200	—	$1/1500$	$1/750$
1400	—	$1/1286$	$1/643$
1600	—	$1/1125$	$1/562$

10. La loi qui ressort de cette table n'est pas rigoureusement exacte; l'expérience montre que non seulement en dehors, mais même dans les chiffres admis en pratique, la valeur du module d'élasticité indiquée dans le tableau ne représente qu'une moyenne des résultats obtenus.

Les expériences de Hodgkinson sur *le fer forgé* donnent pour une charge de 1600 kilogr. par centimètre carré un coefficient d'élasticité

$$\text{à l'extension } E = 1\text{‘}634000,$$
$$\text{à la compression } E = 1\text{‘}968000,$$

moyenne $E = 1\text{‘}800000$ introduite dans la table. — Pour de plus grandes charges, le module d'élasticité diminue rapidement; pour un effort de tension de 2400 kilogr. par centimètre carré, il n'est guère que le tiers de la valeur adoptée $1\text{‘}800000$; il en est de même, toutefois dans une proportion moins forte, du module d'élasticité observé dans la compression du fer forgé. Pour ces grandes charges et surtout près du point de rupture, le module d'élasticité varie très-notablement avec la qualité du fer; pour la

tension, le point de rupture varie entre la proportion $\dfrac{\lambda}{l} = \text{}^1/_8$

à $^1/_{60}$; $^1/_8$ est pour du fer très-tenace, $^1/_{60}$ pour du fer cristallisé et mauvais.

Il faut de plus remarquer que pour ces fortes charges, le corps ne revient plus à sa dimension primitive lorsqu'on a supprimé la charge; il subit un *allongement* ou un *raccourcissement* qu'on appelle pour cette raison *permanent*, et qui se produit en général pour le fer forgé, si l'on dépasse la charge de 1600 kilogr. par centimètre carré; on se rend compte ainsi de la *limite d'élasticité;* plusieurs constructeurs ont pris comme base de leurs chiffres pour charges permises en pratique les charges correspondant à la limite d'élasticité; cela demande une observation minutieuse et délicate du changement de forme dépendant de la qualité de la matière; il faudrait donc pour chaque cas particulier faire de nouvelles observations, ce qui aurait bien ses difficultés; en outre il est certain que le point de rupture est mieux précisé et qu'il est plus facile à observer que le moment où la limite d'élasticité est atteinte; du reste, les variations dans le point de rupture pour les différentes sortes de fers sont moins grandes que pour la limite d'élasticité.

D'après les motifs énoncés, il nous a semblé naturel de baser les charges permises pour la pratique sur la charge de rupture, ainsi que nous l'avons fait dans le N° **8**; nous ne donnons pas de recherches sur les limites d'élasticité, il nous suffit de savoir que les charges que nous admettrons dans nos calculs, se trouvent suffisamment éloignées de cette limite et que le module d'élasticité pour le fer forgé correspondant à l'extensionet à la compression, est à peu près le même, en moyenne $1\text{‘}800000$ kilogr.

Table IV.

Module d'élasticité de la fonte à l'extension.

charge en kilog. par centim. carré.	Allongement par mètre courant.		Module d'élasticité par centimètre carré.
	total.	permanent.	
Kilo	M.	Mm.	Kilo
73,955	0,000075	0	985567
111,005	0,000114	0,00183	977467
148,142	0,000155	0,00454	956369
220,630	0,000239	0,00891	923100
296,206	0,000326	0,01460	909650
370,282	0,000416	0,02200	889255
444,336	0,000551	0,03100	870385
517,436	0,000611	0,04300	846490
592,450	0,000715	0,05590	828180
666,508	0,000828	0,07030	804407
740,555	0,000946	0,08840	782785
814,619	0,001068	0,10880	762420
886,672	0,001206	0,13390	754117
962,787	0,001392	0,17460	693111
1039,621	0,001548	0,20070	672313

Table IVᵃ.

Module d'élasticité de la fonte à la compression.

charge en kilog. par centim. carré.	Raccourcissement par mètre courant.		Module d'élasticité par centimètre carré.
	total.	permanent.	
Kilo	M.	Mm.	Kilo
145,105	0,00015605	0,003914	929278
290,209	0,00032396	0,01882	898608
439,315	0,00049784	0,03331	874407
580,419	0,00065625	0,05371	884580
725,525	0,00082808	0,07053	876147
870,644	0,00100253	0,09053	868443
1015,585	0,0011795	0,11700	861172
1160,840	0,0013606	0,14258	853178
1305,495	0,0015411	0,17085	847426
1451,050	0,0017175	0,20685	844839
1741,256	0,0020786	0,36810	837678
2032,171	0,0024783	0,45810	821648
2326,661	0,0029432	0,50768	788718

11. Des efforts analogues se produisent pour les *fontes,* seulement le module d'élasticité varie encore davantage et décroît plus rapidement pour une augmentation de charge; il n'est guère possible de donner une valeur certaine pour la limite d'élasticité, car les fontes subissent à peu près sous chaque charge un changement permanent.

Nous donnons ci-devant les tables IV et IV^a, page 12, résultant des recherches de M. Eaton Hodgkinson.

Si l'on prend les moyennes de ces modules d'élasticité jusqu'aux charges de 592^k ou de 1740 kilog, on obtient

à l'extension:
$$E = 909607^k \text{ par centimètre carré,}$$
à la compression:
$$E = 880476^k \qquad \text{\textquotedblright}$$
en moyenne:
$$E = 895042^k \qquad \text{\textquotedblright}$$

Dans notre table II nous avons pris 900000^k.

12. La *résistance au cisaillement* se produit, lorsque deux lamelles d'un corps tendent à se mouvoir le long d'une surface commune dans des directions différentes. Si le corps était libre, il se produirait un mouvement de rotation, mais si celui-ci est empêché par d'autres forces, il en résulte le long de la surface commune une tendance des deux corps à glisser l'un sur l'autre.

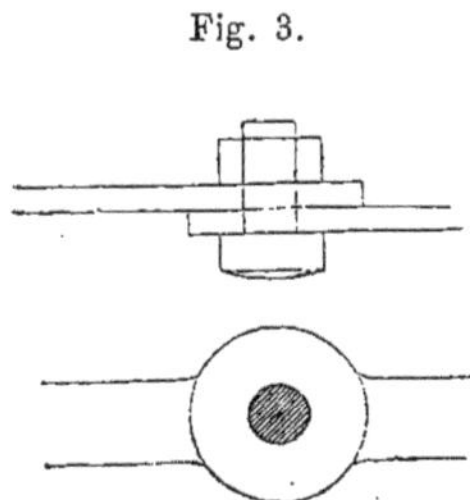

Fig. 3.

Prenons pour exemple un boulon réunissant deux lamelles (Fig. 3); la surface du boulon comprise dans le plan de contact des deux lamelles est soumise à un effort de cisaillement, il en est exactement de même des rivets de toutes les constructions.

Figurons-nous d'une manière générale, dans un corps soumis à l'action d'une force qui agit dans une direction indéterminée, une surface formant un angle avec la direction de cette force, nous décomposerons cette dernière en deux, l'une perpendiculaire et l'autre parallèle à la surface; la composante perpendiculaire agira comme tension ou comme pression sur la surface et se calculera d'après la formule 20. La composante horizontale parallèle à la surface soumet le corps à un effort de cisaillement; elle engendrera dans le corps des forces moléculaires que nous nommerons les *forces rasantes,* aussi dites *forces* de *cisaillement*; celles-ci se répartissent uniformément sur la surface, de manière qu'on peut écrire:
$$P = \mathfrak{C}w \quad . \quad . \quad . \quad . \quad . \quad . \quad 23)$$
P étant la force qui agit le long de la surface, w la coupe et $\mathfrak{C}$ *l'effort rasant,* c'est-à-dire la force rasante par unité carrée.

Si nous nommons P_c la force capable de produire la rupture et $\mathfrak{C}_o$ l'effort rasant correspoudant, nous pourrons écrire:

$$P_c = \mathfrak{C}_o \, \text{w.} \quad \ldots \quad 24)$$

La résistance au cisaillement pour le fer forgé a été trouvée en général de même valeur que celle relative à un effort de traction, pourvu toutefois que la surface soit soumise à un cisaillement uniformément réparti, ce qui n'arrive pas toujours pour les rivets et pour les boulons; nous ferons connaître dans la suite ces particularités, ainsi que le frottement des boulons.

La résistance au cisaillement varie aussi avec la texture de la matière; on a remarqué, par exemple, que la tôle offre plus de résistance dans le sens perpendiculaire que dans le sens parallèle au laminage. Pour le bois, cette différence est très-grande, à cause de l'arrangement des fibres, car on sait la facilité avec laquelle il se laisse séparer dans le sens longitudinal comparativement à sa ténacité contre un cisaillement oblique.

13. Un prisme oppose *une résistance transversale*, lorsqu'il est sollicité par une force agissant perpendiculairement à sa longueur; le prisme se courbe, les fibres longitudinales concaves se raccourcissent, les fibres convexes s'allongent de sorte que, ces effets opposés allant en décroissant de l'extérieur à l'intérieur, il doit se trouver une couche dont les fibres ne sont ni allongées ni raccourcies, qui restent de longueur invariable et qu'on nomme *couche des fibres invariables* ou *couche neutre*. On obtient la valeur de cet allongement, ou de ce raccourcissement, en faisant l'hypothèse que les fibres qui, avant la flexion, se trouvaient comprises entre deux plans perpendiculaires à la couche neutre, le sont encore après la flexion. Cette hypothèse, principe fondamental, peut être regardée comme exacte, puisque les résultats obtenus en réalité coïncident avec ceux qui découlent de ce principe.

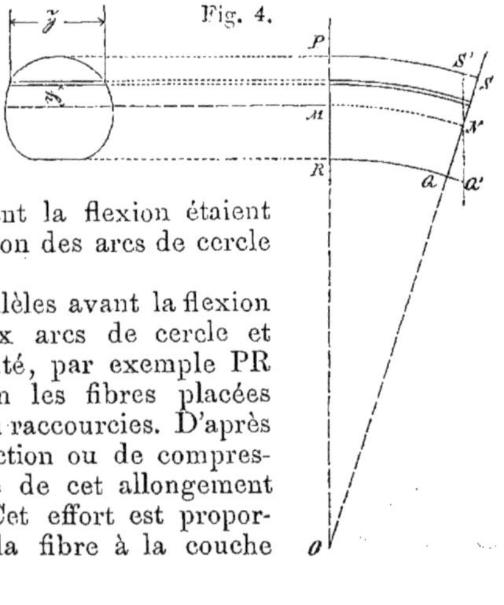

Considérons un élément d'une poutre soumise à la flexion, (fig. 4) toutes les fibres longitudinales qui avant la flexion étaient droites, auront été fléchies selon des arcs de cercle à centre commun.

Les lignes droites et parallèles avant la flexion deviennent des normales aux arcs de cercle et deux normales prises à volonté, par exemple PR et SQ montrent de combien les fibres placées entre elles ont été allongées ou raccourcies. D'après la formule 22) l'effort de traction ou de compression est donné par la mesure de cet allongement ou de ce raccourcissement. Cet effort est proportionnel à la distance y de la fibre à la couche neutre; si nous nommons $\mathfrak{A}$ et $\mathfrak{B}$ les efforts de traction et de compression des fibres extérieures, a et b la distance de ces fibres à la couche neutre, l'effort de tension $\mathfrak{A}_y$ ou de compression $\mathfrak{B}_y$ d'une coupe zdy sera d'après l'équation 20)

$$\mathfrak{A}_y = \frac{\mathfrak{A}}{a} y \cdot zdy \ . \ . \ . \ . \ . \ . \ . \ \left.\begin{array}{c} \\ \\ \end{array}\right\} \ 25)$$
$$\mathfrak{B}_y = \frac{\mathfrak{B}}{b} y \cdot zdy \ . \ . \ . \ . \ . \ . \ .$$

et la somme des efforts de traction et de compression:

$$\Sigma X_a = \frac{\mathfrak{A}}{a} \int_o^a y \cdot zdy \ . \ . \ . \ . \ \left.\begin{array}{c} \\ \\ \end{array}\right\} \ 26)$$
$$\Sigma X_b = \frac{\mathfrak{B}}{b} \int_o^b y \cdot zdy \ . \ . \ . \ . \ .$$

Pour tous les ponts-poutres, d'après l'équation 10)

$$\Sigma X_a - \Sigma X_b = \Sigma X = 0$$

donc:

$$\frac{\mathfrak{A}}{a} \int_o^a y \ zdy - \frac{\mathfrak{B}}{b} \int_o^b y \ zdy = 0 \ . \ . \ 27)$$

En tant que la valeur de E est égale pour la tension et la pression, on aura aussi $\frac{\mathfrak{A}}{a} = \frac{\mathfrak{B}}{b}$ et l'on peut traduire l'équation 27) en disant que:

la ligne des fibres invariables passe par le centre de gravité de la section transversale.

Nous avons, dans le N° **7**, désigné par R la somme des composantes horizontales positives égale à celle des composantes négatives, c'est-à-dire

$$\Sigma X_a = \Sigma X_b = R$$

Remplaçant ΣX_a et ΣX_b par les valeurs que nous venons de trouver, nous aurons pour R les relations suivantes:

$$R = \frac{\mathfrak{A}}{b} \int_o^a y \cdot zdy \ . \ . \ . \ . \ . \ \left.\begin{array}{c} \\ \\ \end{array}\right\} \ 28)$$
$$R = \frac{\mathfrak{B}}{b} \int_o^b y \cdot zdy \ . \ . \ . \ . \ .$$

Avant de pouvoir donner une valeur numérique à ces termes, il faut d'abord trouver la position de la couche neutre ou, en d'autres mots, il faut déterminer le centre de gravité de la section.

Comme nous l'avons vu, les forces ΣX_a et ΣX_b forment un couple que nous avons nommé moment de résistance ΣXy de la section, lequel en valeur numérique est égal au moment de flexion $\mathfrak{M}$ des forces extérieures.

Afin d'obtenir pour ΣXy une relation simple, nous transporterons l'origine des coordonnées au centre de gravité de la section et nous formerons la somme des moments

$$\text{pour la tension} \quad \frac{\mathfrak{A}}{a} \int_0^a zy^2 \cdot dy$$

$$\text{pour la pression} \quad \frac{\mathfrak{B}}{b} \int_0^b zy^2 dy$$

d'où l'on tire:

$$\mathfrak{M} = \Sigma Xy = \frac{\mathfrak{A}}{a} \int_0^a zy^2 \cdot dy + \frac{\mathfrak{B}}{b} \int_0^b zy^2 \, dy \quad . \quad . \quad 29)$$

Table V.

Nr. de la Fig.	Forme de la surface.	Moment d'inertie Θ.	$\dfrac{\Theta}{a} = \dfrac{\Theta}{b}$
5	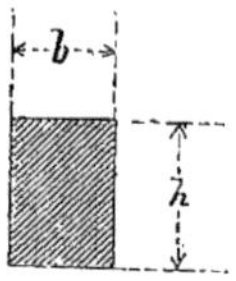	$\dfrac{1}{12}\, bh^3$	$\dfrac{1}{6}\, bh^2$
6	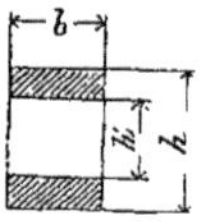	$\dfrac{1}{12}\, b\,(h^3 - h_1^3)$	$\dfrac{b\,(h^3 - h_1^3)}{6 \cdot h}$
7	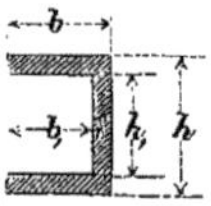 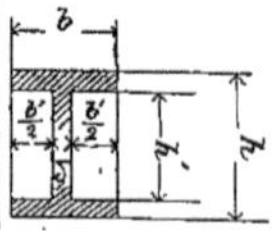 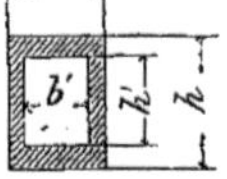	$\dfrac{1}{12}\,(bh^3 - b_1\, h_1^3)$ ou $\dfrac{1}{12}\big[bh^3 - (b-\delta)h_1^3\big]$	$\dfrac{bh^3 - b_1\, h_1^3}{6 \cdot h}$ ou $\dfrac{bh^3 - (b-\delta)\, h_1^3}{6 \cdot h}$

Comme en mécanique, nous nommerons la valeur $\int zy^2\,dy$ le *moment d'inertie* de la surface zy; il ne dépend que de la forme de la section. Si, comme ci-dessus, nous pouvons prendre $\dfrac{\mathfrak{A}}{a} = \dfrac{\mathfrak{B}}{b}$ (égalité numérique des coefficients d'élasticité à la traction et à la compression), on pourra additionner immédiatement les moments d'inertie des surfaces allongées et comprimées et nous obtiendrons le *moment d'inertie Θ de la surface entière* exprimée par la relation :

$$\Theta = \int_0^a y^2 . z\,dy + \int_0^b y^2 z\,dy \quad . \quad . \quad 30)$$

Tabelle V. (Suite.)

Nr. de la Fig.	Forme de la surface.	Moment d'inertie Θ.	$\dfrac{\Theta}{a} = \dfrac{\Theta}{b}$
8	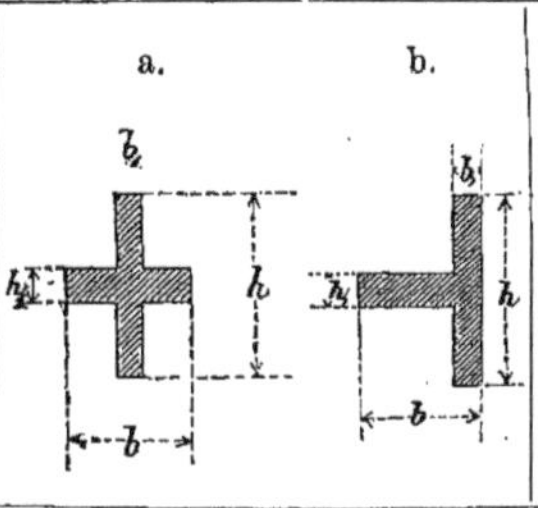 a. b.	$\dfrac{b_1 h^3 + (b - b_1)h_1{}^3}{12}$	$\dfrac{b_1 h^3 + (b - b_1)h_1{}^3}{6 . h}$
9	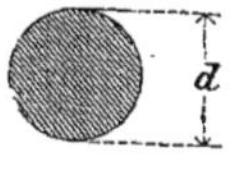	$\dfrac{\pi\,d^4}{64}$	$\dfrac{\pi\,d^3}{32}$
10	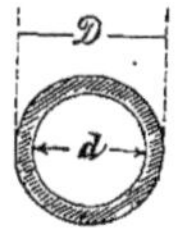	$\dfrac{\pi}{64} . (D^4 - d^4)$	$\dfrac{\pi\,(D^4 - d^4)}{32 . D}$
11	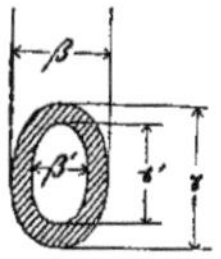	$\dfrac{\pi}{64}\,(\alpha^3 \beta - \alpha_1{}^3 \beta_1)$	$\dfrac{\pi\,(\alpha^3 \beta - \alpha_1{}^3 \beta_1)}{32\,\alpha}$

Il résulte des équations 29) et 30):

$$\mathfrak{M} = \Sigma Xy = \frac{\mathfrak{A}}{a}\,\Theta = \frac{\mathfrak{B}}{b}\,\Theta \quad . \quad . \quad . \quad 31)$$

Combinant l'équation 31) avec l'équation 19) du N° **7** et plaçant pour R sa valeur tirée de l'équation 28), on obtient pour la hauteur $\mathfrak{H}$ définie au N° **7**:

$$\mathfrak{H} = \frac{\Theta}{\int_{o}^{a} yz\,dy} = \frac{\Theta}{\int_{o}^{b} yz\,dy} \quad . \quad . \quad . \quad 32)$$

Les intégrales de l'équation 32) indiquent les *moments des sections soumises à des efforts de traction* (ou de compression) pris par rapport à la ligne des fibres invariables, mais comme cette dernière passe par le centre de gravité de la section, l'identité des deux moments se trouve expliquée, d'après la définition même du centre de gravité; quant aux sections rectilignes, le calcul élémentaire suffit pour la détermination de ces moments (relatifs à la ligne des fibres invariables).

14. Le moment de résistance d'une surface est, d'après ce que nous avons vu, directement proportionnel au moment d'inertie; nous donnons dans la table V les moments d'inertie Θ, ainsi que les rapports $\dfrac{\Theta}{a}$ et $\dfrac{\Theta}{b}$ pour les coupes qu'on rencontre le plus fréquemment en pratique.

Dans les figures suivantes, 12 et 13, nous supposons la partie supérieure soumise à un effort de traction et la partie inférieure à un effort de compression, comme cela a lieu pour une poutre reposant librement sur deux appuis; si le cas contraire arrivait (ce qui revient à tourner la figure) Θ resterait le même, mais $\dfrac{\Theta}{a}$ et $\dfrac{\Theta}{b}$ changeraient réciproquement de valeur.

Fig. 12.

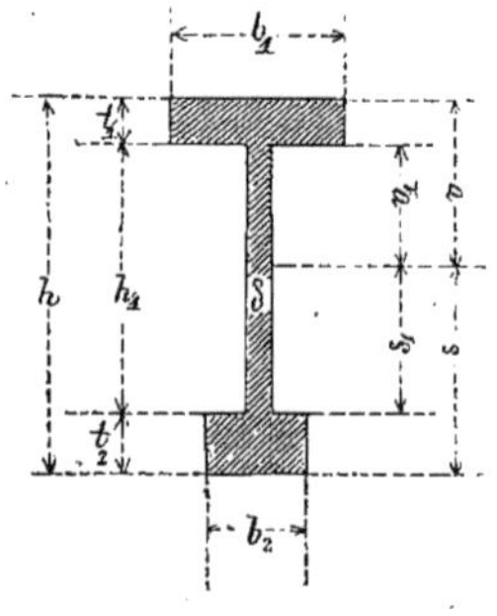

$$s = \frac{b_2 t_2 \cdot \dfrac{t_2}{2} + b_2 \delta \cdot \dfrac{h_1 + 2t_2}{2} + b_1 t_1 \dfrac{t_1 + 2(h_1 + t_2)}{2}}{b_1 t_1 + b_2 t_2 + h_1 \delta}$$

$$\Theta = \frac{1}{3}\left[b_1 v^3 - (b_1 - \delta) v_1^3 + b_2 s^3 - (b_2 - \delta) s_1^3 \right]$$

$$\frac{\Theta}{a} = \frac{\Theta}{s}; \quad \frac{\Theta}{b} = \frac{\Theta}{h - s}$$

Fig. 13a.   Fig. 13b.   Fig. 13c.

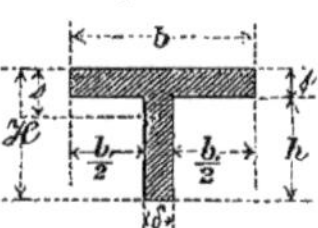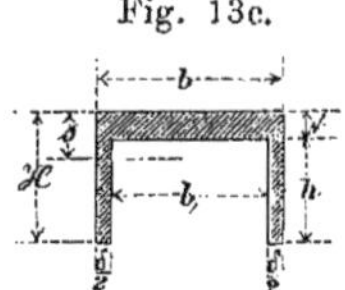

$$s = \frac{b_1 t^2 + \delta H^2}{2(b_1 t + \delta H)}$$

$$\Theta = \frac{1}{3}\left[b_1 \left(s^3 - (s - t)^3 \right) + \delta \left(s^3 + (H - s)^3 \right) \right]$$

$$\frac{\Theta}{b} = \frac{\Theta}{s}; \quad \frac{\Theta}{a} = \frac{\Theta}{H - s}$$

Fig. 14.

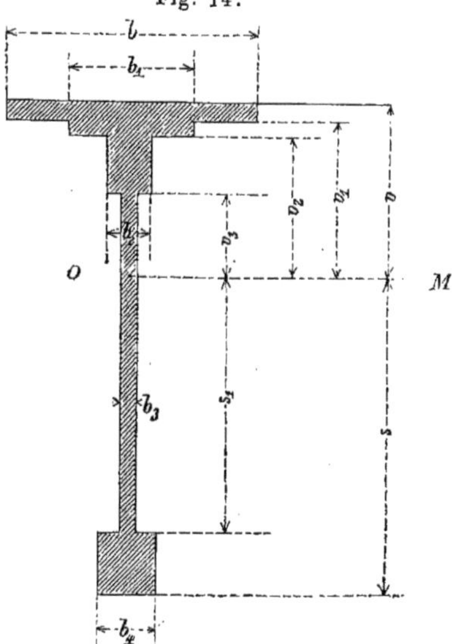

Comme exemple, nous voulons indiquer la manière de trouver le moment d'inertie d'une coupe un peu compliquée (fig. 14). Nous supposons la ligne OM passant par le centre de gravité déjà trouvé. Nous obtiendrons le moment d'inertie total, en additionnant celui de la partie supérieure à celui de la partie inférieure dont la ligne OM forme la limite. Pour la partie supérieure le

Fig. 15.

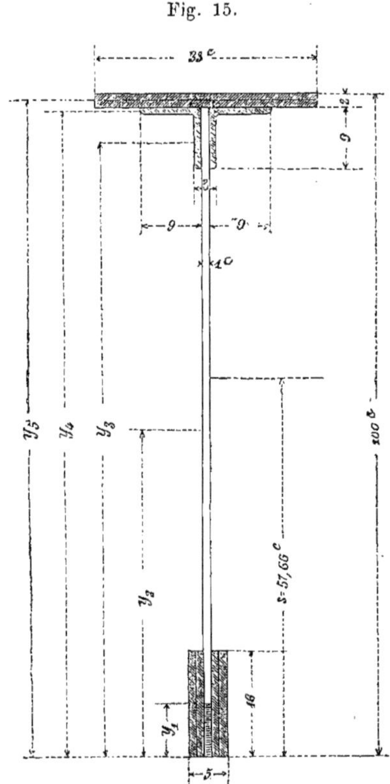

moment d'inertie se compose du moment du rectangle b + v, soit le moment $\int_o^v \mathrm{by}^2\mathrm{dy} = \dfrac{1}{3}\,\mathrm{b}v^3$, moins les moments d'inertie des espaces vides d'où résulte

$$\Theta_v = \frac{1}{3}\left(\mathrm{b}v^3 - (\mathrm{b} - \mathrm{b}_1)\,v_1{}^3 - (\mathrm{b}_1 - \mathrm{b}_2)\,v_2{}^3 - (\mathrm{b}_2 - \mathrm{b}_3)\,v^3{}_3\right)\,\mathrm{I.}$$

et pour la partie inférieure

$$\Theta_s = \frac{1}{3}\left(b_4 s^3 - (b_4 - b_3)\, s_1{}^3\right) \quad . \quad \text{II.}$$

et pour le moment d'inertie de la surface totale

$$\Theta = \Theta_v + \Theta_s \quad . \quad . \quad . \quad . \quad . \quad . \quad . \quad \text{III.}$$

Prenons pour cette surface un exemple numérique, supposons la hauteur $H = v + s = 100$ centimètres, l'épaisseur de la paroi verticale $b_3 = 1$ centimètre, la nervure inférieure (y compris la paroi verticale) d'une largeur $b_4 = 5$ centimètres et d'une hauteur de 16 centimètres; la nervure supérieure composée de deux cornières et de deux tables horizontales, d'une surface totale $= 100$ centim. carrés, à savoir deux cornières, chacune d'une longueur d'aile de 9 centimètres et d'une épaisseur de 1 centimètre, chacune 17, donc ensemble 34 centim. carrés, tandis que la table horizontale a 33 centimètres de largeur et 2 centimètres d'épaisseur; la nervure inférieure forme donc les $^4/_5$ de la coupe de la nervure supérieure. Ces dimensions sont indiquées dans la fig. 15; il s'agit de déterminer d'abord le centre de gravité de la surface totale; à cet effet les distances y des centres de gravité à l'arête inférieure sont, ainsi que la distance s de celui de la coupe entière, indiquées dans la figure.

D'après la définition du centre de gravité, on aura:

$$s \times (\text{surface totale}) = 33.\ 2.\ y_5 + 18.\ 1.\ y_4$$
$$+\ 8.\ 2.\ y_3 + 98.\ 1.\ y_2$$
$$+\ 16.\ 4.\ y_1$$

Calculant la surface totale et remplaçant les valeurs y par les nombres correspondants, on obtiendra:

$$s = \frac{15107}{263} = 57{,}_{66}\ \text{centimètres,}$$

d'où l'on déduira pour les valeurs v et s de la fig. 15:

$$v\ = 42{,}_{33}\ \text{C.}$$
$$v_1 = 40{,}_{33}$$
$$v_2 = 39{,}_{33}$$
$$v_3 = 31{,}_{33}$$
$$s\ = 57{,}_{66}$$
$$s_1 = 41{,}_{66}$$

de plus

$$b\ = 33\ \text{C.}$$
$$b_1 = 19$$
$$b_2 = 3$$
$$b_3 = 1$$
$$b_4 = 5$$

et en remplaçant ces valeurs dans les équations I—III :

$$\Theta = \frac{1}{3}\left(33.\ 42_{,33}{}^3 - 14.\ 40_{,33}{}^3 - 16.\ 39_{,33}{}^3 - 2.\ 31_{,33}{}^3\right) \\ + 5.\ 57_{,66}{}^3 - 4.\ 41_{,66}$$

d'où

$$\Theta = 398113 \text{ centimètres}^4.$$

15. En pratique, il arrivera ordinairement que cette détermination du moment d'inertie pourra se faire beaucoup plus rapidement et avec une approximation suffisante, ainsi que nous allons le montrer pour une coupe à nervures rectangulaires.

Nommons dans la fig. 16, a_0 et b_0 les distances des centres de gravité des deux nervures au centre de gravité commun de la surface totale. La figure indique la signification de chaque lettre.

Le moment d'inertie de cette section sera

$$\Theta = \frac{1}{3}\left[b_1\left(a^3 - [a - t_1]^3\right) + b_2\left(b^3 - [b - t_2]^3\right)\right]$$

Si l'on substitue dans cette équation

$$a_0 = a - \frac{t_1}{2} \qquad\qquad b_0 = b - \frac{t_2}{2}$$
$$\Omega_a = t_1 b_1 \qquad\qquad \Omega_b = t_2 b_2$$

de façon que Ω_a et Ω_b expriment les surfaces des deux nervures, on aura

$$\Theta = \frac{1}{3}\left[\Omega_a\left(3a_0{}^2 + \frac{t_1{}^2}{4}\right) + \Omega_b\left(3b_0{}^2 + \frac{t_2{}^2}{4}\right)\right]$$

Lorsque la nervure est d'une hauteur minime par rapport à la hauteur de la poutre, on pourra négliger $\frac{t_1{}^2}{4}$ et $\frac{t_2{}^2}{4}$ relativement à $3a_0^2$ soit $3b_0^2$ et l'on obtient avec une approximation suffisante

$$\Theta = \Omega_a\ a_0{}^2 + \Omega_b\ b_0{}^2 \quad\ldots\ldots\quad 33)$$

Si l'on observe encore, d'après la définition du centre de gravité, que $\Omega_a a_0 + \Omega_b b_0$ et que $a_0 + b_0 = \mathfrak{H}_0$ on aura

$$\Theta = \Omega_a \cdot a_0 \mathfrak{H}_0 = \Omega_b \cdot b_0 \mathfrak{H}_0 \ldots\ 34)$$

et pour des poutres à nervures égales

$$\Theta = \frac{1}{2}\Omega \cdot \mathfrak{H}_0{}^2 \ldots\ldots\ldots\ 34^a)$$

Si dans la formule 31) on introduit la valeur approximative pour Θ, on obtiendra

$$\mathfrak{M} = \Sigma Xy = \frac{a_0}{a} \cdot \mathfrak{A} \cdot \Omega_a \cdot \mathfrak{H}_0 \atop \mathfrak{M} = \Sigma Xy = \frac{b_0}{b} \cdot \mathfrak{B} \cdot \Omega_b \cdot \mathfrak{H}_0 \Bigg\} \quad\ldots\ 35)$$

où $\mathfrak{A}$ et $\mathfrak{B}$ indiquent les efforts de traction et de compression des fibres les plus éloignées, situées aux distances $\mathfrak{a}$ et $\mathfrak{b}$ de la fibre riable.

Les équations 35) auraient pu être obtenues directement, si l'on s'était figuré la pression et la traction concentrées chacune au centre de gravité des nervures respectives (voir l'équation 19); en recherchant la différence qui peut exister entre les centres de gravité et les points d'application des résultantes des efforts de traction et de compression, on peut se faire une idée bien nette de la légère influence qui se produit, lorsqu'on néglige les valeurs $\frac{t_1^2}{4}$ et $\frac{t_2^2}{4}$.

Fig. 16.

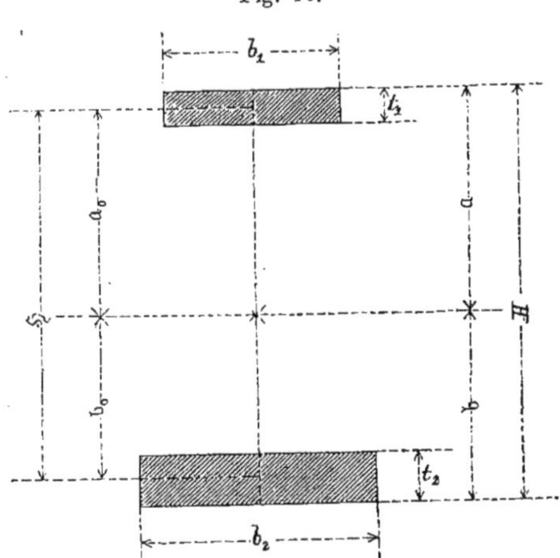

Tant qu'il sera permis de supposer les forces agissant sur une nervure comme concentrées au centre de gravité, la forme de la nervure n'aura pas d'influence et les équations 34) à 35) peuvent être appliquées à toutes espèces de coupes pour autant que les hauteurs de nervure seront assez petites par rapport à la hauteur totale de la poutre; il est évident que ces équations sont rigoureusement exactes, lorsque, par un moyen quelconque, les points d'application des efforts de traction et de compression ont été déterminés directement.

16. En faisant les mêmes suppositions que plus haut, considérons une *poutre à paroi verticale pleine*; nous obtiendrons son moment d'inertie, en ajoutant aux moments d'inertie des deux nervures ceux des parties de la paroi verticale soumises à des efforts de traction et de compression; nous aurons

$$\Theta = \Omega_a \, \mathfrak{a}_0{}^2 + \Omega_\mathfrak{b} \, \mathfrak{b}_0{}^2 + \frac{1}{3} \delta \cdot \mathfrak{a}_0{}^3 + \frac{1}{3} \delta \mathfrak{b}_0{}^3 \Bigg\}$$
$$\Theta = \mathfrak{a}_0{}^2 \left(\Omega_a + \frac{1}{3} \delta \mathfrak{a}_0\right) \mathfrak{b}_0{}^2 \left(\Omega_\mathfrak{b} + \frac{1}{3} \delta \mathfrak{b}_0\right) \Bigg\} \quad \cdot \quad 36)$$

Pour plus de simplicité nous supposons la paroi verticale s'étendant jusqu'aux centres de gravité des nervures, ce qu'on peut admettre ordinairement en pratique; (on pourra, s'il est nécessaire, faire entrer dans le calcul la partie de la paroi verticale qui pourrait s'étendre au delà du centre de gravité, en ajoutant cette surface à celle de la nervure).

Si les sections des nervures sont égales, on aura $\mathfrak{b}_0 = \mathfrak{a}_0 = \dfrac{\mathfrak{H}_0}{2}$ et

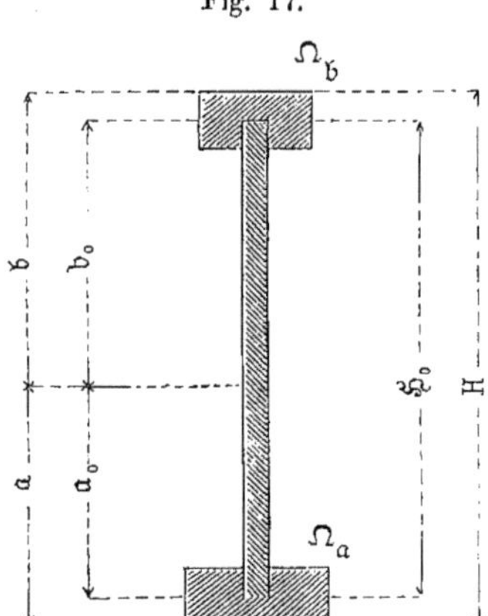

Fig. 17.

$$\Theta = \frac{\mathfrak{H}_0{}^2}{2} \left(\Omega + \frac{1}{6} \delta \mathfrak{H}_0\right) \quad \cdot \quad \cdot \quad \cdot \quad \cdot \quad \cdot \quad 37)$$

On voit donc que, pour le calcul de la paroi verticale et pour des poutres à nervures égales, il suffit d'ajouter le $^1\!/_6$ *de la surface de la paroi verticale* à celle de chacune des nervures et d'écrire ensuite le moment d'inertie pour une poutre vide (c'est-à-dire sans paroi verticale).

Pour des poutres à nervures inégales, il faudra avoir recours à l'équation 36); d'après la définition de la ligne des fibres invariables, on aura toujours:

$$\mathfrak{a}_0 \left(\Omega_a + \frac{1}{2} \delta \mathfrak{a}_0\right) = \mathfrak{b}_0 \left(\Omega_\mathfrak{b} + \frac{1}{2} \delta \mathfrak{b}_0\right) \quad \cdot \quad \cdot \quad \cdot \quad \cdot \quad \text{I.}$$

Soustrayant dans le premier membre $\frac{1}{6}\,\delta a_0{}^2$ et dans le second

$\frac{1}{6}\,\delta b_0{}^2$ et admettant que la différence de ces deux valeurs soustraites

puisse être négligée comparativement à Θ, on obtient :

$$a_0\left(\Omega_a + \frac{1}{3}\,\delta a_0\right) = b_0\left(\Omega_b + \frac{1}{3}\,\delta b_0\right) \quad . \quad . \quad . \quad . \quad \text{II.}$$

Cette dernière équation remplacée dans l'équation 36) donne la formule approximative pour la coupe qu'indique la fig. 17.

$$\Theta = \mathfrak{H}_0\, a_0\left(\Omega_a + \frac{1}{3}\,\delta a_0\right) = \mathfrak{H}_0 b_0\left(\Omega_b + \frac{1}{3}\,\delta b_0\right) \quad . \quad . \quad . \quad . \quad 38)$$

et d'après l'équation 29)

$$\left. \begin{aligned} \mathfrak{M} = \Sigma Xy &= \frac{\mathfrak{A}}{a}\,\mathfrak{H}_0\, a_0\left(\Omega_a + \frac{1}{3}\,\delta a_0\right) = \frac{\mathfrak{A}}{a}\,\mathfrak{H}_0\, b_0\left(\Omega_b + \frac{1}{3}\,\delta b_0\right) \\ \mathfrak{M} = \Sigma Xy &= \frac{\mathfrak{B}}{b}\,\mathfrak{H}_0\, b_0\left(\Omega_a + \frac{1}{3}\,\delta b_0\right) = \frac{\mathfrak{B}}{b}\,\mathfrak{H}_0\, a_0\left(\Omega_a + \frac{1}{3}\,\delta a_0\right) \end{aligned} \right\} \quad 39)$$

Nous allons montrer, par un exemple numérique, l'application de la formule 38) ainsi que son degré d'exactitude. Nous supposerons que dans la fig. 18 le centre de gravité soit connu ; d'après le N° **14**, nous savons qu'il est situé à $42_{,33}$ centimètres de l'arête supérieure de la nervure supérieure ; ici comme plus haut, nous ne tiendrons pas compte de l'affaiblissement produit par les logements des rivets, etc. Nous supposerons que le point d'application de la pression soit immédiatement au-dessous des tables horizontales supérieures, celui de la tension au-dessous du milieu de la nervure inférieure, et nous aurons :

$$\begin{aligned} b_0 &= 40_{,33} \\ a_0 &= 49_{,66} \\ \mathfrak{H}_0 &= 90_{,0}{}^c \end{aligned}$$

de plus

$$\Omega_a + \frac{1}{3}\,\delta a_0 = 72 + \frac{49_{,66}}{3} = 88_{,55}$$

$$\Omega_b + \frac{1}{3}\,\delta b_0 = 100 + \frac{40_{,33}}{3} = 113_{,44}$$

d'où résulte

$$\Theta = 90 \times 88_{,55} \times 48_{,66} = 395765_{,370}$$

ou

$$\Theta = 90 \times 113_{,44} \times 40_{,33} = 411753_{,168}$$

prenant la moyenne $\Theta = 403759_{,269}$

La comparaison avec le résultat exact obtenu dans le N° **14** montre une différence d'environ 1 pour cent, laquelle en pratique est ordinairement tolérable. Nous avons choisi à dessin cet exemple qui nous fournit un cas des plus défavorables, car d'un côté une nervure est d'une hauteur relativement considérable et en outre les sections sont très-inégales ; en pratique, les surfaces des nervures sont généralement peu différentes et surtout la hauteur est faible comparativement à la hauteur totale de la poutre et l'inexactitude disparaîtra.

Fig. 18.

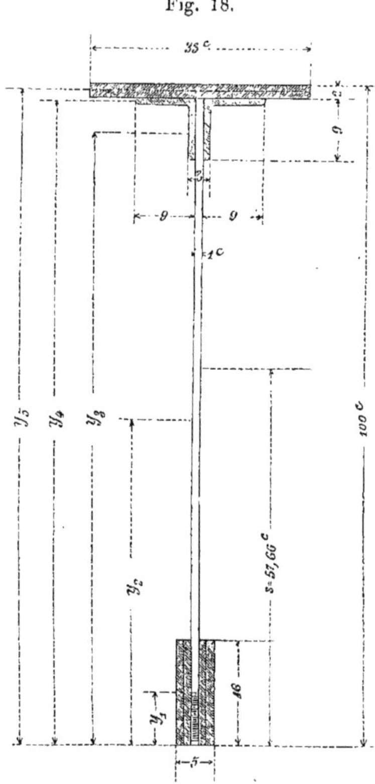

17. L'équation 32) nous a permis de déterminer $\mathfrak{H}$, distance des points d'application des forces de traction et de compression moléculaires au moyen du moment d'inertie; on peut inversement déterminer $\mathfrak{H}$ graphiquement et déduire ainsi la valeur du moment d'inertie Θ, donc celle du moment de résistance ΣXy de la surface.

Afin d'obtenir graphiquement $\mathfrak{H}$, on déterminera d'après l'équation 25) pour chaque ordonnée y, la valeur $\dfrac{zy}{a}$ proportionnelle à la force A_y, ou à B_y, qui agit sur l'élément de largeur z et est situé à la distance y de la ligne des fibres invariables, ainsi que nous l'avons fait dans la fig. 19; on portera ensuite cette valeur comme ordonnée parallèlement à l'axe des z; on joindra les extrémités de ces ordonnées par une ligne qui peut être droite ou courbe, cette ligne circonscrira une surface (indiquée par des hachures) qui représente la force R, c'est-à-dire qui est égale à la somme de toutes les tensions (ou pressions) qui agissent sur les nervures. Il résulte évidemment du N⁰ **7** que ces deux surfaces hachées des deux côtés du centre de gravité doivent être égales. La distance entre les centres de gravité des deux surfaces hachées donnera la valeur $\mathfrak{H}$ cherchée et l'on obtiendra enfin d'après l'équation 19)

$$\Sigma Xy = \mathfrak{H}R$$

où $\mathfrak{H}$ et R sont déterminés graphiquement. On peut déterminer

Fig. 19. Fig. 19ᵃ.

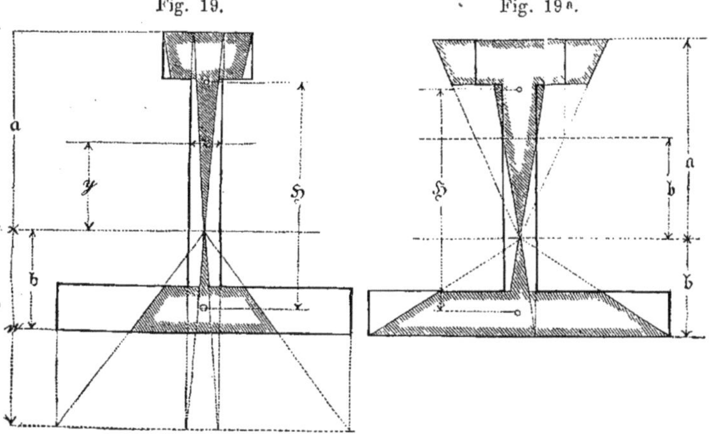

d'une manière analogue ΣXy (fig. 19ᵃ), en prenant pour unité la tension ou la pression agissant sur la nervure inférieure.

On obtiendra le moment d'inertie Θ, en divisant ΣXy par $\dfrac{\mathfrak{B}}{\mathfrak{b}}$ ou $\dfrac{\mathfrak{A}}{\mathfrak{a}}$ et la valeur de $\dfrac{\Theta}{\mathfrak{a}}$, en multipliant l'une des surfaces hachées par $\mathfrak{H}$.

Dans la planche VIII, nous avons déterminé graphiquement le moment d'inertie du profil du rail de la métropole Railway à Londres, en supposant que le champignon soit soumis à un effort de traction ou à un effort de compression.

18. Les mêmes considérations qui nous ont appris à déterminer la valeur des résistances, nous permettent encore d'obtenir, dans chaque cas, la forme de la ligne des fibres invariables qu'on nomme *courbe élastique* ou simplement *élastique*. Si nous reprenons la fig. 4 et que nous nommions $OM = \varrho$ le rayon de courbure de la ligne des fibres invariables ou fibres neutres de l'élément considéré, dl la longueur de cet élément, $d\lambda$ l'allongement de la fibre extérieure la plus fatiguée, nous voyons immédiatement d'après la fig. 4 que:

$$\varrho : a = dl : d\lambda$$

mais d'après l'équation 22) $\mathfrak{A} = \dfrac{d\lambda}{dl} E$

et d'après l'équation 31) $\dfrac{\mathfrak{A}}{a} = \dfrac{\Sigma Xy}{\Theta}$

d'où: $\qquad \Sigma Xy = \dfrac{\Theta E}{\varrho}$ . . . . 40)

D'après la géométrie analytique, si nous exprimons la valeur du rayon de courbure ϱ en fonction des coordonnées de la courbe elle-même:

$$\varrho = \frac{\left(1 + \left[\dfrac{dy}{dx}\right]^2\right)^{3/2}}{\dfrac{d^2y}{dx^2}}$$

et si nous remarquons que pour de faibles courbures, comme celles qui nous occupent ici, $\left[\dfrac{dy}{dx}\right]^2$ peut être négligé, puisqu'il est toujours très-petit relativement à l'unité, nous obtiendrons d'après cette équation: $\dfrac{1}{\varrho} = \dfrac{d^2y}{dx^2}$

et enfin d'après équation 40):

$$\frac{d^2y}{dx^2} E\Theta = \Sigma Xy \quad . \quad . \quad . \quad . \quad 41)$$

ce qui est *l'équation fondamentale de la ligne élastique.*

Dès que nous pourrons intégrer deux fois la valeur $\dfrac{\Sigma Xy}{E\Theta}$, nous aurons obtenu la forme de la ligne des fibres invariables.

Le calcul sera assez simple, lorsque le moment d'inertie Θ sera constant pour toute la longueur du prisme.

19. Prenons un exemple simple, pour montrer l'application de cette équation.

Soit une poutre de section constante, reposant librement sur deux appuis et chargée uniformément d'un poids q.

Nous prendrons l'origine des coordonnées en A, et nous aurons:

$$A = B = \frac{ql}{2}$$

d'après l'équation 14):

$$\Sigma Y = A - qx = \left(\frac{l}{2} - x\right) q$$

d'après l'équation 15):

$$\Sigma Xy = \frac{qx^2}{2} + x\Sigma Y = \frac{qlx}{2} - \frac{qx^2}{2}$$

donc d'après l'équation 22):

$$E\Theta\, \frac{d^2y}{dx^2} = \frac{qlx}{2} - \frac{qx^2}{2}$$

Intégrant:

$$E\Theta\, \frac{dy}{dx} = \frac{q}{2}\left(\frac{lx^2}{2} - \frac{x^3}{3}\right) + \text{Const.}$$

Pour déterminer la constante, remarquons que pour $x = \frac{1}{2}$, le quotient $\frac{dy}{dx} = o$, d'où

$$\text{Const.} = -\frac{q}{2}\,\frac{l^3}{12}$$

Substituant cette valeur et intégrant une seconde fois

$$E\Theta \cdot y = \frac{24}{q}\,(2lx^3 - l^3x - x^4)$$

La constante est nulle, car pour $x = o$, on doit aussi avoir $y = o$.

Fig. 20.

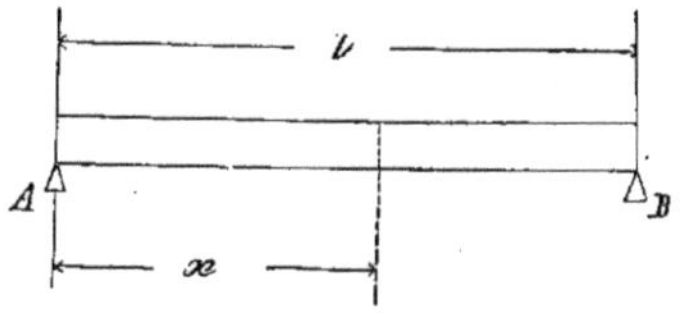

Nous avons donc obtenu pour le cas présent l'équation de la ligne élastique et *nous trouvons comme inflexion maximum au milieu de la poutre*:

$$f = -\frac{5}{384}\,\frac{ql^4}{E\Theta} \quad \ldots \quad 42)$$

Si Θ variait proportionnellement à ΣXy, le rayon de courbure serait constant et égal à

$$\varrho = \frac{\Theta E}{\Sigma Xy};$$

Si donc la poutre avait eu en son milieu la coupe indiquée ci-dessus et qu'elle eût diminué jusqu'aux extrémités, on aurait obtenu

$$\varrho = \frac{\Theta E \cdot 8}{ql^2}$$

et l'on aurait pour l'inflexion d'après les propriétés du cercle

$$f_1 = \frac{1}{64}\,\frac{ql^4}{E\Theta} \quad \ldots \ldots \quad 43)$$

Cette équation 43) donne une inflexion f_1 égale aux $^6/_5$ de celle fournie par l'équation 42) pour une poutre de section constante.

20. La position de la ligne des fibres neutres pour *une poutre continue*, se détermine d'une manière analogue à celle employée dans le Nr. **19.** on n'aura qu'à écrire l'équation 41) pour chaque travée et à intégrer deux fois. Les réactions sur les appuis ne peuvent toutefois être déterminées directement comme pour le cas d'une poutre qui repose librement sur deux appuis, les relations d'équilibre entre les forces extérieures et les réactions sur les appuis se réduisant aux équations 2 et 4 dans lesquelles ne doivent entrer que deux inconnues.

Les réactions sur les appuis jusqu'ici encore inconnues, se déterminent au moyen de l'équation de la ligne élastique.

Considérons une poutre continue sur n ouvertures et introduisons outre les réactions sur les appuis, les angles que fait l'élastique avec l'horizon sur les appuis, on aura comme inconnues:

Réactions sur les appuis . . . . n + 1
Angles de tangence . . . . n + 1
2 Constantes par travée qui résultent de la
double intégration . . . . 2 n
$$\overline{4\,n + 2}$$

Pour déterminer ces inconnues, on a les relations suivantes: La ligne d'inflexion pour chaque travée doit passer sur les deux appuis et doit former avec l'horizon les angles indiqués ci dessus; on a donc pour chaque travée 4 équations et les 2 équations d'équilibre entre les forces extérieures et les réactions sur les appuis, donc en tout 4 n $+$ 2 équations avec 4 n $+$ 2 inconnues.

A l'aide de ce procédé, on pourra donc toujours déterminer la position de la ligne des fibres invariables ainsi que les pressions inconnues sur les appuis et cela, pour un nombre d'ouvertures quelconque.

21. La méthode indiquée ci-dessus sera fort longue vu le

Fig. 21.

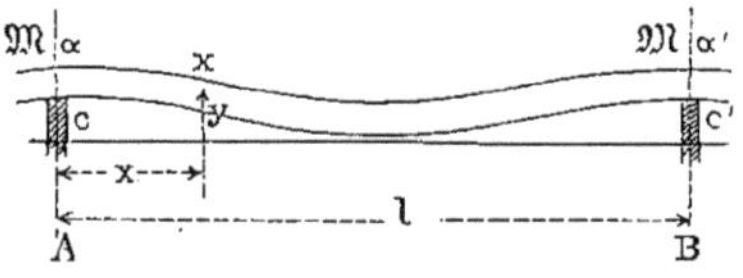

grand nombre d'inconnues à éliminer; Mr. Clapeyronen a donné une autre beaucoup plus prompte qui conduit au même résultat; nous l'empruntons à l'ouvrage de *M. M. Molinos et Pronnier, Construction des ponts métalliques*, en généralisant cette méthode pour l'employer dans la suite.

Considérons l'une des n travées de la poutre et nommons:
A et B les efforts tranchants sur les appuis,

$\mathfrak{M}$ et $\mathfrak{M}'$ les moments de rupture des forces extérieures sur les appuis A et B,

α et α' les tangentes des angles que fait la ligne des fibres invariables avec l'horizon sur les appuis,

c et c' les ordonnées des appuis,

q la charge par unité de longueur,

$\mathfrak{M}_x$ le moment de rupture d'un point dont les abscisses et les ordonnées sont x et y, l'axe des y passant sur l'appui A; on a

$$\mathfrak{M}_x = \mathfrak{M} + \frac{qx^2}{2} - Ax$$

remplaçant cette valeur de $\mathfrak{M}_x$ dans l'équation 41)

$$E\Theta \frac{d^2y}{dx^2} = \mathfrak{M}_x = \mathfrak{M} + \frac{qx^2}{2} - Ax \quad \ldots \ldots \ldots \ldots \text{I.}$$

Si l'on prend les moments relativement au point B, on aura entre A $\mathfrak{M}$ et $\mathfrak{M}'$ les relations

$$Al - \mathfrak{M} + \mathfrak{M}' - \frac{ql^2}{2} = 0$$

d'où

$$A = \frac{ql}{2} + \frac{\mathfrak{M} - \mathfrak{M}'}{l} \quad \ldots \ldots \ldots \ldots \ldots \text{II.}$$

Substituant cette valeur dans l'équation I. ci-dessus:

$$E\Theta \frac{d^2y}{dx^2} = \frac{qx^2}{2} - \left(\frac{ql}{2} + \frac{\mathfrak{M} - \mathfrak{M}'}{l}\right) x + \mathfrak{M} \quad \ldots \ldots \text{III.}$$

Intégrant cette équation et remarquant que pour $x = 0\ \dfrac{dy}{dx} = \alpha$

on a:

$$\frac{dy}{dx} = \alpha + \frac{qx^3}{6E\Theta} - \left(\frac{ql}{2} + \frac{\mathfrak{M} - \mathfrak{M}'}{l}\right) \frac{x^2}{2E\Theta} + \frac{\mathfrak{M}x}{E\Theta} \quad \text{. IV.}$$

et pour $x = l$

$$\alpha' = \alpha - \frac{ql^3}{12E\Theta} + (\mathfrak{M} + \mathfrak{M}') \frac{l}{2E\Theta} \quad \ldots \ldots \ldots \ldots \text{V.}$$

Intégrant encore une fois l'équation IV, en remarquant que pour $x = 0$, $y = c$

$$y = c + \alpha x = \frac{qx^4}{24E\Theta} - \left(\frac{ql}{2} + \frac{\mathfrak{M} - \mathfrak{M}'}{l}\right) \frac{x^3}{6E\Theta} + \frac{\mathfrak{M}x^2}{2E\Theta} \quad \text{. V}^a.$$

et que pour $x - l$, on doit avoir $y = c'$

$$c' = c + \alpha l + \frac{ql^4}{24} - \left(\frac{ql}{2} + \frac{\mathfrak{M} - \mathfrak{M}'}{l}\right) \frac{l^3}{6E\Theta} + \frac{\mathfrak{M}l^2}{2E\Theta}$$

d'où l'on tire:

$$\alpha = \frac{ql^3}{24E\Theta} - \frac{l}{6E\Theta} (2\mathfrak{M} + \mathfrak{M}') + \frac{c' - c}{l} \quad \ldots \ldots \ldots \text{VI.}$$

Remplaçant cette valeur dans l'équation V.:

$$\alpha' = -\frac{ql^3}{24E\Theta} + \frac{l}{6E\Theta} (\mathfrak{M} + 2\mathfrak{M}') + \frac{c' - c}{l} \quad \ldots \ldots \text{VII.}$$

Ces deux dernières équations contiennent 4 inconnues $\mathfrak{M}$, $\mathfrak{M}'$ α et α'; en écrivant les équations analogues pour chaque travée, on obtiendra 2 n équations. Si l'on remarque que pour les appuis extrêmes $\mathfrak{M} = 0$ et que pour les appuis intermédiaires α et $\mathfrak{M}$ sont communs à deux travées, on aura comme inconnues:

$$n - 1 \text{ moments inconnus,}$$
$$\underline{n + 1 \text{ angles sur les appuis.}}$$
$$\text{ensemble } 2\,n \text{ inconnues.}$$

L'élimination des inconnues sera singulièrement simplifiée, si nous introduisons des inconnues auxiliaires dans les équations VI. et VII.

Posons maintenant:

$$\left.\begin{aligned}
\alpha &= \frac{1^3}{24\,\mathrm{E}\Theta}\,\chi & \alpha' &= \frac{1^3}{24\,\mathrm{E}\Theta}\,\varphi \\
\mathfrak{M} &= {}^2\!/_8\,\mu 1^2 & \mathfrak{M}' &= {}^2\!/_8\,\nu 1^2 \\
c' - c &= \varkappa\,\frac{1^4}{24\,\mathrm{E}\Theta} &
\end{aligned}\right\} \quad \cdot \quad \cdot \quad \cdot \quad \cdot \quad \cdot \text{ VIII.}$$

les équations VI. et VII. s'écriront:

$$\chi = q - 2\,\mu - \nu + \varkappa$$
$$\psi = - q + \mu + 2\,\nu + \varkappa$$

et par une simple transformation elles deviennent

$$\left.\begin{aligned}
\nu &= q - 2\,\mu - \chi + \varkappa \\
\psi &= q - 3\,\mu - 2\,\chi + 3\,\varkappa
\end{aligned}\right\} \quad \cdot \quad \cdot \quad \cdot \quad \cdot \quad \cdot \quad \cdot \text{ IX.}$$

Ces équations permettent de déterminer les valeurs $\mathfrak{M}$ et α sur une pile au moyen des relations VIII, pourvu qu'on connaisse les valeurs correspondantes de la pile précédente.

22. En faisant un emploi répété des équations IX du Nr. **21.** on peut obtenir la courbe des flexions, les moments sur les piles et les pressions sur les appuis pour une poutre reposant sur un nombre d'appuis quelconque.

Soient:

$1_1\ 1_2\ 1_3\ \ldots \ldots \ldots 1_n$ la longueur des travées

$\mathfrak{M}\ \mathfrak{M}'\ \mathfrak{M}''\ \mathfrak{M}'''\ \ldots \mathfrak{M}_n$ les moments sur les appuis

$\alpha\ \alpha'\ \alpha''\ \alpha'''\ \ldots \ldots \alpha_n$ les tangentes des angles formés par la poutre avec l'horizontale au-dessus des appuis,

$q_1\ q_2\ q_3\ \ldots \ldots q_n$ la charge par unité de longueur de charque travée,

$c\ c'\ c''\ c'''\ \ldots \ldots c_n$ les coordonnées des appuis.

Introduisant d'une manière analogue aux équations VIII les valeurs auxiliaires:

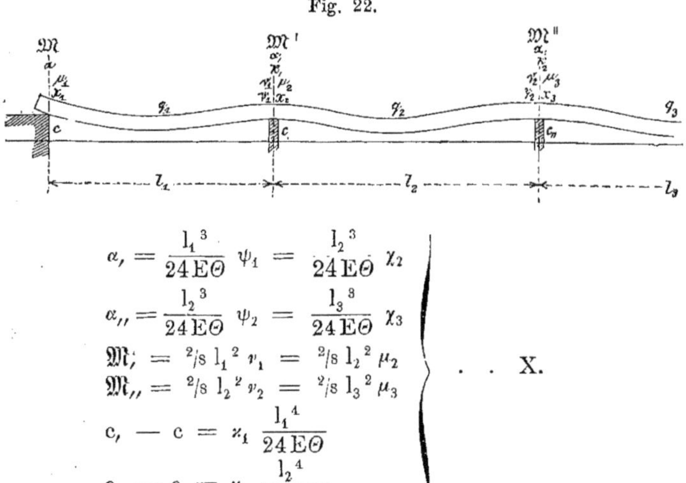

Fig. 22.

$$\alpha_{,} = \frac{l_1{}^3}{24\,E\Theta}\ \psi_1 = \frac{l_2{}^3}{24\,E\Theta}\ \chi_2$$

$$\alpha_{,,} = \frac{l_2{}^3}{24\,E\Theta}\ \psi_2 = \frac{l_3{}^3}{24\,E\Theta}\ \chi_3$$

$$\mathfrak{M}_{,} = {}^2\!/\!_8\,l_1{}^2\,v_1 = {}^2\!/\!_8\,l_2{}^2\,\mu_2$$

$$\mathfrak{M}_{,,} = {}^2\!/\!_8\,l_2{}^2\,v_2 = {}^2\!/\!_8\,l_3{}^2\,\mu_3 \qquad \Bigg\}\ \ .\ .\ \mathrm{X.}$$

$$c_{,} - c = \varkappa_1\,\frac{l_1{}^4}{24\,E\Theta}$$

$$c_{,,} - c_{,} = \varkappa_1\,\frac{l_2{}^4}{24\,E\Theta}$$

nous pourrons, pour chaque travée écrire les équations :

pour la première travée
$$v_1 = q_1 - 2\mu_1 - \chi_1 + \varkappa_1$$
$$\psi_1 = q_1 - 3\mu_1 - 2\chi_1 + 3\varkappa_1$$

pour la seconde travée
$$v_2 = q_2 - 2\mu_2 - \chi_2 + \varkappa_2$$
$$\psi_2 = q_2 - 3\mu_2 - 2\chi_2 + 3\varkappa_2 \qquad \Bigg\}\ \ .\ .\ 44)$$

pour la n^{ième} travée
$$v_n = q_n\,2\mu_n - \chi_n + \varkappa_n$$
$$\psi_n = q_n - 3\mu_n - 2\chi_n + 3\varkappa_n$$

Pour les culées extrêmes, le moment des forces extérieures est nul, donc :

$$\mathfrak{M} = \mathfrak{M}_n = 0$$

d'où résulte

$$\mu_1 = v_n = 0$$

L'élimination des auxiliaires n'offre aucune difficulté, vu la simplicité des équations.

Si l'on élimine au moyen de la relation X le système des inconnues $\mu_1\,\mu_2\,\mu_3\,\ldots\,\chi_1\,\chi_2\,\chi_3\,\ldots$, les équations 44) ne contiendront plus que les inconnues $v_1\,v_2\,v_3\,\ldots\,\psi_1\,\psi_2\,\psi_3\,\ldots$ d'où l'on déduira l'une après l'autre les valeurs $v_1\,v_2\,v_3\,\ldots$ et au moyen des relations X, les moments cherchés $\mathfrak{M}_1\,\mathfrak{M}_2\,\mathfrak{M}_3$ etc. sur les appuis.

Connaissant $\mathfrak{M}$, l'équation II permettra de trouver les réactions sur les appuis et l'équation V^a fournira la position de la ligne des fibres invariables; tout sera alors connu. Nous montrerons, par un exemple, dans une autre partie, l'application de ces formules.

23. Les considérations sur lesquelles sont fondés les Nr. **19** à **22** supposent toujours que nous avons affaire à une poutre de section constante, ce qui ordinairement n'a lieu dans les constructions qu'approximativement.

Il arrivera pourtant en pratique que, *pour une travée*, les sections de la poutre seront à peu près constantes, pour les travées successives elles peuvent être *différentes*, mais les formules 44) seront encore applicables, seulement dans les relations X il faudra avoir soin d'introduire un Θ correspondant à chaque travée au lieu de le prendre constant.

Si Θ varie pour une même travée, nos formules ne sont plus exactes, on obtiendra toutefois, dans la plupart des cas, des résultats encore passables, en prenant un Θ moyen.

24. Les résultats de la pratique montrent que le développement des calculs des Nr. **13** à **23** est suffisamment exact pour les moments d'inertie et les flexions des corps prismatiques — mais pour nos développements ultérieurs, il nous faut généraliser et modifier en partie cette méthode déjà employée par M. Navier.

Lorsqu'un prisme fléchit sous l'action d'une charge, il est non seulement soumis à des efforts de traction et de compression dans sa coupe longitudinale, mais dans toutes les directions agissent encore des forces de cisaillement; nous ne considérerons pour le moment que celles qui agissent parallélement au plan XY.

La résistance verticale ΣY, déterminée pour un élément quelconque par les équations 14) et 14^a) est, pour une poutre homogène, égale à la somme des composantes verticales de toutes les forces rasantes qui agissent sur l'élément considéré.

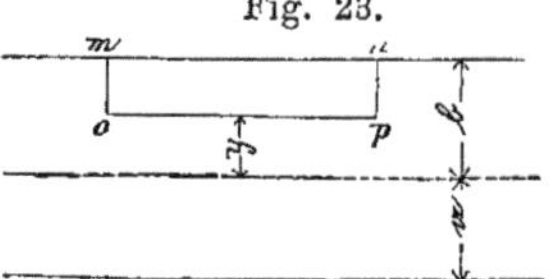
Fig. 23.

Considérons l'élément m n o p d'une poutre quelconque; nous pouvons au moyen des théories ci-dessus développées sur la résistance transversale, déterminer les composantes horizontales des tensions et des pressions moléculaires qui agissent sur (mo) et (np). Si nous nommons mo et np la somme de ces forces, pour que l'équilibre existe, il faut que le long de op agisse une force

$$s = (np) — (mo)$$

qui n'est autre chose que la *force rasante* sur la section horizontale (voir Nr. **12.**).

On se convaincra facilement de l'existence de cette force en se rappelant que, par exemple, dans une poutre à crémaillère, ce sont les adents qui doivent résister à la force rasante. — Cette force qui agit par cisaillement, produit un déplacement des atômes de la poutre et les surfaces qui, avant la flexion, étaient normales, deviennent après la flexion, obliques par rapport à la ligne des fibres invariables et les couches ne *sont plus concentriques*, ainsi que nous l'avons supposé jusqu'ici. — Ce déplacement est si minime que les efforts de tension et de compression dans les fibres longitudinales n'ont pas subi de changement — il s'agit néanmoins de rechercher *de quelle façon la matière résiste à ces forces rasantes.*

Conservant les mêmes dénotations que celles employées dans les recherches sur les flexions, nous obtiendrons comme résultante de toutes les forces horizontales agissant sur np:

$$(\Sigma X) = \int_y^b \frac{\mathfrak{B}}{\mathfrak{b}}\, zy\,dy$$

mais d'après l'équation 31)

$$\frac{\mathfrak{B}}{\mathfrak{b}} = \frac{\Sigma Xy}{\Theta}$$

d'où résulte

$$(\Sigma X) = \frac{\Sigma Xy}{\Theta} \int_y^b zy\,dy$$

D'après ce que nous avons vu au commencement de ce Nro., la *force rasante* agissant en p sur la longueur dx est égale à (ΣX) — $(\Sigma X_{,}) = d\,(\Sigma X)$ et celle agissant en op *par unité de longueur* est:

$$S = \frac{d\,(\Sigma X)}{dx} = \frac{d\,(\Sigma Xy)}{dx}\,\frac{1}{\Theta} \int_y^b zy\,dy$$

et en employant l'équation 17)

$$S = \frac{\Sigma Y}{\Theta} \int_y^b zy \cdot dy \quad . \quad . \quad . \quad 45)$$

On voit facilement que la force rasante atteint sa valeur maximum pour $y = o$, c'est-à-dire pour la ligne des fibres invariables. Si R représente les résultantes de toutes les tensions et de toutes les pressions qui agissent sur une section de poutre, et que $\mathfrak{H}$ soit la distance des points d'application de ces résultantes (voir N°. **7**). on a:

$$(\Sigma X) = R$$
$$\Sigma Xy = R\mathfrak{H}$$

donc pour la force rasante sur la ligne des fibres invariables:

$$S_0 = \frac{dR}{dx} = \frac{1}{\mathfrak{H}}\,\frac{d\,(\Sigma Xy)}{dx}$$

et d'après l'équation 17)

$$S_0 = \frac{\Sigma Y}{\mathfrak{H}} \quad . \quad . \quad . \quad . \quad 46)$$

où $\mathfrak{H}$ est tiré de l'équation 32) ou du N° **17**.

La force rasante S, pour une hauteur quelconque, peut être facilement déterminée par l'équation 45); pour une même coupe $\frac{\Sigma Y}{\Theta}$ est constant et l'intégrale de l'équation 45) représente le moment du fragment de la section comprise entre les ordonnées x et $\mathfrak{b}$ relativement à l'axe neutre.

Pour la forme des sections qu'on rencontre généralement en pratique, on pourra facilement déterminer ces moments, qui correspondent aux diverses ordonnées y; on en déduira les S, parce qu'ils sont proportionnels à ces moments, soit au moyen d'une simple multiplication, ou bien en faisant usage d'une échelle de réduction, dès que la force rasante sur la ligne des fibres invariables sera déterminée. Si l'on porte pour une série suffisante de y, ces forces

Fig. 24.   Fig. 25.   Fig. 26.

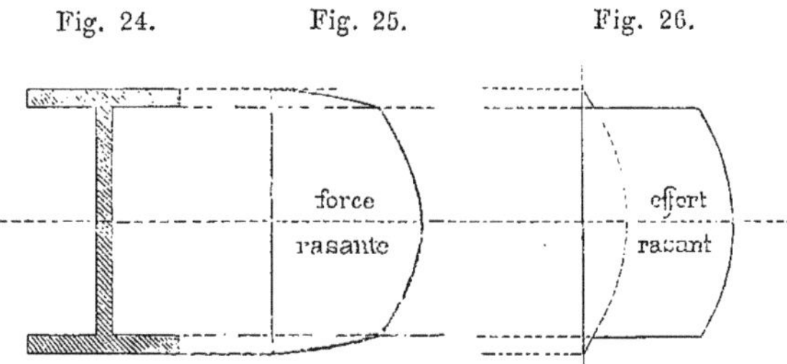

comme ordonnées, ainsi que nous l'avons fait dans la fig. 25, on obtiendra une courbe qui montrera clairement l'augmentation de la force rasante vers la ligne des fibres invariables. Lorsque la section de la poutre est rectangulaire, la force rasante est proportionnelle aux ordonnées d'une parabole dont le sommet est situé sur la ligne des fibres invariables et dont l'axe est horizontal. — Lorsque la section sera formée de divers rectangles, la courbe des S se composera de divers arcs de parabole dont tous les sommets seront situés sur la ligne des fibres invariables et dont les axes seront également horizontaux.

La force rasante soumet la matière à un effort de cisaillement; on obtiendra l'effort rasant, d'après les équations 45) et 46), en les divisant par la largeur de la section à l'endroit qu'on considère

$$\mathfrak{S} = \frac{S}{z} \qquad . \quad . \quad . \quad . \quad . \quad 47)$$

Ainsi que nous venons de le faire pour S, nous pourrons aussi construire $\mathfrak{S}$ graphiquement; pour une poutre à section rectangulaire, la courbe des $\mathfrak{S}$ comme celle des S est encore une parabole, et pour une section formée de divers rectangles, la courbe se composera d'arcs de parabole qui appartiennent tous à la même courbe, mais qui sont séparés par des intervalles; tous les sommets sont situés sur la ligne des fibres invariables (voir Fig. 26). — Plus z est petit, plus l'effort rasant est grand; les recherches que nous venons de faire acquièrent surtout de l'importance pour des poutres à parois verticales de faible épaisseur.

25. Non seulement dans les coupes longitudinales, mais dans toutes les parties de la poutre et dans toutes les directions, les molécules tendent à se séparer, en glissant les unes sur les autres.

Considérons les forces rasantes dans une coupe verticale, nous avons vu que leur somme est ΣY. Si cette somme était répartie uniformément sur toute la surface, on aurait déjà trouvé la résistance au cisaillement. En général cela n'a pas lieu, mais nous pourrons juger de la répartition de ces forces ΣY par les considérations suivantes:

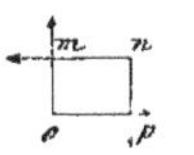

Soit mnop un élément de poutre infiniment petit de dimension dx dy. Les forces qui agissent sur cet élément sont:

Fig. 27.

1º Dans le sens vertical *le long* de mo et np deux efforts tranchants Vdy (dont la différence infiniment petite de second ordre peut être négligée).

2º *Perpendiculairement* à mo et np, des tensions moléculaires directement opposées les unes aux autres, de différence infiniment petite de second ordre;

3º *Le long* de mn et op, deux forces rasantes horizontales Sdy (de différence infiniment petite de second ordre et qu'on peut négliger.

4º *Perpendiculairement* à mn et op, des efforts tranchants directement opposés, produits par le mode de répartition de la charge, de différence infiniment petite de second ordre et qu'on peut négliger.

Comme conditions d'équilibre nous aurons simplement:

$$S \cdot dx \times dy = Vdy \times dx$$
$$S = V \quad \dots \dots \dots \quad 48)$$

S se trouvant d'après les équations 45) et 46).

Donc: *La force rasante par unité de longueur agissant sur un point donné d'une coupe verticale, est égale à la force rasante horizontale agissant sur ce même point*, cette dernière étant aussi réduite à l'unité de longueur.

Nous avons déjà montré ci-dessus, que la somme des forces rasantes verticales doit être égale à ΣY; nous devons arriver au même résultat, en additionnant toutes les forces rasantes qui agissent dans la coupe verticale et qui sont calculées d'après les équations 45) et 48). Intégrant la relation Vdy entre les limites y et b, on aura:

$$\int_y^b Vdy = \int_y^b \frac{\Sigma Y}{\Theta} \, dy \int_y^b zydy$$
$$= \frac{\Sigma Y}{\Theta} \int_y^b dy \int_y^b zydy$$
$$= \frac{\Sigma Y}{\Theta} \left[y \int_y^b zydy - \int_y^b zy^2dy \right]$$

pour $y = o$, le premier terme devient nul, puisque la ligne des fibres invariables passe par le centre de gravité et le second terme devient égal à Θ, donc

$$\int_b^a V dy = \Sigma Y$$

ce que nous avons voulu prouver.

D'après les équations 45) et 48), nous connaissons les forces rasantes longitudinales et verticales; d'après l'équation 25), nous connaissons de plus la répartition des forces horizontales dans la coupe verticale; il nous reste à déterminer *les forces verticales dans la coupe longitudinale*; la valeur de ces forces dépend de la répartition de la charge et elles sont nulles d'après ce que nous venons de voir, lorsque la charge est répartie sur la surface proportionnellement à la valeur de ΣY ci-dessus indiquée; ce cas le plus simple formera la base des développements suivants.

26. D'après ce que nous avons vu jusqu'ici, nous connaissons toutes les forces qui agissent au pourtour de m n o p, nous pouvons donc *pour une direction quelconque, déterminer les forces moléculaires* qui agissent à l'intérieur de m n o p. Si dans la

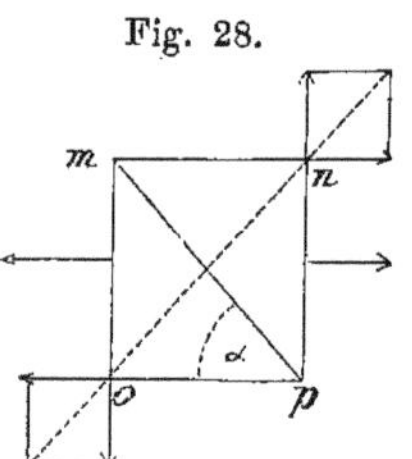

Fig. 28.

fig. 28, mp représente une section horizontale quelconque, la résultante des forces agissant sur cette section formera avec cette dernière un angle donné. Si l'on décompose cette résultante parallèlement et perpendiculairement à cette surface, la composante parallèle représentera une force rasante, la composante perpendiculaire une tension ou une pression.

Si nous nommons

C la force rasante par unité de longueur,

D la pression ou la tension normale par unité de longueur,

$\mathfrak{C}$ et $\mathfrak{D}$ les efforts correspondants par unité carrée,

y la distance de l'élément moléculaire à la ligne des fibres invariables,

$\mathfrak{A}_y$ la tension ou la compression longitudinale dans cet élément,

z l'épaisseur dans le sens de l'axe des z de l'élément m n o p; posons encore

$$mp = ds$$
$$mn = dx$$
$$np = dy$$

on aura les relations suivantes:

Force rasante: $\qquad C ds = V dy \sin \alpha - S dx \cos \alpha + \mathfrak{A}_y . z . dy . \cos \alpha$

Tension ou compres.: $D ds = V dy \cos \alpha + S dx \sin \alpha + \mathfrak{A}_y . z . dy . \sin \alpha$

les significations de S et V sont indiquées par les équations 45) et 48), $\mathfrak{A}$ indique l'effort que supportent les fibres longitudinales les plus éloignées, puisque

$$dy = ds \sin \alpha$$
$$dx = ds \cos \alpha$$

et que, d'après l'équation 48) S = V, nous obtiendrons par quelques réductions

$$C = S \cos 2\alpha + \frac{\mathfrak{A}_y z}{2} \sin 2\alpha \quad . \quad . \quad . \quad 49)$$

$$D = S \sin 2\alpha + \frac{\mathfrak{A}_y z}{2} (1 - \cos 2\alpha) \quad . \quad 50)$$

Si, dans ces deux équations, on veut introduire au lieu des *forces rasantes* les efforts correspondants dans les fibres les plus éloignées, il n'y a qu'à placer:

$$C = z\,\mathfrak{C}$$
$$S = z\,\mathfrak{S}$$

et l'on obtient:

$$\mathfrak{C} = \mathfrak{S} \cos 2\alpha + \frac{\mathfrak{A}_y}{2} \sin 2\alpha \quad . \quad . \quad . \quad 51)$$

$$\mathfrak{D} = \mathfrak{S} \sin 2\alpha + \frac{\mathfrak{A}_y}{2} (1 - \cos 2\alpha) \quad . \quad 52)$$

Les équations 49) à 52) donnent *d'une manière tout-à-fait générale et pour un point quelconque d'une poutre homogène, les valeurs de tension, de compression et de force rasante*; les équations 31), 45) et 47) serviront à déterminer les valeurs de S, $\mathfrak{S}$ et $\mathfrak{A}$.

Afin de déterminer les valeurs maxima de $\mathfrak{C}$ et $\mathfrak{D}$, nous considérons toujours l'élément de poutre pour lequel $\mathfrak{S}$ et $\mathfrak{A}_y$ sont invariables; on obtiendra pour $\mathfrak{C}$ un maximum ou un minimum lorsque

$$\frac{d\mathfrak{C}}{d\alpha} = -2\,\mathfrak{S} \sin 2\alpha + \mathfrak{A}_y \cos 2\alpha = 0$$

d'où résulte

$$\tan 2\alpha = {}^1/_2 \frac{\mathfrak{A}_y}{\mathfrak{S}}$$

remplaçant cette valeur dans l'équation 51), on aura:

$$\mathfrak{C}_{max} = \sqrt{\mathfrak{S}^2 + ({}^1/_2\,\mathfrak{A}_y)^2} \quad . \quad . \quad . \quad . \quad . \quad 53)$$

Les équations 51) et 54) montrent de plus que, dans les fibres les plus éloignées (y = a) on a $\mathfrak{S} = 0$, et pour $\alpha = 45^0$, $\mathfrak{C} = {}^1/_2\,\mathfrak{A}$ et en même temps maximum, tandis que pour $\alpha = 0$ et 90^0, $\mathfrak{C} = 0$, donc minimum.

Dans la ligne des fibres invariables y = 0, on a pour

$$\alpha = 90^0 \ldots \mathfrak{C} = \mathfrak{S} \text{ et maximum,}$$
$$\alpha = 0^0 \ldots \mathfrak{C} = \mathfrak{S} \text{ également maximum.}$$

Pour les fibres situées entre les fibres neutres et les fibres les plus éloignées, $\mathfrak{C}$ peut devenir plus grand que $\mathfrak{A}$; à cet effet il faudra que $\mathfrak{S}$ dans la coupe horizontale soit notablement plus grand que ${}^1/_2\,\mathfrak{A}_y$ et ce dernier presque égal à $\mathfrak{A}$ qui agit sur les fibres extrêmes, ce qui arrivera rarement.

Nous déterminerons d'une manière analogue le *maximum ou le minimum* de $\mathfrak{D}$, qui aura lieu lorsque

$$\frac{d\mathfrak{D}}{d\alpha} = 2\,\mathfrak{S}\,\cos 2\,\alpha + .\ \mathfrak{A}_y \sin 2\alpha$$

d'où résulte

$$\operatorname{tg} 2\alpha = -\frac{2\mathfrak{S}}{\mathfrak{A}_y}$$

Remplaçant cette valeur dans l'équation 51), on aura comme maximum de $\mathfrak{D}$

$$\mathfrak{D}_{\max} = \frac{\mathfrak{A}_y}{2} \pm \sqrt{\mathfrak{S}^2 + \left(\frac{\mathfrak{A}_y}{2}\right)^2} \quad \ldots \quad 55)$$

Dans les fibres extrêmes $\mathfrak{S} = 0$, donc

$$\mathfrak{D} = \frac{\mathfrak{A}_y}{2}\,(1 - \cos 2\alpha)$$

d'où il résulte:

$$\alpha = \ \ 0 \ \ldots \mathfrak{D} = 0 \text{ et minimum,}$$
$$\alpha = 90^0 \ldots \mathfrak{D} = \mathfrak{A}_y = \mathfrak{A} \text{ et maximum.}$$

Dans *la ligne des fibres invariables* $\mathfrak{A}_y = 0$, donc

$$\alpha = 45^0 \ldots \mathfrak{D} = \mathfrak{S} \text{ et maximum.}$$

Pour les *fibres intermédiaires*, l'équation 55) montre que $\mathfrak{D}_{\max}$ est en tout cas plus grand que $\mathfrak{A}_y$ et que $\mathfrak{S}$, lors même que $\mathfrak{S}$ aurait une valeur très-petite, il est vrai, mais pourtant appréciable. C'est à cause de l'influence qu'exerce l'effort rasant $\mathfrak{S}$ sur la valeur $\mathfrak{D}_{\max}$ qu'il faudra toujours prendre pour effort rasant $\mathfrak{S}_0$ dans les fibres neutres, une valeur notablement plus faible que la tension maximum $\mathfrak{A}_0$ (ou pression $\mathfrak{B}_0$) dans les fibres extrêmes; nous prendrons généralement dans la suite

$$\mathfrak{S}_0 \leqq 0{,}6\,\mathfrak{A}_0 \leqq 0{,}6\,\mathfrak{B}_0 \quad \ldots \quad 56)$$

où $\mathfrak{S}_0$, $\mathfrak{A}_0$ et $\mathfrak{B}_0$ ont les significations ci-dessus indiquées.

En prenant la relation que fournit l'équation 56), nous verrons par des exemples, que les tensions ou les pressions dans les fibres extrêmes ne seront pas sensiblement dépassées, principalement parce que $\mathfrak{A}_y$ obtient sa plus grande valeur dans les fibres extrêmes, tandis que $\mathfrak{S}$ l'obtient dans les fibres neutres; pour des poutres continues, les tensions obliques sur les parois dépasseront les tensions maxima longitudinales dans le voisinage des appuis, parce qu'ici les nervures et les parois verticales sont, pour une même section, soumises en même temps à des efforts considérables, (vu qu'à la limite entre la nervure et la paroi verticale, $\mathfrak{A}_0$ et $\mathfrak{S}_0$ agissent encore à peu près avec leurs valeurs maxima); il peut arriver de même pour des poutres homogènes soumises à l'action de charges concentrées, que max $\mathfrak{B}$ et max $\mathfrak{M}$ coïncident pour une même coupe, de façon que max $\mathfrak{D}$ soit aussi plus grand que max $\mathfrak{A}$ (ce qui dépendra du rapport existant entre l'épaisseur des nervures et la hauteur de la poutre).

Pour chaque élément, $\mathfrak{D}_{max}$ est formé de $\mathfrak{S}$ et $\mathfrak{A}_y$ d'après l'équation 55); nous donnons dans la table VI *les valeurs maxima de $\mathfrak{D}$* pour divers $\mathfrak{S}$ (efforts rasants horizontaux) et $\mathfrak{A}_y$ (efforts longitudinaux dans l'élément du corps considéré).

Table VI.

$\mathfrak{A}_y =$	100	200	300	400	500	600	700	800
$\mathfrak{S} = 100$	161,8	241,4	330,2	423,6	519,2	616,2	714,0	812,3
200	256,1	323,6	400,0	482,8	570,1	660,4	753,1	847,2
300	354,1	416,2	485,4	560,6	640,5	724,2	811,0	900,0
400	453,1	512,2	576,9	647,2	721,7	800,0	881,5	965,6
500	552,4	609,9	672,0	738,5	809,0	883,1	960,3	1040,3
600	652,1	708,3	768,3	832,5	900,0	970,8	1044,6	1121,2
700	751,8	807,1	865,9	928,0	993,3	1061,6	1132,6	1206,2
800	851,6	906,2	963,9	1024,4	1088,2	1154,4	1223,2	1294,4

27. Nous allons montrer par un exemple simple, l'influence réciproque des valeurs de $\mathfrak{S}$ et $\mathfrak{A}_y$, lorsqu'ils agissent en même temps. La planche I donne graphiquement les diverses coupes pour des poutres de pont de 1,5 mètre de hauteur, la coupe N° 1 est supposée être celle d'une poutre continue au-dessus des appuis; les coupes N° 2 et 3 celles de poutres reposant librement sur deux appuis et correspondant au pont de 15 mètres d'ouverture, calculé dans le quatrième chapitre et représenté dans la planche VI.

On a calculé d'abord, d'après l'équation 31), l'effort horizontal dans les fibres extrêmes, lequel diminue régulièrement jusqu'à la ligne des fibres invariables; ensuite l'effort rasant horizontal a été calculé d'après les équations 45) et 47) et enfin les tensions ou les pressions obliques maxima d'après l'équation 55); chacune de ces valeurs a été portée à l'échelle dans les figures de la planche I, ensorte qu'un coup d'œil suffit pour juger de la valeur numérique des forces qui agissent sur divers points de la poutre. On voit que pour les coupes admises, la tension $\mathfrak{D}_{max}$ ne dépasse la tension maximum longitudinale $\mathfrak{A}$ que pour la coupe N° 1 de la poutre continue, mais qu'elle est toujours plus grande que la tension longitudinale dans la coupe horizontale respective, excepté dans la fibre extérieure où elles sont égales.

28. Dans la planche VII nous donnons graphiquement pour les poutres du *pont de chemin de fer de Langon* les valeurs des forces rasantes horizontales et des tensions (ou pressions) maxima qui agissent en direction oblique; nous avons admis pour tension longitudinale maximum dans les fibres extrêmes 600 kilogr. et pour l'effort rasant dans l'axe neutre 350 kilogr. par centimètre carré; le calcul numérique des points de courbe est consigné dans les tables suivantes VII et VIII; on s'est servi des formules 31) pour le calcul de $\mathfrak{A}$, 45) et 47) pour $\mathfrak{S}$ et 55 pour $\mathfrak{D}_{max}$.

Table VII.

Calcul de l'effort rasant horizontal.

Coupe horizontale.	Surface des sections.	Ordonnées des centres de gravité.	Moment des surfaces.	Somme des moments: $\int_y^b zy\,dy$	Largeur z des coupes horizontales.		$\left(\dfrac{\int_y^b zy\,dy}{z}\right)$		Observations.
	(1)	(2)	(3)	(4)	(5)		(6)		
VII.				0	90		0		Les cornières extrêmes et les parois verticales doivent être ajoutées à la coupe des tables horizontales. Colonne (4) est proportionnelle à la force rasante horizontale $\mathfrak{S}$. Colonne (6) est proportionnelle à l'effort rasant horizontal $\mathfrak{S}$.
	90 × 4,8	272,6							
	+ 61,4 × 1,2	269,6							
	+ 90 × 8,2	264,5	167515						
	+ 12 × 3,4	254,0							
VI.				167515	90	21,2	1861,3	7901	
	21,2 × 1,2	269,6	6858						
V.				174373	21,2	3,6	8225	38437	
	9 × 3,6	264,5	8570						
IV.				182943	3,6	1,2	50817	152452	
	100 × 1,2	210	25200						
III.				208143	1,2		173452		
	80 × 1,2	120	11520						
II.				219663	1,2		183052		
	80 × 1,2	40	3840						
I.				228503	1,2		186252		

Table VIII.

Calcul du maximum des tensions (pressions) $\mathfrak{D}_{max}$ en coupe oblique.

Coupe horizontale.	$\mathfrak{A}$	$\mathfrak{C}$		$\sqrt{\left(\frac{\mathfrak{A}}{2}\right)^2 + \mathfrak{C}^2}$		Tension ou pression maximum $\mathfrak{D}_{max}$.		Observations.
	(1)	(2)		(3)		(4)		
VII.	600	0		300		600		
VI.	590	15	0	295,5	295	590,5	590	On obtient $\mathfrak{D}_{max}$ en prenant la moitié des valeurs de $\mathfrak{A}$ de
V.	586	90	16	306,5	293,5	600	586,5	la colonne (1) et en l'ajoutant aux valeurs de la co-
IV.	567	286	96	403	299,6	687	583,6	lonne (3); voir l'équation 55).
III.	350	325		369		544		
II.	175	345		356		444		
I.	0	350		350		350		

Près de la nervure, nous trouvons *comme pression oblique maximum* dans la paroi verticale 687 kilogr. par centimètre carré, valeur notablement plus forte que l'effort maximum dans les fibres extrêmes ; si donc pour de grandes poutres à parois pleines, on ne veut pas donner une épaisseur démesurée à la paroi verticale (ce que l'économie défend), il faut que l'effort longitudinal dans la nervure, pour le point où la nervure et la paroi verticale ont en même temps à supporter le plus grand effort, soit suffisamment plus faible que la tension maximum admise pour le calcul du pont ; dans le cas qui nous occupe, cet effort de 687 kilogr. est encore admissible, mais si l'on s'était posé la condition de ne pas dépasser 600 kilogr., il n'aurait fallu prendre pour la tension longitudinale dans les fibres extrêmes qu'environ 525 kilogr. par centimètre carré.

29. Lorsqu'un corps prismatique, dont la longueur est grande relativement à la dimension de sa coupe, est soumis à une pression P dans le sens de sa longueur, on remarque un ploiement du prisme ; en raison de ce ploiement, la rupture arrive plus tôt que ne l'indique l'équation 21) pour la pression, le prisme est soumis *à la fois à un effort de pression et à la flexion.*

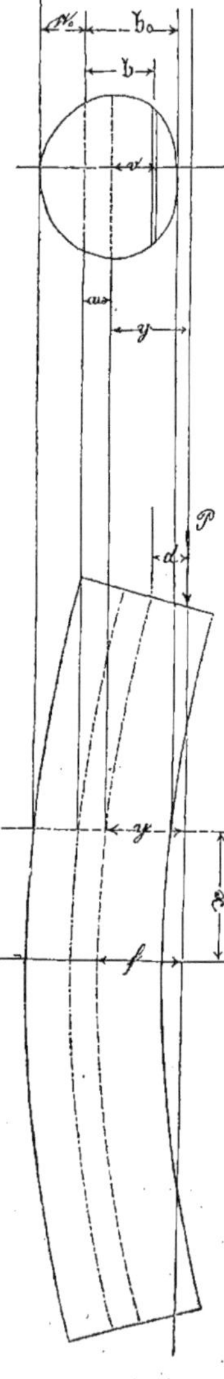

Fig 29.

Si nous connaissons la forme que prend l'axe longitudinal du prisme, ainsi que la distance de la force P à cet axe, on pourra déterminer la pression et la flexion de chaque point de ce prisme, ainsi que nous l'avons vu dans la recherche de la résistance des corps à la flexion.

Nous placerons l'axe des x dans la direction de la force P, nous admettrons que le ploiement de l'axe soit symétrique par rapport à l'axe des x, ce qui suppose le prisme complétement libre à ses extrémités.

Nous nommerons

d la distance du centre de gravité des deux coupes extrêmes à l'axe des x,

f la distance de la coupe moyenne à la direction de la force, qui représente également le plus grand écartement de l'axe, lorsqu'il est ployé.

L la longueur du prisme,

ω la section du prisme,

Θ le moment d'inertie de la coupe relativement à un axe passant par le centre de gravité et perpendiculaire au plan du ploiement,

u la distance de la ligne des fibres invariables au centre de gravité de chaque section,

$\mathfrak{A}_0$ et $\mathfrak{B}_0$ les tensions et les pressions des fibres les plus éloignées agissant aux distances $\mathfrak{a}_0$ et $\mathfrak{b}_0$.

Supposons une coupe quelconque de ce prisme et nommons x et y les coordonnées du centre de gravité de cette coupe. Figurons-nous un élément quelconque z . d$\mathfrak{b}$ de cette coupe perpendiculaire au plan xy, c'est-à-dire parallèle à la couche neutre et soit

$\mathfrak{b}$ la distance de cet élément à la ligne des fibres invariables,

v la distance de cet élément au centre de gravité de la coupe.

Nous obtiendrons d'une manière tout-à-fait semblable à ce que nous avons vu au N° **13**, pour la pression qui agit sur l'élément z . d$\mathfrak{b}$

$$\mathfrak{B} = \frac{\mathfrak{B}_0}{\mathfrak{b}_0}\, \mathfrak{b} . z \, d\mathfrak{b}$$

et les conditions d'équilibre pour cette coupe deviennent:

$$P + \frac{\mathfrak{A}_0}{\mathfrak{a}_0} \int_0^{\mathfrak{a}_0} \mathfrak{a} \cdot z \, d\mathfrak{a} - \frac{\mathfrak{B}_0}{\mathfrak{b}_0} \int_0^{\mathfrak{b}_0} \mathfrak{b}z \cdot d\mathfrak{b} = 0 \quad . \quad . \quad . \quad 57)$$

$$P(y+u) = \frac{\mathfrak{A}_0}{\mathfrak{a}_0} \int_0^{\mathfrak{a}_0} \mathfrak{a}^2 z \, d\mathfrak{a} + \frac{\mathfrak{B}}{\mathfrak{b}_0} \int_0^{\mathfrak{b}_0} \mathfrak{b}^2 z \cdot d\mathfrak{b} \quad . \quad . \quad 58)$$

Si nous remarquons que $\dfrac{\mathfrak{A}_0}{\mathfrak{a}_0} = \dfrac{\mathfrak{B}_0}{\mathfrak{b}_0}$ et que

$$\Theta_u = \int_0^{\mathfrak{a}_0} \mathfrak{a}^2 z \, d\mathfrak{a} + \int_0^{\mathfrak{b}_0} \mathfrak{b}^2 z \, d\mathfrak{b}$$

représente le moment d'inertie de la coupe pris par rapport à l'axe neutre, il résulte de l'équation 58)

$$P(y+u) = \frac{\mathfrak{B}_0}{\mathfrak{b}_0} \cdot \Theta_u \quad . \quad . \quad . \quad . \quad . \quad . \quad . \quad 58^a)$$

D'après les lois de la mécanique, on sait qu'entre le moment d'inertie Θ_u et le moment d'inertie Θ pris par rapport au centre de gravité de la coupe, il existe la relation

$$\Theta_u = \Theta + \omega \cdot u^2$$

et d'après la définition du centre de gravité

$$\int_0^{\mathfrak{a}_0} \mathfrak{a} \cdot z \cdot d\mathfrak{a} + \int_0^{\mathfrak{b}_0} \mathfrak{b} \cdot z \, d\mathfrak{b} = \omega \cdot u$$

les équations 57) et 58) peuvent être mises sous la forme simple:

$$P = \frac{\mathfrak{B}_0}{\mathfrak{b}_0} \cdot u \cdot \omega \quad . \quad . \quad . \quad . \quad . \quad . \quad 59)$$

$$P(y+u) = \frac{\mathfrak{B}_0}{\mathfrak{b}_0} (\Theta + \omega u^2) \quad . \quad . \quad 60)$$

Il résulte des équations 59) et 60)

$$u = \frac{\Theta}{\omega \cdot y} \quad . \quad . \quad . \quad , \quad . \quad . \quad . \quad 61)$$

Pour $x = 0$, nous avons $y = f$, donc pour la coupe moyenne

$$u = \frac{\Theta}{\omega \cdot f} \quad . \quad . \quad . \quad . \quad . \quad . \quad . \quad 61^a)$$

c'est-à-dire que, lorsque la distance de la force P au centre de gravité est connue, on obtiendra le déplacement u de la ligne des fibres invariables d'après l'équation 61) ou 61ᵃ).

30. Si dans l'équation 59), on remplace la valeur trouvée pour u par l'équation 61), on aura

$$Py = \frac{\mathfrak{B}_0}{\mathfrak{b}_0} \cdot \Theta \quad . \quad . \quad . \quad . \quad . \quad . \quad 62)$$

Désignant par v_0 (notation correspondante à celle de v ci-dessus indiquée) la distance de la fibre pressée extérieure au centre de gravité de la coupe, on a

$$\mathfrak{b}_0 = u + v_0$$

et l'équation 62) peut s'écrire:

$$Py = \frac{\mathfrak{B}_0}{u + v_0} \cdot \Theta \quad . \quad . \quad . \quad . \quad . \quad 62^a)$$

et en employant l'équation 61):

$$\mathfrak{B}_0 = \mathrm{P}y \cdot \frac{v_0}{\Theta} + \frac{\mathrm{P}}{\omega} \quad \ldots \ldots \quad 63)$$

De même pour l'effort de la fibre la plus tendue, on aura

$$\mathfrak{A}_0 = \mathrm{P}y \cdot \frac{v_0}{\Theta} - \frac{\mathrm{P}}{\omega} \quad \ldots \ldots \quad 63^\mathrm{a})$$

Pour la coupe moyenne, il faut prendre $y = f$. Si dans l'équation 63^a) $\mathfrak{A}_0$ est négatif, c'est une preuve qu'il n'existe aucune tension, mais seulement des pressions dans la coupe considérée.

Si l'on compare les équations 20) et 31) avec l'équation 63) on voit que la pression maximum $\mathfrak{B}_0$ dans la coupe considérée se compose de la pression $\frac{\mathrm{P}}{\omega}$ qui résulte de la pression P uniformément répartie sur l'unité carrée, et de la pression qui résulte du moment de la force P agissant au bras de levier y qui produit le ploiement; cette pression est égale à celle qu'aurait à supporter un prisme de longueur 4 y ou 4 f, reposant librement sur deux appuis et chargé en son milieu du poids P.

31. L'équation 63) permettrait de trouver immédiatement la pression maximum d'un prisme soumis à la flexion, lorsque la distance f de la force serait connue; cette distance se compose de la flèche du ploiement et de la distance d de la force avant le ploiement. Cette dernière distance est souvent connue et peut servir à déterminer la distance inconnue f; à cet effet nous nous servirons de l'équation de la courbe élastique.

Au moyen de considérations analogues à celles développées dans le N° **18** et désignant par ϱ_1 le rayon de la ligne des fibres invariables, nous aurons pour la position de l'axe neutre — d'après l'équation 40)

$$\Sigma \mathrm{X}y = \mathrm{P}y = \frac{\Theta \mathrm{E}}{\varrho_1}$$

et si nous nommons ϱ le rayon de l'axe du centre de gravité, donc $\varrho_1 = \varrho + u$, on aura

$$\mathrm{P}y = \frac{\Theta \mathrm{E}}{\varrho + u} \quad \ldots \ldots \ldots \quad 64)$$

La géométrie analytique donne pour ϱ la valeur $\dfrac{1}{\dfrac{d^2y}{dx^2}}$; remplaçant encore u par sa valeur donnée dans l'équation 61), on tirera de l'équation 64):

$$\frac{d^2y}{dx^2} = \frac{\mathrm{P}y}{\Theta \left(\mathrm{E} - \dfrac{\mathrm{P}}{\omega} \right)} = \frac{y}{\Theta \left(\dfrac{\mathrm{E}}{\mathrm{P}} - \dfrac{1}{\omega} \right)} \quad \ldots \ldots \quad 65)$$

Pour plus de simplicité nous nommerons t le terme $\Theta\left(\dfrac{E}{P} - \dfrac{1}{\omega}\right)$ donc :

$$\frac{d^2y}{dx^2} = \frac{y}{t} \quad . \quad . \quad . \quad . \quad . \quad . \quad . \quad 65^a)$$

Intégrant cette équation, on trouve

$$y = C . \sin \frac{x}{\sqrt{t}} + C_1 \cos \frac{y}{\sqrt{t}} \quad . \quad . \quad 66)$$

dans laquelle C et C_1 sont deux constantes; nous les déterminerons en remarquant que y doit avoir la même valeur pour x et pour $(-x)$ d'où il résulte :

$$C = o, \text{ et plaçant } x = \frac{L}{2} , \text{ donc } C_1 = f$$

l'équation 66) s'écrira :

$$\left.\begin{array}{l} d = f \cos \dfrac{L}{2\sqrt{t}} \\[2em] f = \dfrac{d}{\cos \dfrac{L}{2\sqrt{t}}} \end{array}\right\} \quad . \quad . \quad . \quad . \quad . \quad 67)$$

Remplaçant enfin cette valeur de f dans l'équation 63), on obtiendra

$$\mathfrak{B}_0 = \frac{P}{\omega} + \frac{Pv_0}{\Theta} \frac{d}{\cos \dfrac{L}{2\sqrt{t}}} \quad . \quad . \quad . \quad 68)$$

de même de l'équation 63^a) on obtient

$$\mathfrak{A}_0 = - \frac{P}{\omega} + \frac{Pv_0}{\Theta} \frac{d}{\cos \dfrac{L}{2\sqrt{t}}} \quad . \quad . \quad 68^a)$$

Tirant la valeur de P de l'équation 68)

$$P = \mathfrak{B}_0\omega \frac{1}{1 + \dfrac{v_0\omega}{\Theta} \cdot \dfrac{d}{\cos \dfrac{L}{2\sqrt{t}}}} \quad . \quad . \quad 69)$$

La valeur de P de cette dernière équation ne peut être trouvée que par tâtonnement, puisque le terme $t = \Theta\left(\dfrac{E}{P} - \dfrac{1}{\omega}\right)$ renferme aussi la force P.

32. Prenons un exemple pour montrer l'application des formules.

Une colonne pleine, en fonte, de coupe cylindrique de 4 mètres de hauteur, dont la base est solidement fixée au sol, est soumise

Fig. 30.

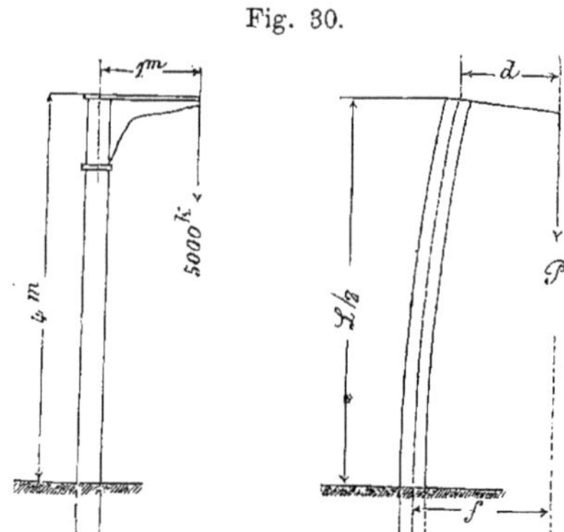

à l'effort d'un poids de 5000 kilogr. agissant à 1 mètre de distance de son sommet; la base étant fixe, la tangente y reste toujours verticale et nous n'avons alors qu'à nous occuper de la moitié du prisme de la fig. 29, ainsi que le montre la fig. 30, et la hauteur l de cette dernière, dans l'emploi de nos formules, doit être remplacée par $\dfrac{L}{2}$; nous aurons donc, en exprimant le tout en centimètres et en kilogrammes:

$$L = 2l = 800 \text{ centimètres;}$$

Soit le diamètre de la colonne D = 20 centimètres, donc

$$v_0 = \frac{D}{2} = 10 \text{ centimètres,}$$

$$\omega = \frac{\pi D^2}{4} = 314 \text{ centim. carrés,}$$

$$\Theta = \frac{\pi D^4}{64} = 7854$$

$$t = \frac{\Theta E}{P} - \frac{\Theta}{\omega} = 1'413000$$

d'où il résulte d'après l'équation 68)

$$\mathfrak{B}_0 = \frac{5000}{314} + \frac{5000 \cdot 10}{7854} \frac{100}{\cos \dfrac{800}{2\sqrt{1413000}}}$$

$$\mathfrak{B}_0 = 16 + 677 = 693 \text{ kilos.}$$

Afin de trouver le ploiement de la colonne, nous écrirons d'après l'équation 67)

$$f = \frac{d}{\cos \dfrac{L}{2\sqrt{t}}} = \frac{d}{0,94} = 106 \text{ centim.,}$$

d'où résulte une flèche de ploiement f—d de 6 centimètres. — Ce ploiement est déjà assez grand, il peut néanmoins être négligé pour la détermination approximative de la pression maximum; car si l'on avait placé dans l'équation 63) au lieu de 106 centimètres la valeur primitive d $= 100$ centimètres, on aurait obtenu $\mathfrak{B}_0 = 16 + 639 = 655$ kilogr., au lieu de la valeur plus exacte de 693 kilogr.; pour des ploiements moins grands, cette approximation donne des résultats suffisamment exacts.

33. Plus la distance d est grande, c'est-à-dire plus la direction de la force est éloignée de l'axe du prisme, plus aussi le maximum de la compression pour une longueur donnée du prisme sera grand; d'un autre côté, si une pression déterminée ne doit pas être dépassée, plus la longueur du prisme sera grande, plus la distance d devra être prise petite.

Tirant la valeur de d de l'équation 68), nous trouvons

$$d = \left(\mathfrak{B}_0 - \frac{P}{\omega}\right) \frac{\Theta}{Pv_0} \cos \frac{L}{2\sqrt{t}} \quad . \quad . \quad 70)$$

Si nous avons une colonne fixée à sa base, d'un diamètre D $= 20$ centimètres et chargée d'un poids P $= 5000$ kilogr. on aura

$$\omega = 314 \text{ centimètres carrés}$$

$$\frac{P}{\omega} = 16 \text{ kilogr. par centimètre carré.}$$

Si $\mathfrak{B}_0$ ne doit pas dépasser 1200 kilogr., on aura $\mathfrak{B}_0 - \frac{P}{\omega} = 1184$;

si $\mathfrak{B}_0 - \frac{P}{\omega}$ est six fois plus grand, donc $= 7104$, on aura aussi d six fois plus grand, tandis que $\mathfrak{B}_0 = 7120$ kilos, valeur peu éloignée du point de rupture. — Nous avons calculé pour ces deux valeurs de $\mathfrak{B}_0$ une série de d pour diverses longueurs, en remplaçant dans l'équation 70) les valeurs numériques ci-dessus indiquées; nous donnons les résultats obtenus dans la table IX.

Table IX.

d exprimé en centimètres:		$l = \dfrac{L}{2}$
$\mathfrak{B}_0 = 1200$	$\mathfrak{B}_0 = 7120$	en mètres.
d $= 175,3$ c.	d $= 1052$ c.	4
162,6	976	6
145,5	872	8
123,9	743	10
98,9	594	12
71,2	427	14
41,4	248	16
10,5	63	18
0,0	0	18,67

nous avons de plus :
$$\Theta = 7854$$
$$v_0 = 10 \text{ c.}$$
$$t = 1413000$$

d'où résulte pour $\mathfrak{B}_0 = 1200$ kilogr.
$$d = 185{,}9 \ \cos \frac{L}{2378}$$

et pour $\mathfrak{B}_0 = 7120$ kilogr.
$$d = 1115{,}3 \ \cos \frac{L}{2378}$$

$$\cos \frac{L}{2378} = 0 \ \text{ou} \ \frac{L}{2} = 18{,}67 \ ^m.$$ donne $d = 0$ et cela pour chaque pression $\mathfrak{B}_0$, tandis que pour 18 mètres, les valeurs de d sont encore notables; ceci montre qu'une colonne pleine, en fonte à base fixe, dont la longueur est de 18,67 mètres et le diamètre de 20 centimètres ne peut plus supporter une charge de 5000 kilogr., qui, agissant exactement au centre de gravité de la colonne, produirait la rupture.

Des considérations analogues pourront être faites à l'aide de l'équation 68ᵃ), lorsque *l'effort de tension* maximum sera déterminé d'avance.

34. Nous venons de voir que pour une longueur donnée, le point de rupture est nettement marqué et pour le cas le plus favorable, lorsque $d = 0$, c'est-à-dire lorsque la force agit selon l'axe du prisme, nous pouvons déterminer la charge de rupture.

Si dans les équations 68) à 70) on écrit $d = 0$, il en résulte que $\mathfrak{B}_0 = \dfrac{P}{\omega}$, ce qui n'est exact que pour des prismes fort courts, ou bien il faut, non-seulement que d, mais aussi que $\cos \dfrac{L}{2\sqrt{t}}$ soit nul, donc

$$\frac{L}{2\sqrt{t}} = \frac{\pi}{2} \quad \ldots \ldots \quad 71)$$

Cette équation a déjà été obtenue dans le numéro précédent et peut être considérée comme équation de condition pour servir à déterminer la charge de rupture.

Si nous plaçons dans cette équation la valeur de $t = \dfrac{\Theta E}{P} - \dfrac{\Theta}{\omega}$ on obtient

$$P = E\omega \ \frac{1}{\dfrac{\omega L^2}{\pi^2 \Theta} + 1} \quad \ldots \ldots \quad 72)$$

Négligeant 1 relativement à $\dfrac{\omega L^2}{\pi^2 \Theta}$, ce qu'on pourra toujours faire pour des prismes de longueur un peu considérable, on aura :

$$P = \frac{\pi^2 \Theta E}{L^2} \quad \cdots \cdots \cdots \cdots \quad 72\,)$$

équation déjà donnée par Navier pour déterminer *la charge produisant la rupture de prismes de longueur assez considérable.*

Non-seulement cette équation ne nous permet pas de trouver les pressions, mais encore elle n'est pas applicable à des prismes de faible longueur, car P ne doit jamais dépasser la valeur trouvée par l'équation 21) pour la résistance des corps à la compression, au contraire P doit être toujours plus petit à cause du ploiement.

Même pour des prismes de longueur assez grande, la formule 72) ne coïncide nullement avec les résultats fournis par l'expérience. Nous emploierons comme exemple les expériences faites par M. Hodgkinson sur des prismes rectangulaires de 1 pouce anglais de côté et nous les comparerons avec les résultats fournis par l'équation 72).

La table X montre que l'équation 72) est inexacte aussi bien pour des prismes de faibles longueurs que pour ceux d'une longueur assez grande; ce n'est que pour le cas où la longueur est d'environ 30 fois le diamètre, qu'elle coïncide avec l'expérience. Il est remarquable que l'équation 72) pour des prismes de grandes longueurs fournisse des résultats encore plus défavorables que ceux donnés par l'expérience; ceci résulte probablement de ce que les extrémités n'étaient pas complétement libres ainsi que le suppose la formule, mais qu'elles étaient aplaties.

Table X.

Longueur L du prisme en pouces anglais.	$\dfrac{L}{D}$	Charge de rupture en $\hbar$ anglaises.	
		trouvée.	calculée.
10 pieds anglais	120	4245	1280
7,5 pieds	90	10236	2276
5 pieds	60	18106	5121
2,5 pieds	30	26530	20480
1,25 pieds	15	36162	(81940)
7^1/$_2$ pouces	7,5	50946	(327760)
3^3/$_4$ pouces	3,75	55200	(1'487400)

Remarque. Les chiffres entre parenthèse ne sont pas valables, puisque la charge de rupture ne peut jamais être plus grande que celle qui a été trouvée pour la matière, lorsque celle-ci est soumise à des efforts de compression.

35. Ainsi que nous venons de le voir, l'équation 72) ne coïncide pas avec les résultats des recherches de Hodgkinson, ensorte qu'une solution théorique semble ne pas être possible.

En général, dans les constructions, nous n'avons pas de prismes de longueurs démesurées ; l'application excentrique de la force est limitée et pour autant que le constructeur s'appliquera à obtenir une coïncidence entre la direction de la force et l'axe longitudinal du prisme soumis à un effort de compression, on trouvera une certaine loi pour le déplacement f de la force. Comme nous l'avons vu dans le n° **30**, on peut calculer la plus grande tension ou aussi la force résultant d'une pression donnée, pourvu que la distance f du centre de gravité de la coupe moyenne soit connue.

Tirant la valeur de P de l'équation 63) on obtient en remplaçant max (y) par f:

$$P = \mathfrak{B}_0\omega \; \frac{1}{1 + \dfrac{v_0\omega}{\Theta}f} \quad \ldots \quad 73)$$

Le déplacement f est lui-même une grandeur inconnue, dépendant de la matière, de la forme des surfaces extrêmes et surtout de la solidité de la construction.

Ce sont surtout ces dernières circonstances que nous devons examiner lorsqu'il s'agit de déterminer la *longueur libre du prisme* à introduire dans le calcul; dans le n° **32** par exemple, nous avons dû prendre cette longueur double de la longueur réelle du prisme.

Ceci étant admis, f pour un même corps augmentera rapidement avec la longueur, diminuera au contraire, si l'on augmente les dimensions de coupe ; on tiendra compte de ces facteurs dans le calcul en posant la relation

$$f = K \cdot \frac{L^2}{v_0} \quad \ldots \quad 74)$$

dans laquelle K est un coefficient pour un corps donné. Remplaçant cette valeur de f dans l'équation théorique 72), on aura

$$P = \mathfrak{B}_0\omega \cdot \frac{1}{1 + K \cdot \dfrac{\omega}{\Theta}L^2} \quad \ldots \quad 75)$$

Cette équation présente de l'analogie avec l'équation théorique 72), car pour le cas où $\dfrac{K\omega L^2}{\Theta}$ est très-grand relativement à l'unité, cette dernière peut être négligée et l'équation 75) devient

$$P = \frac{\mathfrak{B}_0}{K\omega} \frac{\Theta}{L^2}$$

et d'après l'équation 72)

$$P = \pi^2 E\, \frac{\Theta}{L^2}$$

ce qui prouve que nous pouvons donc bien prendre, ainsi que nous l'avons fait dans l'équation 74), f proportionnel à L^2.

Comme nous l'avons déjà fait sentir, en pratique L n'est pas assez grand relativement à $\dfrac{\Theta}{\omega}$ pour que l'unité puisse être négligée par rapport à $\dfrac{K\omega L^2}{\Theta}$; la fraction $\dfrac{1}{1 + \dfrac{K\omega L^2}{\Theta}}$ représente la portion de l'effort de compression qui doit être prise pour des prismes de grandes longueurs; plus L est petit, plus cette fraction s'approche de l'unité, ensorte que pour des prismes de faibles longueurs, l'équation 75) se confond avec l'équation 20) ou 21); Θ doit être calculé pour la direction suivant laquelle se produira le ploiement probable, ce qui, pour des charges excentriques, a lieu dans la direction de la force, tandis que, si la force agit dans la direction de l'axe, la détermination de Θ doit être faite dans le sens de la dimension la plus faible.

36. Dans l'équation 75), la détermination du coefficient K pour *la charge de rupture* doit être basée sur les recherches faites avec des prismes de diverses dimensions et de diverses formes et qui heureusement existent en nombre suffisant.

Nous donnons dans la table XI les valeurs moyennes de K résultant des recherches faites.

Table XI.

Pour le fer forgé	K = 0,00008
„ la fonte	K = 0,00025
„ le bois	K = 0.00016

Pour l'acier fondu et le métal Bessemer, on pourra prendre comme pour le fer forgé K = 0,00008, en se réservant toutefois une détermination plus exacte.

Les résultats donnés par la table supposent les surfaces des extrémités à bases plates; pour des prismes à bases arrondies et pouvant se mouvoir librement, la valeur de K serait à peu près la triple de celle ci-dessus indiquée.

Par l'introduction des valeurs ci-dessus indiquées, on peut employer l'équation 75) pour trouver la charge de rupture d'un prisme soumis à la fois à un effort de compression et à une flexion.

Si nous passons de la charge de rupture à celle de charges moins grandes, les valeurs de K varient aussi; il serait très difficile et fort long de déterminer pour une pression quelconque $\mathfrak{B}_{n}$, la valeur correspondante K; l'équation 75) ne peut servir absolument qu'à déterminer la charge de rupture.

Nous avons vu dans le n° **33** que la pression augmente rapidement pour des prismes de grandes longueurs, lorsqu'on se trouve dans le voisinage du point de rupture; la valeur admise ordinairement pour la pression peut être atteinte sous l'influence d'un poids qui n'est pas très-éloigné de la charge de rupture; il n'est donc pas permis de charger des prismes qui se trouvent dans les conditions indiquées, d'une valeur égale à celle admise en général pour les efforts de compression. On obtiendra un résultat plus exact et dans tous les cas plus sûr, en ne prenant qu'une partie déterminée de la charge de rupture.

La méthode du calcul est par là réduite à une grande simplicité.

On déterminera, d'après l'équation 75) et par la table XI, la *charge de rupture* pour le prisme donné; on obtient la *charge permise*, en divisant cette valeur par le coefficient de sûreté habituel dépendant de la matière et du degré de solidité auquel on veut arriver.

Si l'on réduit à l'unité carrée de section la charge que doit supporter un prisme de grande longueur, on obtient la *pression moyenne* $\mathfrak{B}_m$, et en employant les notations du n° **36** correspondant aux définitions du n° **8**, nous trouverons

$$\mathfrak{B}_m = \frac{P}{\omega} \quad \ldots \ldots \quad 20^a)$$

Combinant cette équation avec l'équation 75), on aura

$$\mathfrak{B} = \mathfrak{B}_m \left(1 + K \frac{\omega L^2}{\Theta} \right) \quad . \quad 76)$$

où la valeur de $\mathfrak{B}_m$ est tirée de la formule ci-dessus $20^a)$ ou d'une manière plus générale, de l'équation 20) du numéro **8**; le coefficient $\left(1 + K \frac{\omega L^2}{\Theta} \right)$ indique de combien la résistance de pièces d'une longueur notable est moindre que celle de prismes fort courts.

37. Nous avons déjà fait remarquer que la longueur L à introduire dans les formules 57) à 75) doit être déterminée par des recherches particulières. — Comme pour la poutre continue, c'est la direction de la tangente à la ligne des fibres invariables qui est ici de haute importance.

Les figures ci-contre montrent la longueur L à introduire, au lieu de la longueur réelle 1 du prisme.

On pourra par là juger d'autres dispositions, en remarquant toutefois qu'on ne peut pas toujours considérer les extrémités comme étant libres ou encastrées, mais souvent comme étant imparfaitement encastrées.

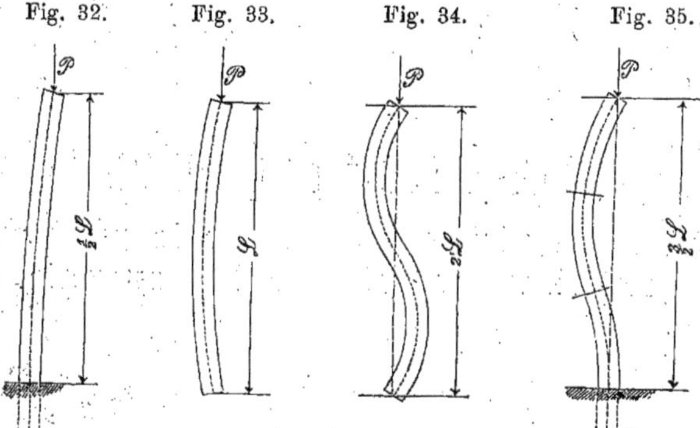

CHAPITRE DEUXIÈME.

Résultats d'expériences faites sur la résistance des matériaux employés dans la construction.

§ 4.

Coefficients de résistance.

38. Dans le paragraphe précédent, nous avons développé les formules qui servent à déterminer les tensions, les pressions et les forces rasantes pour des corps prismatiques. — Nous allons donner *la valeur des efforts de traction, de compression et des efforts rasants que l'on peut faire supporter avec sécurité aux différents corps,* ensorte que nous pourrons calculer les dimensions à donner aux corps prismatiques homogènes, par conséquent à toutes les constructions composées de pièces prismatiques, ce qu'on rencontre ordinairement dans toutes les dispositions de ponts métalliques.

La table XII donne la valeur des efforts de traction $\mathfrak{A}$, de compression $\mathfrak{B}$ et de l'effort rasant $\mathfrak{C}$ qu'on peut avec sécurité faire supporter au corps, ainsi que la valeur correspondante des efforts correspondants $\mathfrak{A}_0\ \mathfrak{B}_0\ \mathfrak{C}_0$ capables de produire la rupture, le tout exprimé en *kilogrammes par centimètre carré*.

L'effort de traction $\mathfrak{A}$ ou de compression $\mathfrak{B}$ donne la *tension* ou la *pression* qu'un prisme peut supporter et se calcule directement d'après l'équation 20). Pour des prismes soumis à un effort de flexion, $\mathfrak{A}$ et $\mathfrak{B}$ doivent être introduits dans la formule 31), de même $\mathfrak{B}$ dans l'équation 75) pour de longs prismes soumis à la fois à des efforts de flexion et de compression; dans ce dernier cas, la valeur $\dfrac{\mathfrak{B}}{1 + \mathrm{K}\dfrac{\omega \mathrm{L}^2}{\Theta}}$ indique la pression moyenne du prisme.

L'effort rasant est indiqué par l'équation 23) et est contenu dans nos recherches des n^os **24** à **28**.

Table XII.

Désignation de la matière.	Charge capable de produire la rupture.	Effort à adopter, tension $\mathfrak{A}$. compression $\mathfrak{B}$, effort rasant $\mathfrak{C}$.	Coefficient de sûreté.
Résistance à la traction.			
Fer forgé de qualité ordinaire	3000	600	5
„ laminé avec soin	3500	700	5
„ de qualité supérieure pour rivure.	4000	800	5
Fil de fer 0,5 á 1 millim. de diamètre . .	8000	1600	5
„ 1 á 3 „ . .	6000	1200	5
„ d'épaisseur plus considérable .	5000	1000	5
„ en faisceau ou câble	3000	600	5
Acier ordinaire	5—8000	1200	5—6
„ de qualité supérieure	8000	1600	5
„ Bessemer de bonne qualité	5500	1000	$5^{1/2}$
Fonte de bonne qualité	1100	220	5
„ de qualité supérieure	1500	300	5
Chêne et sapin sec	800	80	10
Résistance à la compression.			
Fer forgé moyen	3000	600	5
„ de qualité supérieure	3500	700	5
Fonte de bonne qualité	7200	1200	6
Acier fondu moyen	12000	1500	8
„ de qualité supérieure	16000	2000	8
Chêne et sapin sec	600	60	10
Résistance au cisaillement.			
Fer forgé moyen	3000	600	5
Fer forgé de qualité supérieure pour rivage	4000	800	5
Fonte de bonne qualité	1100	220	5
Acier fondu moyen	4000	800	5

On pourra, en général, prendre pour des corps prismatiques homogènes, des valeurs pour les *efforts de flexion* égales à celles que nous avons adoptées pour les efforts de traction; on doit toutefois remarquer que des recherches sur des corps soumis à la flexion continuée jusqu'au point de rupture, ont fourni (d'après l'équation 31) un coefficient toujours supérieur à celui obtenu par les recherches directes sur des corps soumis à la traction (d'après l'équation 21), et que la résistance à la traction, pour le moment de rupture, augmente pour des corps rectangulaires jusqu'à $2^{1/2}$ fois pour la fonte et $1^{1/2}$ fois pour le fer forgé ou pour l'acier, probablement par suite d'un déplacement de la ligne des fibres invariables dans le voisinage du point de rupture.

Pour les efforts qui ne doivent pas être dépassés dans les constructions, le module d'élasticité est constant, d'égale valeur pour la compression et pour la tension, ensorte que la remarque ci-dessus n'est pas valable pour les cas qui arrivent en pratique; si nous l'avons mentionnée, c'est afin d'avertir qu'on ne doit pas employer pour charge de rupture à la traction, celle qu'on a trouvée à la flexion pour des corps prismatiques rectangulaires. —

Les coefficients de sûreté contenus dans la table XII ne sont qu'une moyenne, la qualité des divers matériaux dépendant du lieu de la fabrication, car non-seulement le choix de la matière première, mais bien aussi la méthode de fabrication, soumise à de fréquents changements, influe sur la valeur de la résistance.

La résistance de la matière est aussi dépendante de la manière dont cette dernière est employée; la résistance est amoindrie surtout par des ploiements brusques, principalement par les courbures ou coudes. — Pour l'acier fondu le degré de dureté est important, l'acier dur porte en général mieux que l'acier doux, toutefois au dépens de sa résistance aux chocs; une autre observation, c'est que la résistance à la rupture de lames d'acier, laquelle était de 5500 kilogr. est descendue jusqu'à 3800 kilogr. lorsque les logements des rivets au lieu d'être forés étaient poinçonnés (Recherches dans les usines pour acier et fer forgé de Bolton le Moors, Lancashire). Vu la grande différence entre les coefficients de résistance de l'acier, il faut l'employer avec prudence; nous ne prendrons pour de bon acier Bessemer qu'un effort de 1000 kilogr. par centimètre carré, comme cela a eu lieu pour le pont en arc du quai d'Orsay à l'exposition de Paris en 1867.

Les charges produisant la rupture *du fer laminé* ne diffèrent entre elles que fort peu, et nous prendrons, ainsi que la plupart des ingénieurs, un coefficient de résistance de 6 à 800 kilogr. par centimètre carré, suivant que l'on tient compte ou non, de l'affaiblissement produit par les rivets, etc.

Un résumé fort complet de toutes les recherches faites et des résultats d'expérience pratique, a été donné par le général Morin dans son ouvrage „Leçons de mécanique pratique, résistance des matériaux".

Remarque. L'observation faite, que souvent du fer grossier cristallin présente un point de rupture voisin de celui d'un fer à grin serré et tenace, a causé en Angleterre des recherches sur la qualité du fer basées sur le travail nécessaire pour obtenir la rupture d'une unité de surface; si nous nommons λ_0 l'allongement d'un prisme de longueur 1 immédiatement avant la rupture, w sa section transversale, le module de tenacité U du prisme s'exprimera par l'équation

$$U = \frac{1}{2} \frac{\lambda_0}{1} \cdot \mathfrak{A}_0$$

dans laquelle $\mathfrak{A}_0$ indique la charge de rupture par unité carrée; c'est au moyen de cette dernière, ainsi que de l'allongement observé λ_0 immédiatement avant la rupture, que le module de ténacité U a été calculé pour quelques matériaux que nous indiquons ici:

Désignation de la matière.	$\dfrac{\lambda_0}{1}$	$\mathfrak{A}_0$ en kilogr.	U en kilo et décim.
Fer forgé, cristallin et mauvais	$\dfrac{1}{60}$	3150	2625
„ très tenace	$\dfrac{1}{10}$	3780	18900
Fonte, qualité ordinaire	$\dfrac{1}{600}$	1102	84
Acier Bessemer pour rails, de bonne qualité	$\dfrac{1}{8}$	5985	37406
Acier fondu de Krupp	$\dfrac{1}{7}$	6694	47812
Acier, très-dur	$\dfrac{1}{60}$	6300	5250

U indique les rapports qui existent entre les divers corps relativement aux chocs, ce qui dans bien des cas est utile à connaître, surtout dans les constructions de chemins de fer.

39. Jusqu'ici nous n'avons fait aucune différence entre une charge au repos et une charge en mouvement. En effet, les flèches observées sur de grandes constructions de ponts n'ont montré aucune influence notable de la vitesse avec laquelle la charge passait sur le pont. Il est toutefois certain qu'une influence se fait sentir sur les corps qui sont directement exposés à la charge en mouvement, et il sera prudent d'augmenter les dimensions de ces diverses pièces.

L'influence nuisible des charges en mouvement pourra peut-être se montrer plus tard; c'est en faisant souvent plusieurs essais avec de fortes charges, qu'on obtiendra des données sûres; jusqu'ici, on a supposé que les coefficients de sûreté employés, renferment les garanties désirables contre les affaiblissements produits par des chocs répétés et les variations décroissantes des sections.

M. l'ingénieur Gerber, directeur de la „Eisenbau-Anstalt de MM. Klett et Cie à Nuremberg", dans une publication sur le pont du Rhin à Mayence, a fait la proposition de déterminer l'effort de tension maximum à adopter pour une construction de pont en fer, en le fixant égal à celui qui serait fourni par le poids du pont plus trois fois celui qui résulte de la surcharge variable; pour de bon fer laminé dont nous pouvons prendre 3300 kilogr. par centim. carré comme résistance à la rupture, M. Gerber a pris comme limite de cet effort de tension (c'est-à-dire la tension qui permet d'observer un allongement permanent) 1600 kilogr. par centimètre carré; cette proposition a l'avantage d'obtenir pour de petits ponts, des efforts relativement moindres que pour de grands ponts, où l'influence de la surcharge est moins considérable.

Si nous supposons les surcharges réduites à l'unité de longueur et que nous désignions par

p le poids du pont,

k celui de la surcharge,

$q = p + k$ le poids total,

$\mathfrak{A}_p$ la tension de la poutre non chargée,

$\mathfrak{A}_k$ la tension produite par la surcharge,

$\mathfrak{A}_q = \mathfrak{A}_p + \mathfrak{A}_k$ l'effort total de tension,

la règle ci-dessus indiquée s'exprimera par la formule:

$$\mathfrak{A} + 3\mathfrak{A}_k = 1600 \text{ kilogr.} \quad . \quad . \quad . \quad 77);$$

nous avons, d'après cette relation, formé la table suivante XIII:

Table XIII.

$\dfrac{p}{q}$	$\dfrac{p}{k}$	$\mathfrak{A}_k = \dfrac{1600}{\dfrac{p}{k} + 3}$	$\mathfrak{A}_p$	$\mathfrak{A}_q = \mathfrak{A}_p + \mathfrak{A}_k$
0	0	533	0	533
$^1/_{10}$	$^1/_9$	514	57	571
$^1/_7$	$^1/_6$	505	84	589
$^1/_5$	$^1/_4$	492	123	615
$^1/_4$	$^1/_3$	480	160	640
$^1/_3$	$^1/_2$	457	228	685
$^2/_5$	$^2/_3$	436	291	727
$^1/_2$	1	400	400	800

Nous admettons les résultats de cette table, lesquels du reste coïncident assez bien avec ceux contenus dans notre table XII; car, en prenant le même fer que celui sur lequel est fondée la table XIII, nous obtenons comme effort à faire supporter avec sécurité $\dfrac{3300}{5} = 660$ kilogr. par centimètre carré et il est certainement rationnel que, pour de faibles portées, on adopte de petits efforts et pour de grandes portées de grands efforts à faire supporter à la matière, lors même que la supposition qui forme la base de l'équation 77) est assez arbitraire.

40. Lorsqu'une pièce de construction soumise à un effort de compression est d'une longueur un peu forte relativement à la plus petite section, elle doit à la fois supporter un effort de flexion et un effort de compression; la *compression maximum* $\mathfrak{B}$ doit être calculée d'après la formule 76) lorsque la pression moyenne $\mathfrak{B}_m$ est connue. D'un autre côté, si $\mathfrak{B}'$ désigne l'effort de compression à prendre pour la matière employée, la *pression moyenne à adopter* sera exprimée par la formule

$$\mathfrak{B}'_m = \frac{\mathfrak{B}'}{1 + K\dfrac{\omega L^2}{\Theta}} \quad . \quad . \quad . \quad . \quad . \quad . \quad 76^a)$$

Les valeurs moyennes de $\mathfrak{B}'$ sont contenues dans la table XII, celles de K dans la table XI, et en calculant les moments d'inertie Θ, nous avons obtenu la table suivante XIV, qui, pour une série de sections qu'on rencontre souvent en pratique, renferme les valeurs *des pressions moyennes à adopter*. — Cette pression moyenne $\mathfrak{B}_m$, d'après la définition que nous venons de donner, est égale à la charge par centimètre carré qu'on peut faire supporter avec sécurité à un prisme de grande longueur. — La table contient en outre la fraction $\dfrac{1}{1 + K\dfrac{\omega L^2}{\Theta}}$ qui indique la portion de résistance à la compression à introduire dans les calculs des prismes de grandes longueurs.

41. La table XIV montre, pour des prismes ou des colonnes *creuses à faibles parois*, une résistance à la compression relativement plus grande que pour des prismes *pleins* rectangulaires ou circulaires, puisque la matière est mieux répartie pour résister aux efforts de flexion. Si toutefois les parois sont trop faibles relativement aux autres dimensions, il en résulte un *voilement* de la faible paroi; dans de pareils cas et même pour des prismes courts, il faut diminuer l'effort à adopter et pour des prismes de fortes longueurs, il faut en outre multiplier cette valeur amoindrie de l'effort à faire supporter avec sécurité, par le quotient

$$\frac{1}{1 + K\dfrac{\omega L^2}{\Theta}}$$

On peut s'opposer à ce voilement en employant des renforts convenables, parallèles ou perpendiculaires à l'axe du corps; les tuyaux en fer forgé par exemple, peuvent être renforcés par des disques qui ne fournissent qu'une légère augmentation de poids.

Lorsque des renforts sont placés dans le sens longitudinal, ils consistent généralement en des cannelures de la paroi, qui augmentent la section de coupe; le calcul des moments d'inertie de sections souvent irrégulières peut être simplifié par l'adoption d'une épaisseur moyenne de la paroi.

Table XIV.

Numéro de la fig.	Rapports $\frac{L}{H}$ ou $\frac{L}{D}$	1	10	20	30	40	50	60
	Fonte, section circulaire pleine	1200 1	857 $\frac{1}{1,4}$	462 $\frac{1}{2,6}$	261 $\frac{1}{4,6}$	162 $\frac{1}{7,1}$	109 $\frac{1}{11}$	78 $\frac{1}{15,4}$
36	circulaire creuse $\frac{d}{D} = \frac{5}{6}$	1200 1	1071 $\frac{1}{1,12}$	810 $\frac{1}{1,84}$	580 $\frac{1}{2,07}$	407 $\frac{1}{2,94}$	402 $\frac{1}{3,97}$	227 $\frac{1}{5,28}$
	circulaire creuse $\frac{d}{D} = \frac{9}{10}$	1200 1	1081 $\frac{1}{1,11}$	833 $\frac{1}{1,41}$	603 $\frac{1}{1,99}$	435 $\frac{1}{2,76}$	818 $\frac{1}{3,77}$	241 $\frac{1}{4,98}$
37	en forme de croix $\frac{H}{\delta} = 10$	1200 1	755 $\frac{1}{1,59}$	355 $\frac{1}{3,38}$	189 $\frac{1}{6,35}$	114 $\frac{1}{10,5}$	76 $\frac{1}{15,85}$	54 $\frac{1}{22,4}$
	Fer forgé, section pleine rectangulaire	600 1	550 $\frac{1}{1,09}$	435 $\frac{1}{1,38}$	323 $\frac{1}{1,86}$	237 $\frac{1}{2,53}$	177 $\frac{1}{3,4}$	136 $\frac{1}{4,4}$
	circulaire creuse voir fig. 36. $\frac{d}{D} = \frac{24}{25}$	600 1	566 $\frac{1}{1,06}$	476 $\frac{1}{1,26}$	380 $\frac{1}{1,58}$	294 $\frac{1}{2,04}$	228 $\frac{1}{2,63}$	179 $\frac{1}{3,35}$
38	carrée creuse $\frac{h}{H} = \frac{24}{25}$	600 1	571 $\frac{1}{1,05}$	500 $\frac{1}{1,20}$	417 $\frac{1}{1,44}$	337 $\frac{1}{1,78}$	270 $\frac{1}{2,22}$	218 $\frac{1}{2,76}$
	en forme de croix voir fig. 37 ci-dessus. $\frac{H}{\delta} = 10$	600 1	504 $\frac{1}{1,19}$	339 $\frac{1}{1,77}$	220 $\frac{1}{2,73}$	147 $\frac{1}{4,08}$	103 $\frac{1}{5,81}$	76 $\frac{1}{7,93}$
39	$\frac{h}{\delta} = 10$	600 1	545 $\frac{1}{1,10}$	441 $\frac{1}{1,38}$	324 $\frac{1}{1,85}$	238 $\frac{1}{2,52}$	178 $\frac{1}{3,37}$	136 $\frac{1}{4,42}$
40	$\frac{h}{\delta} = 10$	600 1	517 $\frac{1}{1,16}$	368 $\frac{1}{1,63}$	248 $\frac{1}{2,41}$	171 $\frac{1}{3,51}$	122 $\frac{1}{4,93}$	90 $\frac{1}{6,66}$
	Acier, section pleine rectangulaire	1500 1	1367 $\frac{1}{1.09}$	1087 $\frac{1}{1,38}$	806 $\frac{1}{1,86}$	593 $\frac{1}{2,53}$	470 $\frac{1}{3.4}$	341 $\frac{1}{4,4}$
	Bois, section pleine rectangulaire	60 1	50 $\frac{1}{1,2}$	34 $\frac{1}{1,77}$	15 $\frac{1}{2,72}$	15 $\frac{1}{4,07}$	10 $\frac{1}{5,80}$	8 $\frac{1}{7,90}$

42. Des recherches nombreuses sur *la résistance de la fonte à la compression* ont été publiées par E. Hodgkinson dans son ouvrage intitulé: *Experimental researches on the strength and other properties of cast iron, with the development of new principles, etc. by Eaton Hodgkinson*, 1846 (en partie résumées dans „les Annales des ponts et chaussées, 1855").

Pour des colonnes en fonte à bases plates dont les extrémités sont solidement fixées, M. Hodgkinson donne les formules suivantes:

Soit

L la longueur de la colonne en décimètres,
D le diamètre extérieur,
d le diamètre intérieur de la colonne en décimètres,
la charge en tonnes P_c qui produit la rupture serait:

pour des colonnes pleines

$$P_c = 10{,}38 \, \frac{D^{3.6}}{L^{1.7}} \quad . \quad . \quad . \quad . \quad . \quad . \quad 78)$$

pour des colonnes creuses:

$$P_c = 10{,}41 \, \frac{D^{3.6} - d^{3.6}}{L^{1.7}} \quad . \quad . \quad . \quad . \quad . \quad 78^{a})$$

Ces formules sont exactes pourvu que la hauteur soit d'au moins 25 fois le diamètre de la colonne; pour des colonnes courtes, Hodgkinson a combiné le poids P_c qui amène la rupture, d'après les équations 78) et 78ᵃ), avec la résistance à la traction et à la flexion; si nous désignons par P_b d'après l'équation 21), le poids qui occasionne la rupture pour des prismes très courts, on aura pour des longueurs un peu plus fortes, toutefois moindres que 25 fois le diamètre:

$$\text{Poids produisant la rupture } P_c' = \frac{P_c \, P_b}{P_c + {}^3/_4 \, P_b} \quad . \quad 79)$$

où P_c a été déterminé par l'équation 78) ou 78ᵃ).

Ces formules 78) à 79) coïncident avec les résultats obtenus par l'équation 75) et par la table XIV pour les dimensions ordinairement adoptées dans la construction des ponts; pour des prismes fort longs, on ne peut pas réclamer de coïncidence, la rupture arrive par une déchirure des fibres les plus fatiguées, car pour la fonte, la résistance à la traction n'est que le $^1/_6 - ^1/_5$ de la résistance à la compression.

§ 5.
Construction des assemblages.

43. La valeur d'une construction dépend essentiellement de la solidité de chacun de ses assemblages; si la destruction provient de la rupture d'un boulon ou d'un rivet, il est évident qu'un surcroît de dimension d'autres parties n'a plus aucune valeur; dès que chaque partie est calculée séparément, il faut se rendre bien compte de la force de résistance des points d'attache nécessaires et des joints.

Un assemblage peut être formé par un arrangement géométrique de chacune des parties, ainsi que cela a lieu pour beaucoup d'assemblages de bois entre eux, mais le plus souvent on emploiera des pièces intermédiaires, telles que des boulons, rivets, etc... Afin de pouvoir calculer les efforts auxquels sont soumises les pièces intermédiaires qui en relient d'autres, nous nous servirons des considérations du N°. **4**, lesquelles nous conduiront toujours au but proposé; nous ferons une coupe pour laquelle nous écrirons les conditions d'équilibre des forces intérieures et extérieures. Dans la plupart des cas, le calcul sera simple; l'essentiel est de choisir une section convenable.

44. Considérons d'abord le cas où deux feuilles se recouvrant, sont réunies par des boulons, de manière que ceux-ci

Fig. 41.

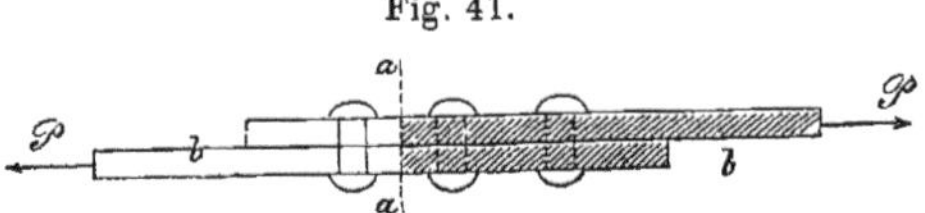

aient à supporter tout l'effort de traction agissant longitudinalement dans les feuilles, ainsi que le représente la figure 41.

Dans une coupe aa perpendiculaire à la force P, cette dernière engendre des efforts de traction, tandis que dans une coupe parallèle à la force, elle engendrera le long de la surface bb un effort rasant, qui, si l'on fait abstraction du frottement, doit être supporté par les surfaces des sections des boulons, soumises à des efforts de cisaillement.

Nous faisons ici une hypothèse, c'est que les 3 boulons, pour autant qu'ils ont le même diamètre, *se répartissent uniformément la charge à transmettre*; cette supposition admet une transmission graduelle des efforts des feuilles à réunir, et comme des variations brusques de tensions cherchent à s'égaliser elles-mêmes, nous sommes autorisés à croire la supposition juste.

Soit, dans la figure 42, une section ad indiquée par la surface hâchée; considérons d'abord la partie ed de la feuille supérieure,

Fig. 42.

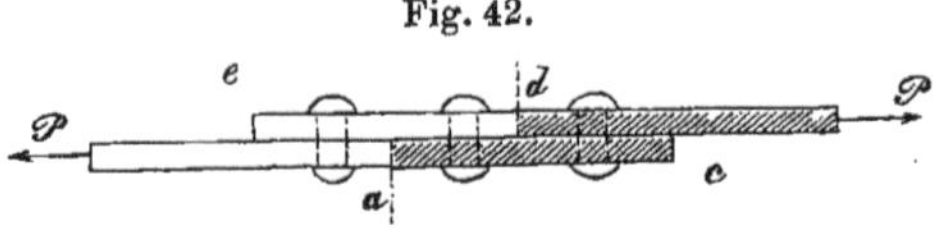

la traction qui agit en d doit être en équilibre avec la résistance au cisaillement des deux boulons qui traversent le fragment ed, cette résistance S est pour chacun des trois boulons, soumis ensemble à l'action de la force P,

$$S = \frac{1}{3} P \quad \ldots \ldots \ldots \ldots \quad \text{I.}$$

donc la force de traction Z_d (agissant en d) dans la feuille supérieure sera:

$$Z_d = 2 S = \frac{2}{3} P \quad \ldots \ldots \ldots \quad \text{II.}$$

de même, pour le fragment a c de la feuille inférieure, on aura comme tension Z_a au point a

$$Z_a = 2 S = \frac{2}{3} P \quad \ldots \ldots \ldots \quad \text{III.}$$

La somme des forces Z_a, Z_d et S qui agissent parallèlement à P, doit fournir une résultante égale à la force P. La force de résistance S du boulon du milieu agit en sens contraire des forces

Fig. 43.

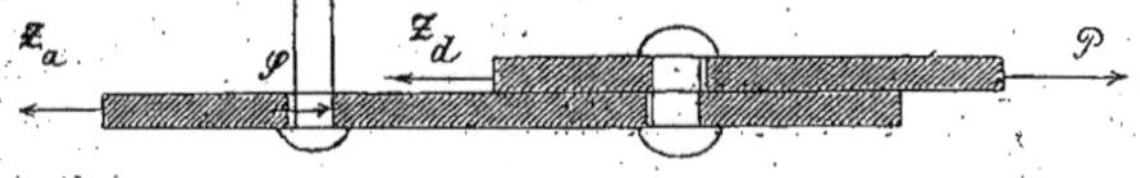

Z_a et Z_d, ainsi que le montre la fig. 43.; on aura donc comme équation d'équilibre

$$P = Z_a + Z_d - S \quad \ldots \ldots \ldots \quad \text{IV.}$$

ce qu'on voit clairement, en remplaçant les valeurs qui découlent des équations I—III.

Nous trouverons bientôt le point le plus faible de notre assemblage. — En examinant la portion située à gauche, nous voyons que la tension dans la feuille inférieure entre le 1er et le 2ème boulon est $Z_a = \frac{2}{3} P$, entre le 2ème et le 3ème boulon $\frac{1}{3} P$, tandis qu'immédiatement au 1er boulon, la feuille supporte la tension totale P; pour chaque autre point, la section est plus grande ou bien la force à transmettre est moindre, ensorte que c'est au premier boulon extrême que se trouve le point le plus faible de la feuille. — La rupture peut aussi avoir lieu par un cisaillement du boulon; il reste donc à rechercher si ce dernier est plus fatigué par la force $\frac{P}{3}$, que la coupe affaiblie ne l'est sous l'action de la force totale P.

5

Passons au cas indiqué par la fig. 44, où deux feuilles doivent être assemblées au moyen d'un seul couvre-joint et d'un nombre

Fig. 44.

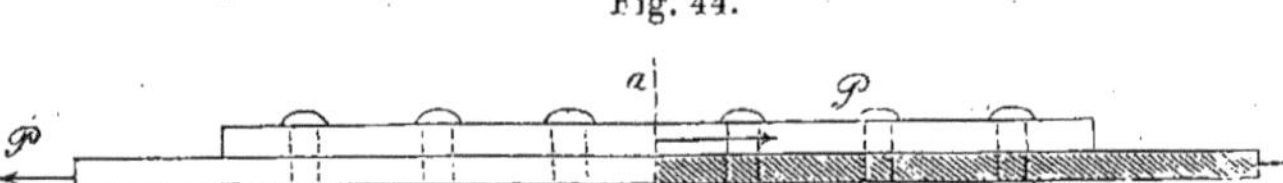

quelconque de boulons. Nous voyons en considérant la coupe a a, que le couvre-joint en son milieu doit supporter la force totale à transmettre P, et que cette dernière agit encore sur le couvre-joint dans les sections les plus voisines de a a, déjà affaiblies par les boulons, ensorte que ce sont là les deux points les plus faibles du couvre-joint en question. — Les feuilles elles-mêmes travaillent au maximum près des boulons extrêmes; en tant que ces derniers sont situés d'un des côtés du joint, ils ont ensemble à transmettre la force totale P sur le couvre-joint. — Une rupture se produira à la partie faible de la feuille, ou à un boulon, ou enfin au couvre-joint.

Ces 3 *possibilités de rupture* peuvent s'exprimer par des formules. Supposons une feuille qui, en largeur, ne possède qu'un seul boulon, ou ce qui revient au même, figurons-nous des feuilles plus larges décomposées en autant de lamelles longitudinales qu'il y a de boulons transversaux et désignons, pour le joint représenté dans la fig. 44 ou 41 par

b   la largeur de la feuille ou lamelle à assembler,
b' la largeur du couvre-joint (s'il y en a un) ou celle de la lamelle,
t   l'épaisseur de la feuille,
t' l'épaisseur du couvre-joint,
d le diamètre d'un des boulons,
n le nombre des boulons successifs, supposés égaux;

de plus nommons:

$\mathfrak{A}$ l'effort de tension maximum dans les feuilles assemblées,
$\mathfrak{A}'$ l'effort de tension maximum dans le couvre-joint,
$\mathfrak{C}$ l'effort rasant dans les boulons, et nous aurons:
pour la feuille à assembler

$$\mathfrak{A} = \frac{P}{(b - d)\, t} \quad \ldots \ldots \ldots \quad 80)$$

pour le couvre-joint

$$\mathfrak{A}' = \frac{P}{(b' - d)\, t} \quad \ldots \ldots \ldots \quad 81)$$

pour les boulons

$$\mathfrak{C} = \frac{1}{n} \cdot \frac{P}{\frac{\pi d^{\,2}}{4}} \quad \ldots \ldots \ldots \quad 82)$$

Le point le plus faible de l'assemblage se trouvera à l'endroit où les valeurs de $\mathfrak{A}$, de $\mathfrak{A}'$ ou de $\mathfrak{C}$ dans une de ces 3 équations seront voisines de l'effort de tension ou de l'effort rasant adopté comme maximum ou bien le dépasseront. Il est clair que l'équation 81) disparaît dans le cas des fig. 41—43. Nous considérerons donc un assemblage de feuilles comme *rationnellement construit*, lorsque l'effort de tension dans la feuille, dans le couvre-joint et dans les boulons est *à peu près égal* à celui qu'on a admis; on pourra toujours sans augmentation notable de matière, donner au couvre-joint et aux boulons des dimensions au moins aussi fortes que celles de la feuille affaiblie.

45. Les équations 80) à 82) subissent un changement dans le cas représenté par la fig. 45, où un couvre-joint se trouve *de chaque*

Fig. 45.

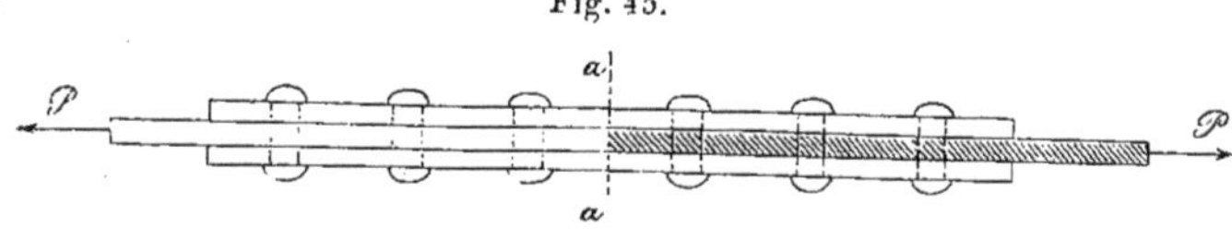

côté de la feuille à assembler; la coupe indiquée par des hâchures ne renferme que des boulons, mais chacun d'eux est coupé deux fois, et par conséquent soumis à *un effort de cisaillement double.*

Si nous désignons par

n le nombre de boulons situés d'un des côtés du joint a a,

S la force de résistance d'un boulon,

P l'effort que le boulon doit transmettre,

on aura

$$S = \frac{1}{2\,n}\,P.$$

Si nous conservons les notations du numéro précédent et si nous remarquons que la force P est uniformément répartie sur chacun des couvre-joints, nous aurons:

pour la tension maximum dans la feuille assemblée

$$\mathfrak{A} = \frac{P}{(b - d)\,t} \quad \ldots \ldots \ldots \quad 83)$$

pour la tension maximum dans le couvre-joint

$$\mathfrak{A}' = \frac{\tfrac{1}{2}\,P}{(b' - d)\,t'} \quad \ldots \ldots \ldots \quad 84)$$

pour l'effort rasant maximum dans les boulons

$$\mathfrak{C} = \frac{1}{2\,n}\,\frac{P}{\frac{\pi}{4}\,d^2} \quad . \quad . \quad . \quad . \quad . \quad . \quad . \quad 85)$$

Fig. 46.

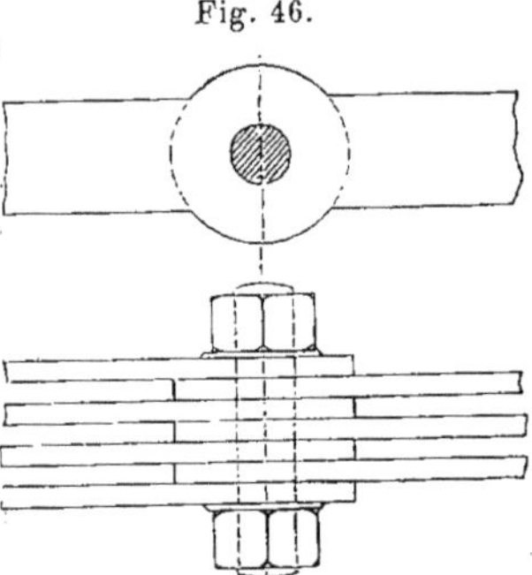

En comparant cette dernière formule avec l'équation 82, on voit qu'un boulon soumis à un effort de cisaillement double peut supporter une force double de celle que peut transmettre un boulon soumis au cisaillement simple. On rencontre aussi des boulons qui présentent trois, quatre ou plusieurs coupes de cisaillement, suivant le nombre des plaques assemblées, ces boulons sont capables de supporter des charges relativement très grandes. La fig. 46 montre une chaîne articulée qui présente 6 coupes de cisaillement dont chacune n'a conséquemment que le $^1/_6$ de la force à supporter.

46. Les feuilles à assembler ne sont pas toujours de coupe rectangulaire, car on a des cornières, des pièces en forme de ⊤, de double ⊤ ou d'autres; souvent aussi, plusieures pièces s'assemblent en un seul point. Dans ces cas, il faudra viser à ce que les boulons et couvre-joints soient répartis de façon à être soumis d'une manière uniforme à l'action de la force P. Cela étant admis, nommons:

P la force à transmettre,

𝔴 la section affaiblie aux boulons extérieurs de toutes les pièces de formes quelconques qui se rencontrent sur ce point,

𝔴' la section des couvre-joints la plus voisine du joint et affaiblie par les logements des boulons,

n le nombre des sections de boulons d'un des côtés du joint, (donc les boulons soumis à un cisaillement double doivent être comptés pour deux)

d le diamètre des boulons, qu'on suppose le même;

on a:

pour l'effort de tension maximum dans les pièces assemblées,

$$\mathfrak{A} = \frac{P}{\mathfrak{w}} \quad . \quad . \quad . \quad . \quad . \quad . \quad . \quad 86)$$

pour l'effort de compression maximum dans les couvre-joints

$$\mathfrak{A}' = \frac{P}{\mathfrak{w}'} \quad . \quad . \quad . \quad . \quad . \quad . \quad . \quad 87)$$

pour l'effort rasant dans les boulons

$$\mathfrak{C} = \frac{1}{n}\,\frac{P}{\frac{\pi}{4}\,d^2} \quad . \quad . \quad . \quad . \quad . \quad . \quad . \quad 88)$$

Si les boulons sont d'inégale épaisseur, il faudra introduire dans l'équation 88), pour la valeur $n \frac{\pi}{4} d^2$ la section totale $\mathfrak{w}_n$ de tous les boulons situés d'un même côté du joint et l'on obtient:

$$\mathfrak{C} = \frac{P}{\mathfrak{w}_n} \quad \ldots \ldots \ldots \quad 88^a)$$

Lorsque les boulons ou les couvre-joints ne seront pas soumis uniformément à l'action de la force, il faudra décomposer la section totale en diverses parties et écrire les conditions d'équilibre pour chacune d'elles. En employant plusieurs fois les équations 86)—88), on atteindra le but qu'on se propose.

47. Lorsqu'une pièce de construction est composée de plusieurs feuilles, la jonction de ces dernières ne se fait généralement pas en un seul point; la section totale ne sera donc affaiblie qu'en partie par l'assemblage des feuilles; mais si la construction est exacte et que les couvre-joints soient suffisants, (voir la fin du N°. **44**) on tiendra compte de l'affaiblissement total de la feuille à assembler, *en déduisant les logements des boulons.*

Si le recouvrement d'un joint est *insuffisant,* on ne devra tenir compte pour la feuille à réunir, que d'une section ayant une résistance égale à celle du couvre-joint ou de la somme des surfaces des boulons respectifs, tandis que pour les autres feuilles, on doit prendre comme section celle qui se trouve près des boulons les plus voisins du joint. S'il *n'existe pas de couvre-joint,* on ne doit pas tenir compte de la feuille interrompue et l'on ne prendra *que la section des autres feuilles, diminuée des logements des boulons.*

48. Dans tout ce que nous venons de dire, nous avons toujours supposé que les feuilles à assembler étaient de même largeur et de même épaisseur, ensorte qu'il devait nécessairement se produire un affaiblissement par l'emploi des boulons; on peut néanmoins contrebalancer cet affaiblissement en *élargissant les extrémités à assembler ou en leur donnant une plus grande épaisseur.* La fig. 46 ci-dessus montre un arrangement pareil, employé ordinairement pour des palans ou chaînes articulées; il faut seulement prendre garde qu'il n'existe nulle part une section plus faible que celle des feuilles à réunir.

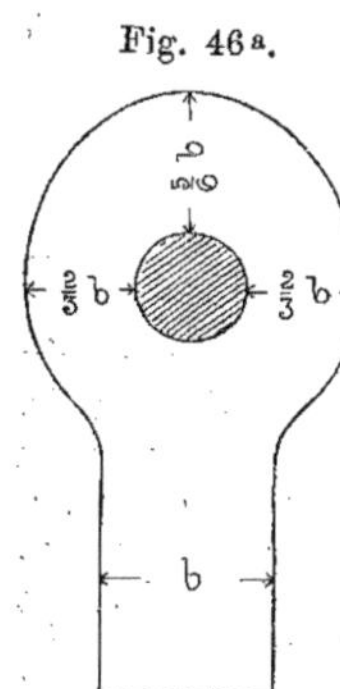

Fig. 46ª.

Remarque. Mr. Malberg, après avoir fait des recherches spéciales, conseille de prendre comme largeur de métal autour du boulon au moins les $^2/_3$ de la largeur de la feuille à réunir et aux extrémités, d'augmenter cette largeur jusqu'aux $^5/_6$ de celle de la feuille (voir la fig. 46ª).

49. Lorsque les pièces à assembler doivent résister à un effort de *compression* dans le sens longitudinal, on a, pour des assemblages représentés par les fig. 41—43, une transmission de force analogue à celle de pièces soumises à des efforts de traction; il n'en est pas de même lorsque la jonction est faite bout-à-bout (à l'aide de couvre-joints); lorsque les extrémités sont jointives, la force résultant de la pression peut être transmise directement sans l'intermédiaire du boulon. Cette jonction parfaite n'existe généralement pas, vu les défauts de construction et les changements de température; elle n'a souvent pas lieu du tout, ensorte qu'il faudra le même nombre de boulons que pour le cas où se fait un effort de traction; cette dernière condition devra surtout être remplie pour les constructions où une partie des pièces est soumise alternativement à des tensions et à des pressions. Lorsqu'on peut compter sur une jonction permanente des parties pressées, ainsi que cela a lieu pour des colonnes chargées d'un poids mort, on emploiera le moins de boulons possible, afin de réduire à un minimum l'affaiblissement de la pièce à assembler.

50. L'emploi *des rivets* dans les constructions de ponts étant très-important et vu leur grand nombre, on a fait des recherches minutieuses sur leur mode de résistance.

La résistance des boulons consiste dans la résistance au cisaillement et de plus dans le frottement des parties assemblées les unes sur les autres; une *rivure à chaud* procure par son refroidissement un grand retrait; lors de la construction du pont de Britannia, il a été fait des recherches sur la valeur numérique de ce frottement; à cet effet le logement du rivet était plus grand que son diamètre ensorte que le frottement seul empêchait un glissement des feuilles. On trouva comme *résistance due au frottement* 1200—1300 kilogr. par centimètre carré de section des rivets, tandis que la résistance à la traction du fer employé était de 3776 kilogr. par centimètre carré.

D'un autre côté, on a trouvé qu'une rivure à chaud ordinaire, faite avec soin, possède une résistance (y compris le frottement) égale à celle de la résistance à la traction, (dans le cas ci-dessus mentionné, 3776 kilogr. par centimètre carré); il est difficile d'indiquer pour quelle valeur le frottement entre dans ces chiffres; on peut toutefois admettre qu'une partie du frottement était vaincue avant le moment de rupture.

Sans vouloir chercher quelle est la part du frottement et du cisaillement dans la résistance totale, il nous suffit de savoir, qu'une rivure à chaud faite avec soin possède une résistance au cisaillement (y compris le frottement) égale à celle à la traction. — Afin de tenir compte des défauts inévitables de fabrication, quelques ingénieurs ne prennent que les $^3/_4$ ou les $^2/_3$ de la résistance à la traction; cette dernière valeur est sûrement trop faible pour une construction soignée, surtout si l'on songe que le fer employé pour les rivets est ordinairement de qualité supérieure à celle des fers laminés, ensorte que pour une *construction faite avec soin*, on pourra prendre pour résistance $\mathfrak{C}$ des rivets au cisaillement, une valeur égale à celle de la résistance $\mathfrak{A}$ à la traction des feuilles à assembler; du reste il faut laisser à chaque constructeur la liberté de choisir le rapport $\frac{\mathfrak{C}}{\mathfrak{A}}$ comme il veut; ce rapport devrait être compris entre $^3/_4$ et 1.

Remarque. Nous entendons par fabrication *soigneuse*, celle dans laquelle les logements des rivets coïncident parfaitement et où les rivets possèdent une épaisseur telle, que par leur refoulement ils remplissent bien le logement.

Quelques ingénieurs n'admettent pas la rivure à chaud comme étant bonne; ils supposent que malgré le refoulement, le trou n'est pas bien rempli et ils emploient *à froid des rivets parfaitement tournés* (souvent faiblement côniques) et ils croient ainsi obtenir une meilleure liaison; toutefois il est sûr que la rivure à froid ne procurera pas un frottement aussi grand que la rivure à chaud et que la somme des deux résistances ne dépassera pas la valeur théorique de résistance à la traction (ou résistance théorique au cisaillement); les défauts inévitables de fabrication existent ici tout aussi bien que pour la rivure à chaud, ensorte que nous ne pensons pas qu'on doive attendre une plus grande résistance d'une rivure à froid que d'une rivure à chaud. Nous ne donnons la préférence à une rivure à froid, que lorsqu'une rivure à chaud ne peut être employée commodément et surtout lorsque cette dernière pourrait faillir à cause de la trop grande épaisseur des pièces à réunir.

51. Les formules générales 80)—88) s'appliquent aussi aux assemblages avec des rivets et elles n'ont subi de transformation qu'en ce que nous nous avons pris pour le rapport $\frac{\mathfrak{C}}{\mathfrak{A}}$ les limites $^3/_4$ à 1.

Vu le grand nombre de rivets employés dans une construction en tôle, il est important de choisir un rapport convenable entre le diamètre, le nombre et la distance des rivets.

Supposons le cas simple, où les rivets sont placés sur un rang dans le sens longitudinal des tôles à joindre, ainsi que le représente la fig. 47; comme nous l'avons fait dans le développement

Fig. 47.

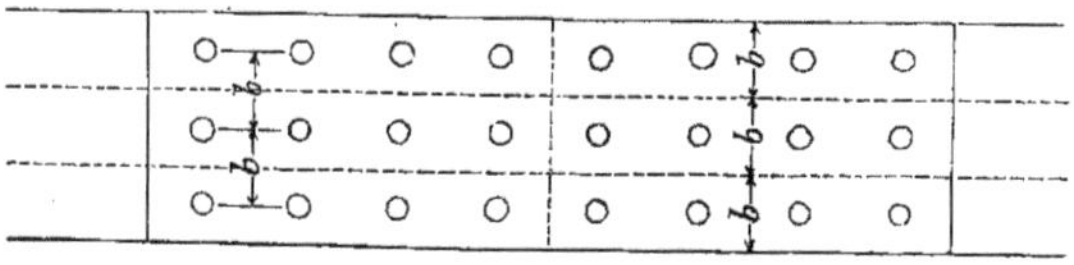

de nos formules 80)—85), on peut se figurer la tôle formée de lamelles longitudinales de largeur b; nommons de plus

P la force qu'une lamelle doit transmettre,
t l'épaisseur de la tôle à joindre,
n le nombre des rivets successifs,
d le diamètre des rivets,

nous aurons d'après les équations 80) et 82): pour *un couvre-joint*, donc pour des rivets *soumis à un cisaillement simple*,

comme effort de tension dans la tôle assemblée

$$\mathfrak{A} = \frac{P}{(b-d)\, t} \quad . \quad . \quad . \quad . \quad . \quad . \quad \text{I.}$$

comme effort rasant dans les rivets

$$\mathfrak{C} = \frac{1}{n}\, \frac{P}{\dfrac{\pi\, d^2}{4}} \quad . \quad . \quad . \quad . \quad . \quad . \quad \text{II.}$$

et en éliminant P, il s'en suit

$$(b-d)\, t = \frac{\mathfrak{C}}{\mathfrak{A}}\, n \cdot \frac{\pi}{4} \cdot d^2 \quad . \quad . \quad . \quad . \quad 89)$$

tirant la valeur de d de cette équation on a

$$d = \frac{\mathfrak{A}}{\mathfrak{C}} \cdot \frac{2}{\pi n} \left\{ -t \pm \sqrt{\frac{n\,\pi\,b\,t}{\left(\dfrac{\mathfrak{A}}{\mathfrak{C}}\right)} + t^2} \right\} \quad 90)$$

Si l'on remplace n par **2 n** dans les équations 89) et 90), elles serviront aussi pour *les couvre-joints placés des deux côtés de la feuille*, donc *pour les rivets soumis à un effort de cisaillement double*; on aura dans ce cas

$$(b-d)\, t = \frac{\mathfrak{C}}{\mathfrak{A}}\, 2n\, \frac{\pi}{4}\, d^2 \quad . \quad . \quad . \quad . \quad 86^a)$$

d'où

$$d = \frac{\mathfrak{A}}{\mathfrak{C}} \cdot \frac{1}{n\,\pi} \left\{ -t \pm \sqrt{\frac{2n\,\pi b t}{\left(\dfrac{\mathfrak{A}}{\mathfrak{C}}\right)} + t^2} \right\} \quad 90^a)$$

Lorsqu'on aura pris une certaine valeur pour $\dfrac{\mathfrak{C}}{\mathfrak{A}}$, on pourra toujours déterminer b, d ou t d'après les équations 89)—90^a) de façon que les feuilles à réunir et les rivets travaillent avec des efforts égaux; c'est ainsi qu'on obtient *la plus grande économie de métal*.

52. Si dans l'équation 89), le diamètre du rivet est donné, la largeur b sera d'autant plus grande que l'épaisseur t de la tôle est petite, mais plus b est grand pour le diamètre admis, plus la fraction $\dfrac{b-d}{b}$ s'approche aussi de l'unité et plus *l'affaiblissement de la tôle est petit.*

Diverses circonstances limitent les dimensions à prendre, et en outre $\frac{t}{d}$ ne peut pas être réduit à volonté, vu les considérations suivantes:

Si $\frac{t}{d}$ est très-petit, la surface $d\,t$ contre laquelle la tige du rivet s'appuie, ne sera plus en état de supporter toute la pression à transmettre; Mr. l'ingénieur Gerber a trouvé par des recherches directes, que la résistance de la surface $d\,t$ par centimètre carré est de $2^1/_2$ à $3^3/_4$ fois supérieure à celle à la traction; si l'on prend la plus petite de ces valeurs et qu'on admette une résistance à la force rasante (au cisaillement) égale à la résistance à la traction du corps employé, on obtient, lorsque le rivet travaillera à l'effort total:

pour des rivets soumis à un cisaillement simple

$$2,5\,d\,t \geqq \frac{\pi\,d^2}{4}$$

pour des rivets soumis à un cisaillement double

$$2,5\,d\,t \geqq 2\,.\,\frac{\pi\,d^2}{4}$$

. . 91)

D'après cette règle, pour des rivets soumis à un cisaillement double, il serait nécessaire de prendre comme épaisseur de la tôle située entre les rivets, au moins 0,63 fois l'épaisseur de l'un d'eux; mais il semble qu'on obtienne par là une épaisseur plus que suffisante, puisque, ainsi que nous l'avons indiqué plus haut, Mr. Gerber a trouvé en partie une résistance supérieure; il est bon de faire remarquer que lorsque les rivets ne travaillent pas sous l'effort maximum, l'épaisseur de la tôle pourra être réduite dans le même rapport.

Des tôles minces ont l'avantage, que, lorsque plusieurs tôles avec leurs couvre-joints doivent être assemblées, la longueur du rivet n'est pas trop grande; la longueur du rivet entre les têtes ne doit pas dépasser 15—18 centimètres, parce que des rivets plus longs sautent souvent en se refroidissant; en outre, une lésion est aussi à craindre, lors même que la rupture n'est pas visible; l'expérience montre aussi que de trop longs rivets ne se refoulent pas assez bien pour remplir leurs logements en entier. On admet comme règle, que la longueur entre les têtes des rivets doit être, si possible, moins de 10 centimètres et au plus de 15 centimètres.

53. Nous voulons montrer l'application des règles ci-dessus indiquées, pour deux feuilles posées l'une sur l'autre, tout en comparant les assemblages relativement à leurs résistances.

Nous supposerons les feuilles assemblées par des rangées de rivets parallèles à leur dimension longitudinale, de manière que nous pourrons prendre comme largeur des lamelles, la distance des rangées de rivets; nous prendrons

l'épaisseur des tôles $t = 1,4$ ᶜ.,
la distance entre les rangées de rivets (largeur de la tôle)
   $b = 15$ ᶜ.,
le nombre des rivets successifs $n = 3,$
et dans les formules 89)—90ᵃ) $\dfrac{\mathfrak{C}}{\mathfrak{A}} = 1.$

1ᵉʳ cas. Les deux plaques de tôle sont jointes en un même point, ainsi que le montre la fig. 48. — Chacun des couvre-joints

Fig. 48.

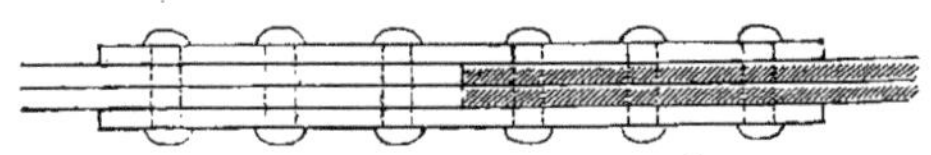

employés doit avoir la même épaisseur t que les tôles à assembler; les rivets sont soumis à un cisaillement double; en introduisant la double épaisseur des feuilles dans la formule, le diamètre le plus favorable sera d'après l'équation 90ᵃ)

$$d = \frac{2}{6\,\pi} \Big\} = 3 + \sqrt{6 \cdot \pi \cdot 3 \cdot 15 + 3 \cdot 3} \Big\{$$
$$d = 2,79 \text{ cent.}$$

L'affaiblissement des feuilles est $\dfrac{d}{b} = \dfrac{2,79}{15} = \dfrac{1}{5,37}$ et la section affaiblie à introduire dans les calculs $\dfrac{b-d}{b}\,\omega = 0,814\,\omega$, lorsque ω représente la section des feuilles non affaiblies.

2ᵈ cas. Une seule des deux tôles doit être assemblée, ainsi que le représente la fig. 49 et n'est remplacée que par un seul

Fig. 49.

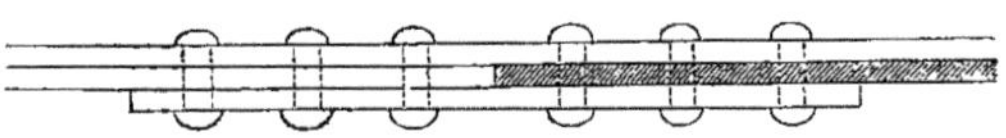

couvre-joint d'épaisseur égale t. — Les rivets sont soumis à un cisaillement simple, la formule 90) donne comme diamètre favorable

$$d = \frac{2}{2\,\pi} \Big\} - 1,5 \pm \sqrt{3\,\pi \cdot 1,5 \cdot 15 + 1,5^2} \Big\{ \text{ cent.}$$
$$d = 2,79 \text{ cent.}$$

comme dans le 1ᵉʳ cas; l'affaiblissement des tôles assemblées est de même $\dfrac{1}{5,37}$, et comme les rivets traversent aussi la feuille non interrompue, l'affaiblissement a lieu pour la section totale des deux tôles.

L'expérience montre en outre, que la force P qui agit dans la tôle interrompue n'est pas transmise en entier dans le couvre-joint, mais qu'une partie se reporte dans la feuille non interrompue. Des recherches directes faites lors de la construction du pont de Britannia ont, dans certains cas, montré qu'à peine la moitié de la force se reportait dans le couvre-joint et l'autre moitié dans la feuille non interrompue, qui, vers le joint, aurait ainsi à supporter l'effort $\frac{3}{2}$ P. L'affaiblissement causé par le joint est en raison de cela souvent plus grand que nous ne l'avons calculé ci-devant, et nous en déduisons en même temps, que la *longueur* d'un seul couvre-joint doit être plus grande que celle d'un couvre-joint double, afin d'obtenir une répartition d'efforts plus uniforme.

3ᵐᵉ cas. Soit une seule feuille interrompue, ainsi que le montre la fig. 50, mais ayant des couvre-joints des deux côtés. La feuille

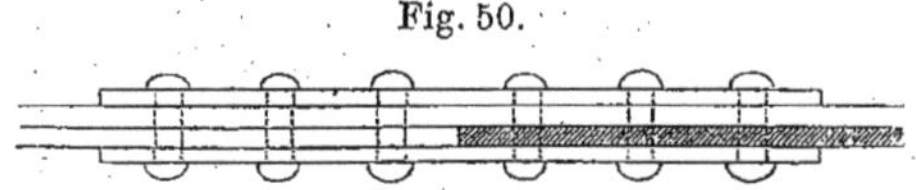

Fig. 50.

non interrompue est affaiblie par le passage des rivets exactement comme la tôle interrompue, et doit, à chaque rivet, supporter le même effort que la feuille interrompue aux rivets extrêmes. Les couvre-joints et les rivets remplacent ensemble une couche de tôle, et chacun des couvre-joints a une épaisseur égale à la moitié de celle de la tôle interrompue. Le diamètre le plus favorable des rivets se calcule d'après l'équation 90ª).

$$d = \frac{2}{6\,\pi} \Big\} - 1,5 \pm \sqrt{6\,\pi \,.\, 1,5 \,.\, 15 + 1,5^2} \Big\} \text{ cent.}$$
$$d = 2,03 \text{ cent.}$$

L'affaiblissement du joint est $\frac{2,03}{15} = \frac{1}{7,39}$ et la section affaiblie à introduire dans le calcul est $\frac{12,97}{15} = 0,865$ de sa section non affaiblie ω. Nous ferons remarquer ici qu'il n'est pas permis de prendre comme section de rivet, la moitié de celle employée dans les cas 1 et 2, car, vu l'affaiblissement qui est plus faible pour le cas 3 que pour les deux autres, il faut aussi que les rivets soient relativement plus forts, puisqu'ils ont à supporter le même effort.

Dans un but d'économie, Mr. Stephenson a employé dans la construction du pont de Britannia l'arrangement suivant.

4me cas. Ainsi que le montre la fig. 51, les joints se trouvent les uns après les autres et des couvre-joints sont des deux côtés;

Fig. 51.

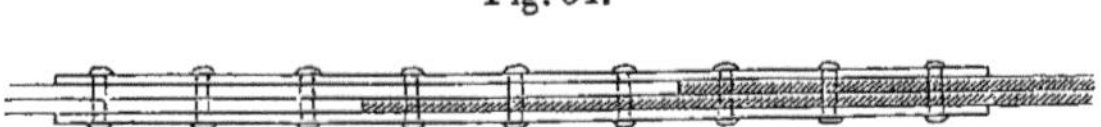

les joints sont à une distance telle, qu'un même couvre-joint plus long recouvre les deux joints. — L'épaisseur des couvre-joints est la moitié de celle des tôles et dans une section faite au milieu du couvre-joint, les tôles et les couvre-joints ont à supporter chacun $^1/_4$ de la force totale. L'affaiblissement du joint est le même que dans le 3me cas, mais comparativement à ce dernier, cet arrangement ne demande en couvre-joints et en rivets que les $^3/_4$ du poids; de plus la double couche des tôles se trouve libre de couvre-joints sur une plus grande longueur et est plus propre à la jonction d'autres pièces de la construction.

54. Comme nous l'avons montré dans le numéro précédent, il faut, si possible, employer des couvre-joints des deux côtés. Pour des sections composées de plusieurs parties, il sera souvent difficile de remplir cette condition, surtout pour la jonction des cornières; dans la fig. 52, les couvre-joints des deux côtés servent à la jonction simultanée de deux cornières et dans la

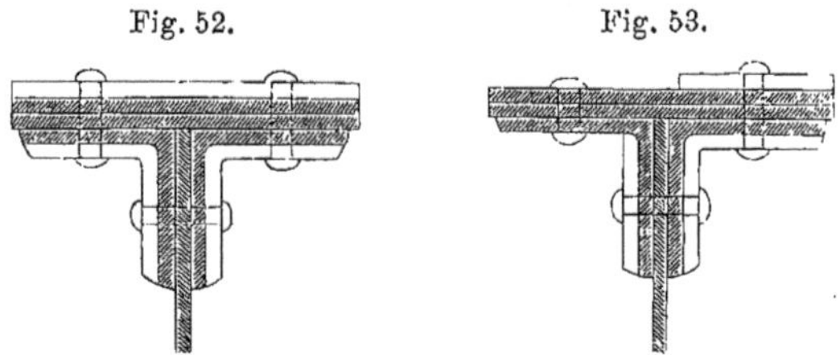

Fig. 52.   Fig. 53.

fig. 53, au joint d'une cornière seulement; cette dernière disposition est peu employée à cause de son irrégularité, tandis que la

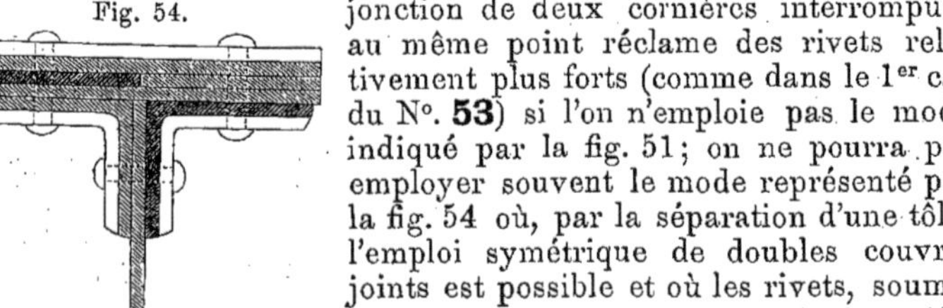

Fig. 54.

jonction de deux cornières interrompues au même point réclame des rivets relativement plus forts (comme dans le 1er cas du N°. **53**) si l'on n'emploie pas le mode indiqué par la fig. 51; on ne pourra pas employer souvent le mode représenté par la fig. 54 où, par la séparation d'une tôle, l'emploi symétrique de doubles couvre-joints est possible et où les rivets, soumis au cisaillement double, n'ont à remplacer qu'une seule couche de tôle. — Cette dernière méthode offre déjà un exemple de six tôles superposées, ce qui demande un grand soin dans l'exécution de la rivure si les tôles sont un peu fortes.

Dans beaucoup de cas, afin de simplifier la construction, on n'emploie pas de couvre-joints et *on laisse les tôles se recouvrir mutuellement, de façon à former des couvre-joints successifs;* il est alors évident que, des m plaques employées, on ne doit en compter que m — 1 qui aient à supporter la force totale, et dans ces m — 1 tôles, il faut encore tenir compte de l'affaiblissement causé par les rivets. — Si l'une des parties est plus forte que les autres, il faudra déduire la section de cette forte pièce de la section entière, à moins que l'on n'emploie des couvre-joints particuliers.

Si les joints varient régulièrement, comme le montre la fig. 55, les rivets situés entre deux joints doivent être suffisants pour rem-

Fig. 55.

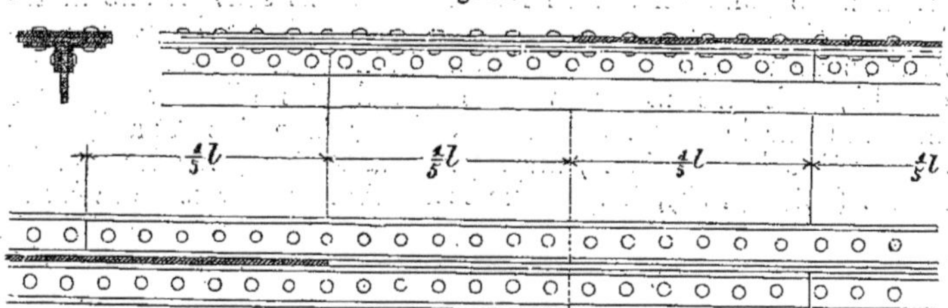

placer l'une des tôles interrompues; ces rivets ne doivent être calculés que comme étant soumis *à un cisaillement simple;* cela ne gênera pas, parce qu'on a ordinairement assez d'espace pour placer un grand nombre de rivets l'un après l'autre.

55. Résumant les conditions *pour les assemblages à rivets,* nous *posons* les *règles suivantes:*

1) Lorsqu'un joint est muni d'un couvre-joint qui est assez fort et a un nombre suffisant de rivets, on détermine l'affaiblissement du joint en déduisant de la section entière celle des rivets pour une coupe faite près du bord du couvre-joint.

2) Afin de savoir si les couvre-joints sont assez forts et munis d'un nombre suffisant de rivets,
    pour des tôles avec rivets soumis au cisaillement simple, on fera usage des équations 80)—82),
    pour des tôles avec rivets soumis au cisaillement double, des équations 83)—85),
    pour une section quelconque, des équations 86)—88).

3) Afin d'obtenir un emploi rationnel de métal, pour les joints de feuilles de tôle, on consultera les équations 89) et 90), ou 89ᵃ) et 90ᵃ), et le diamètre des rivets se calculera par les équations 90) et 90ᵃ).

4) Si l'on n'emploie pas de couvre-joints, on laissera les tôles se recouvrir en ne comptant, des m tôles employées, que m — 1 tôles (voir fig. 55) et il faudra déduire de la section totale de ces m — 1 tôles, celle des rivets pour une section faite près du joint considéré.

56. Lorsque plusieurs pièces viennent se rencontrer sur un point, nommé *point d'attache* ou aussi *articulation*, il faudra prendre garde à ce que les dimensions et le nombre des boulons soient calculés exactement suivant la force des pièces elles-mêmes. Lorsque plusieurs tôles devront être jointes sur un seul point, on emploiera ordinairement des couvre-joints communs. — La fig. 56 montre un joint employé dans la construction de ponts en arc en fer forgé; on voit souvent une multitude de rivets sur une seule articulation, puisque la somme des sections de rivets (ceux soumis au cisaillement double comptés à double), doit être au moins égale à celle des pièces assemblées affaiblies par le passage des rivets. Lorsqu'une tige est assemblée à une pièce longitudinale, ainsi que cela a lieu pour les poutres latices (voir fig. 57), il faut que le nombre des rivets de la barre

Fig. 56.

Fig. 57.

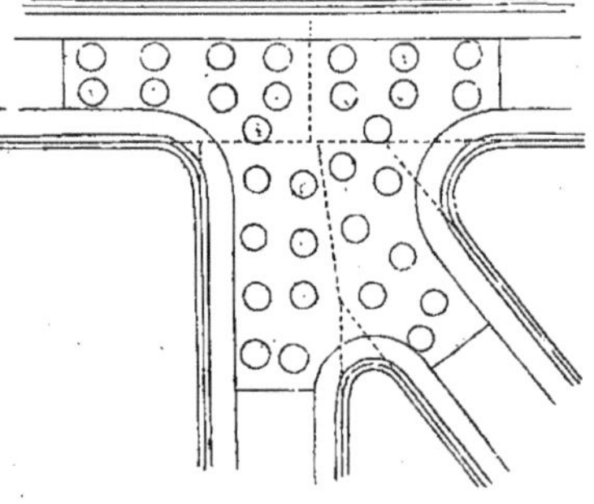

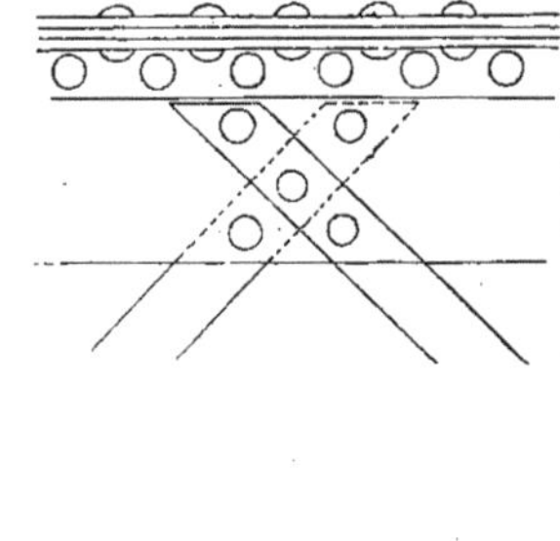

à attacher soit suffisant; si les rivets ne sont soumis qu'à un cisaillement simple, comme cela arrive ordinairement, il faudra que la somme des sections des rivets soit au moins aussi grande que celle de la section de la barre affaiblie; on placera alors plusieurs rivets l'un après l'autre; quelques ingénieurs ont aussi formé des rivets à cisaillement double, en plaçant un couvre-joint de l'autre côté de la table verticale, (voir fig. 58).

Fig. 58.

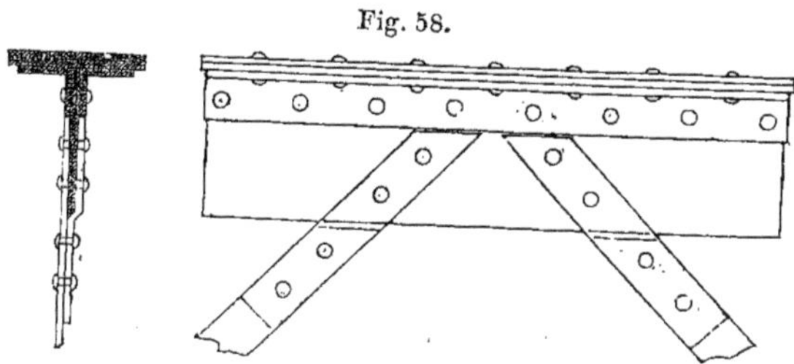

57. La jonction des *bois* qui doivent supporter des efforts de traction est difficile à obtenir d'une manière convenable; si l'on veut faire usage de plaques en fer pour la jonction, ce n'est ordinairement qu'une partie relativement faible de la section du bois qui sera atteinte par ces plaques et ces boulons; il faudra dans ce cas compter toujours sur le frottement occasionné par les boulons à vis.

Fig. 59.

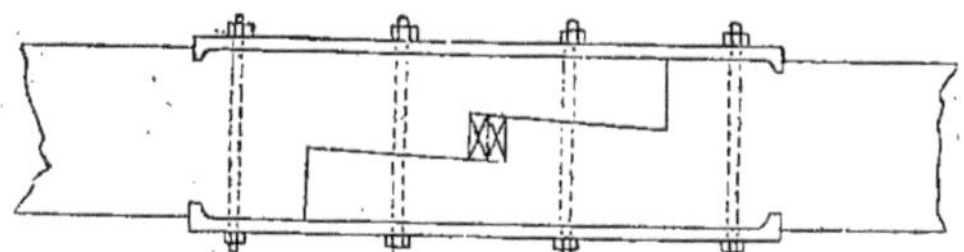

La fig. 59 montre un assemblage, où l'enchevêtrement du bois est renforcé par des plaques en fer dont les extrémités pénètrent dans le bois; les surfaces obliques des bois ainsi réunis, s'opposent aussi au mouvement et ces deux résistances sont encore augmentées par le frottement des boulons.

CHAPITRE TROISIEME.

Détermination des efforts tranchants et des moments de flexion.

---

§ 6.

Pièce reposant librement sur deux appuis.

58. Lorsqu'une pièce repose librement sur deux appuis, l'influence des poids sur les culées se détermine d'après la théorie du levier, ensorte qu'on pourra toujours déterminer mathématiquement les pressions sur les appuis, dès qu'on connaîtra la loi suivant laquelle la charge est répartie.

Nous pouvons regarder *le poids propre du pont* comme étant réparti uniformément sur toute la longueur et nous désignerons par p le poids du pont par unité de longueur. — *La surcharge* peut être répartie de diverses manières sur le pont, ou bien être concentrée sur certains points; mais dès qu'il existe plusieurs points chargés, et surtout lorsque, comme pour les grands ponts de chemin de fer, les charges des axes se suivent à des distances déterminées, les influences se combinent de telle façon qu'on peut considérer le pont comme chargé uniformément sur une longueur plus ou moins grande, sans que pour cela on commette une faute sensible; nous ferons à l'occasion une recherche détaillée sur la différence qui existe, en supposant le pont chargé uniformément, au lieu de l'être sur divers points par des poids concentrés.

Cela étant admis, nous supposons la variation de charge occasionnée par un mouvement graduel de la surcharge que nous nommons k par unité de longueur, et qui, partant d'une des extrémités du pont, vient à le couvrir sur toute sa longueur. Il résulte de cette supposition, qu'un élément du pont surchargé contient par unité de longueur le poids $p + k$; cette charge, répartie sur toute la longueur, représente la charge maximum du pont. — Ce mode de chargement formera en général la base de nos calculs et nous nous servirons moins souvent de charges concentrées.

59. C'est en adoptant une répartition uniforme du poids propre et de la surcharge du pont, que nous pourrons rechercher une série de propriétés importantes des ponts-poutres. — Soit l l'ouverture A B du pont, dont une certaine longueur λ est chargée du poids q = p + k, le reste chargé seulement du propre poids p;

Fig. 60.

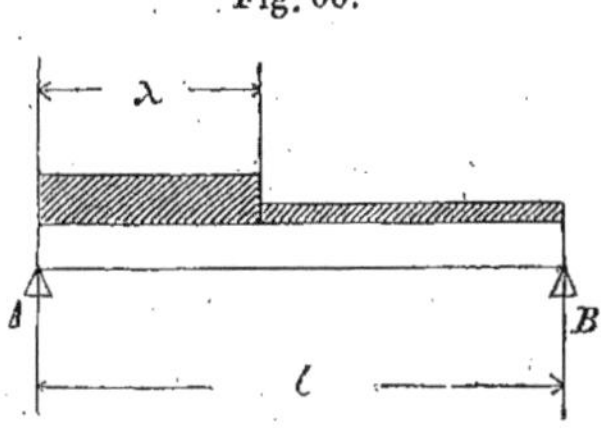

comme la longueur λ est prise à volonté, le calcul suivant s'applique à tous les cas qui nous occupent. Nous déterminons premièrement les pressions A et B sur les appuis. D'après la théorie du levier et l'équation 4 des équations d'équilibre, nous avons:

$$\left.\begin{array}{l} A = \dfrac{lp}{2} + \lambda k\,\dfrac{2\,l - \lambda}{2\,l} \\[3mm] B = \dfrac{lp}{2} + \lambda k\,\dfrac{\lambda}{2\,l} \end{array}\right\} \quad \ldots \ldots \quad 91)$$

Si nous nous rappelons que pour une section quelconque:

$\mathfrak{V}$ représente la somme algébrique des forces extérieures sur ce fragment (l'effort tranchant),

$\mathfrak{M}$ le moment de ces forces extérieures pris par rapport à cette section x,

nous aurons:

pour la partie chargée la plus voisine de A, en prenant comme origine des coordonnées la section x

$$\mathfrak{V} = A - (k + p)\,x \quad \ldots \ldots \quad 92)$$

$$\mathfrak{M} = Ax - (k + p)\,\frac{x^2}{2} \quad \ldots \ldots \quad 93)$$

pour la partie non chargée du côté de B

$$\mathfrak{V} = A - \lambda k - px \quad \ldots \ldots \quad 94)$$

$$\mathfrak{M} = Ax - \lambda k\left(x - \frac{\lambda}{2}\right) - \frac{px^2}{2} \quad . \quad 95)$$

6

Pour la charge maximum uniformément répartie, les équations 91)—93) peuvent se mettre sous la forme :

$$A = B = \frac{ql}{2} \qquad \ldots \ldots \ldots \quad 91^a)$$

$$\mathfrak{B} = A - qx \qquad \ldots \ldots \ldots \quad 92^a)$$

$$\mathfrak{M} = Ax - \frac{qx^2}{2} \qquad \ldots \ldots \ldots \quad 93^a)$$

si nous remplaçons dans cette dernière équation l'abscisse x_1 par sa valeur $x_1 = \frac{l}{2} - x$, donc $x = \frac{l}{2} - x_1$, elle devient :

$$\mathfrak{M} = \frac{ql^2}{8} - \frac{qx_1^2}{2} \qquad \ldots \ldots \ldots \quad 93^b)$$

cette dernière équation est d'un emploi facile, parce que le terme constant $\frac{ql^2}{8}$ qui doit toujours être calculé, peut être considéré comme connu.

Si l'on calcule pour un nombre assez grand de x les efforts tranchants et les moments de flexion correspondants d'après les équations 92)—95), qu'on porte les $\mathfrak{B}$ et $\mathfrak{M}$ ainsi calculés comme ordonnées des abscisses x, et qu'on joigne les extrémités de ces ordonnées par une ligne, on obtient ainsi deux courbes qui donnent pour chaque valeur imaginable de x, les valeurs correspondantes de $\mathfrak{B}$ et $\mathfrak{M}$ qu'on pourra prendre à l'échelle ; la fig. 62 représente les courbes pour une longueur déterminée λ de la surcharge ; la courbe des $\mathfrak{B}$ se compose d'éléments rectilignes, dont l'inclinaison sur l'axe des abscisses est proportionnelle aux charges p et q ; — la courbe des $\mathfrak{M}$ se compose d'arcs de paraboles dont les axes sont verticaux et dont les paramètres sont inversement proportionnels aux mêmes charges p et q. Cette remarque nous servira pour la construction des courbes des $\mathfrak{B}$ et des $\mathfrak{M}$, lorsque nous en aurons calculé quelques valeurs d'après les équations 92)—95).

Les équations 92)—95) ne donnent $\mathfrak{B}$ et $\mathfrak{M}$ que pour une valeur déterminée de λ ; afin de représenter toutes les charges possibles, il nous faut déterminer *les courbes enveloppantes qui renferment toutes les courbes des $\mathfrak{B}$ et des $\mathfrak{M}$*. Il faut donc, pour chaque valeur de x, déterminer λ qui donne les plus grandes valeurs pour $\mathfrak{B}$ et $\mathfrak{M}$. Afin de *déterminer le maximum des $\mathfrak{B}$*, remplaçons dans l'équation 94) A par la valeur que donne l'équation 91) ; nous obtiendrons

$$\mathfrak{B} = \frac{lp}{2} - \frac{\lambda^2 k}{2\,l} - px$$

Pour une valeur déterminée de x, cette équation fournit une valeur plus ou moins grande, suivant la valeur de λ, pourvu toutefois que λ ne devienne pas plus grand que x. Si λ devenait plus grand que x, on ne devrait plus calculer $\mathfrak{B}$ d'après l'équation 94), mais d'après l'équation 92) qui montre, que plus A est grand, donc aussi λ (pourvu qu'on ait $\lambda > x$), plus aussi la valeur positive de $\mathfrak{B}$ augmente et la valeur négative diminue pour la section considérée. — Lorsqu'une charge uniformément répartie vient à se mouvoir de A en B, le maximum positif ou le minimum négatif de $\mathfrak{B}$ pour un point quelconque a lieu, pourvu que $\lambda = x$; d'après ce que nous venons de voir, l'équation 94) peut se mettre sous la forme:

$$\max \mathfrak{B} = \frac{pl}{2} - \frac{kx^2}{2l} - px \quad \ldots \quad \ldots \quad 96)$$

qui donne la courbe enveloppante pour $\mathfrak{B}$ maximum ou minimum, lorsque la charge se meut de A en B; une seconde courbe symétrique

$$\max \mathfrak{B} = \frac{pl}{2} - \frac{k(l-x)^2}{2l} - p(l-x) \quad \ldots \quad 96^a)$$

est la courbe enveloppante des valeurs maxima ou minima de $\mathfrak{B}$, lorsque la charge se meut de B en A. — Nous avons représenté ces deux courbes dans la fig. 61; la plus grande valeur

Fig. 61.

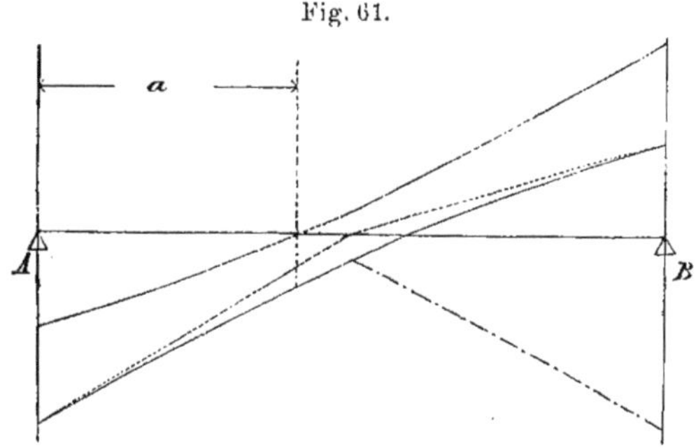

d'une de ces deux courbes donne la valeur du maximum absolu de $\mathfrak{B}$; elle est fournie par l'équation 96) pour $x < \frac{l}{2}$ et par l'équation 96^a) pour $x < \frac{l}{2}$.

Dans la fig. 61, nous remarquons que les deux parties des courbes qui donnent les valeurs absolues maxima de $\mathfrak{B}$ (lesquelles sont représentées au-dessous de l'axe des x par un retournement partiel) sont à peu près des lignes droites; nous aurons donc souvent une exactitude suffisante si, outre les deux valeurs maxima de A et B

$$A = B = (p + k)\frac{l}{2}$$

la valeur max $\mathfrak{V}_m$ pour $x = \dfrac{l}{2}$ est aussi connue; cette valeur s'obtient d'après les équations 96) et 96ᵃ)

$$\max \mathfrak{V}_m = \frac{kl}{8}.$$

La courbe enveloppante enfermant toutes les courbes des $\mathfrak{M}$ est la parabole qui correspond à la charge maximum q uniformément répartie. Nous voyons d'après l'équation 91), que A et B sont maxima pour $\lambda = l$; donc pour toutes les courbes imaginables des $\mathfrak{M}$, la parabole qui correspond à la charge maximum d'après l'équation 17), possède sur les appuis la plus grande tangente trigonométrique; une autre courbe, composée de divers arcs de parabole, ne pourra pas sortir de la courbe enveloppante indiquée. La fig. 62 donne pour

Fig. 62.

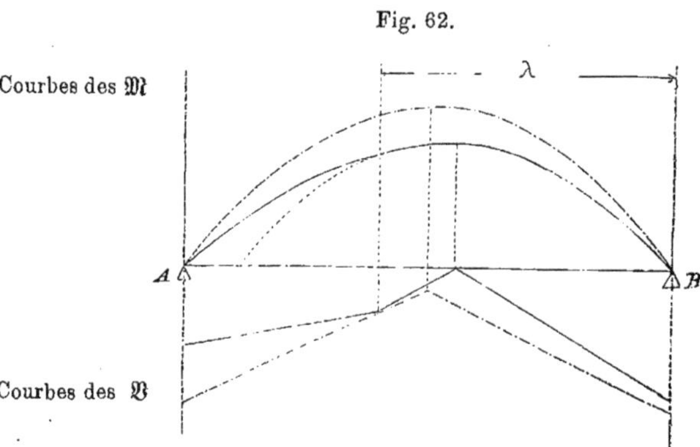

une longueur quelconque de la surcharge indiquée par λ, les courbes des $\mathfrak{V}$ et des $\mathfrak{M}$, et l'on voit clairement qu'elles sont au dedans des courbes enveloppantes. —

60. Les valeurs maxima de $\mathfrak{V}$ et de $\mathfrak{M}$ qu'on obtient pour une coupe quelconque x, au moyen des courbes enveloppantes, ne suffisent à la détermination des dimensions d'un pont, qu'autant que celles-ci ne dépendent que de $\mathfrak{V}$ ou de $\mathfrak{M}$; si, au contraire, une des pièces de la construction dépend à la fois de $\mathfrak{V}$ et de $\mathfrak{M}$, il est évident qu'il faudra aussi employer les valeurs simultanées de $\mathfrak{M}$ et de $\mathfrak{V}$.

Ainsi que nous l'avons montré dans le Nᵒ. **59**, la *courbe enveloppante* $\mathfrak{M}$ n'est autre chose que la courbe de la charge totale q répartie uniformément sur toute la longueur du pont; dans ce cas, on a

$A = \dfrac{ql}{2}$ et les valeurs de $\mathfrak{V}$ se calculent facilement d'après l'équation 92), c'est-à-dire la courbe des $\mathfrak{B}$ est formée, lors de la charge totale, de lignes droites qui coupent l'axe des abscisses à la distance $x = \dfrac{1}{2}$.

La valeur maximum de l'effort tranchant $\mathfrak{B}$, pour une coupe quelconque x, se trouve d'après le N°. **59**, lorsque la charge s'est avancée jusqu'au point x, et cette valeur maximum des $\mathfrak{B}$ est donnée d'après l'équation 96) ou 96^a); la charge pouvant arriver soit de A soit de B, il existe aussi deux courbes maxima enveloppantes pour $\mathfrak{B}$, et à celles-ci correspondent aussi deux courbes $\mathfrak{M}$ qui donnent pour chaque $\mathfrak{B}$ *le moment maximum de flexion correspondant* $\mathfrak{M}$.

Prenons la charge allant de A *en* B, et arrivée jusqu'au point x, on a

$$\mathfrak{M} = Ax - (p + k)\,\frac{x^2}{2}$$

$$A = \frac{pl}{2} + kx\,\frac{2\,l - x}{2\,l}$$

d'où il résulte pour une des courbes cherchées

$$\mathfrak{M} = \frac{pl}{2}\,x + \frac{k - p}{2}\,x^2 - \frac{k}{2\,l}\,x^3 \quad . \quad . \quad 97)$$

Cette courbe devient maximum pour

$$x = l\left\{ \frac{k - p}{3\,k} \pm \sqrt{\frac{p}{3\,k} + \left(\frac{k - p}{3\,k}\right)^2} \right\} \quad . \quad . \quad . \quad 98)$$

Lorsque la charge s'avance de B *en* A, les moments de flexion simultanés correspondant à la courbe enveloppante max $\mathfrak{B}$ seront exprimés par l'équation

$$\mathfrak{M} = \frac{pl}{2}(1 - x) + \left(\frac{k - p}{2}\right)(1 - x)^2 - \frac{k}{2\,l}(1 - x)^3 \quad . . \quad 97^a)$$

Pour $x = \dfrac{1}{2}$ on aura d'après les équations 97) et 97^a)

$$\mathfrak{M} = \left(\frac{p}{8} + \frac{k}{16}\right) l^2$$

61. Dans beaucoup de cas, il est utile de connaître le point x pour lequel $\mathfrak{B}$ est nul; lorsque le pont n'est pas du tout chargé ou qu'il l'est en entier, le point pour lequel $\mathfrak{B} = 0$, se trouve au milieu du pont; dans le cas d'une charge d'un seul côté (chargement partiel), ce point s'approche de la culée; afin de trouver de combien ce point s'éloigne du milieu du pont, nous emploierons la fig. 61, dans laquelle les limites extrêmes de tous les $\mathfrak{B}$ sont indiquées par les deux courbes maxima $\mathfrak{B}$ enveloppantes; pour un x donné, ces deux valeurs max $\mathfrak{B}$ se trouvant du même côté de l'axe des abscisses, on ne peut trouver une valeur nulle pour $\mathfrak{B}$; cela ne peut arriver que lorsque les deux valeurs de max $\mathfrak{B}$ se trouvent de différents côtés de l'axe des abscisses; ou bien aussi, lorsque l'une d'elles se trouve elle-même sur l'axe des abscisses; d'où il résulte, que les points où les deux courbes enveloppantes max $\mathfrak{B}$ coupent l'axe des abscisses, sont en même temps *les positions extrêmes* du point $\mathfrak{B} = 0$; si nous désignons par a l'abscisse d'un de ces points d'intersection, on aura d'après l'équation 96) pour $\mathfrak{B} = 0$

$$0 = \frac{pl}{2} - \frac{ka^2}{2\,l} - pa$$

d'où

$$a = \left\{ -\frac{p}{k} \pm \sqrt{\frac{p}{k} + \left(\frac{p}{k}\right)^2} \right\} l \quad . \quad . \quad . \quad 99)$$

62. Nous donnons dans la planche II (à la fin de l'ouvrage) une représentation graphique des résultats obtenus au moyen des formules 91)—99), en prenant 6 rapports différents $\dfrac{p}{k} = \dfrac{\text{poids propre}}{\text{surcharge}}$. Cette représentation graphique contient les courbes enveloppantes max $\mathfrak{M}$ et max $\mathfrak{B}$, ainsi que les valeurs correspondantes $\mathfrak{B}$ et $\mathfrak{M}$.

La courbe enveloppante max $\mathfrak{M}$, ainsi que les valeurs correspondantes de $\mathfrak{B}$, se trouvent d'après les équations 92[a]) et 93[a]); ces courbes sont les mêmes pour tous les rapports $\dfrac{p}{k}$; la courbe max $\mathfrak{M}$ est une parabole dont l'ordonnée du sommet est toujours $= 0{,}125\ ql^2$; la courbe des $\mathfrak{B}$ correspondante, se compose de deux lignes droites qui se coupent au milieu de l'axe des abscisses et dont les ordonnées sur les culées sont fixées par les valeurs de $A = B = 0{,}5\ ql$.

Les lignes enveloppantes max $\mathfrak{B}$ se déterminent d'après l'équation 96) ou 96[a]); les valeurs correspondantes $\mathfrak{M}$, d'après les équations 97) et 97[a]); le point où ces courbes atteignent leur maximum, est donné par l'équation 98).

La courbe max $\mathfrak{M}$ et la courbe simultanée $\mathfrak{B}$ peuvent être dessinées de suite d'après les propriétés connues de la parabole et de la ligne droite, la courbe max $\mathfrak{B}$ et celle des $\mathfrak{M}$ simultanées exigent un emploi répété des formules 96)—99) pour les divers rapports $\dfrac{p}{k}$, et les résultats numériques représentés dans la planche II, sont contenus dans la table XV.

Dans la représentation graphique de la planche II, nous avons porté les valeurs absolues maxima de $\mathfrak{M}$ max et $\mathfrak{B}$ max, ainsi que leurs valeurs correspondantes simultanées $\mathfrak{B}$ et $\mathfrak{M}$; chacune des parties de la construction aura en général à supporter son maximum d'effort pour max $\mathfrak{M}$ ou pour max $\mathfrak{B}$; il pourrait toutefois arriver que deux valeurs quelconques $\mathfrak{M}$ et $\mathfrak{B}$, venant à agir en même temps, chargeassent cette partie d'une manière plus défavorable; mais le plus souvent, la charge totale uniformément répartie (courbe des $\mathfrak{M}$ max) et la charge partielle parvenue jusqu'au point considéré (max $\mathfrak{B}$), suffisent pour déterminer les dimensions à adopter. Nous montrerons plus tard comment on peut, au moyen des valeurs simultanées $\mathfrak{M}$ et $\mathfrak{B}$, déterminer la force qui agit dans une pièce de la construction; les formules pratiques que nous avons déjà souvent mentionnées, contiennent toujours les grandeurs $\mathfrak{M}$ et $\mathfrak{B}$.

Table XV.

Abscisses.		$\tfrac{1}{4}l$	$\mathfrak{B} = 0$	$\tfrac{1}{2}l$		Max $\mathfrak{M}$		$\tfrac{3}{4}l$
$\tfrac{p}{q}$	$\tfrac{p}{k}$	$\mathfrak{M}$ d'après l'équation 97)	Absc. x d'après l'équ.99)	$\mathfrak{B} = \tfrac{kl}{8}$	$\mathfrak{M} = \left(\tfrac{p}{8} + \tfrac{k}{16}\right)$	Absc. x d'après l'équ. 98)	$\mathfrak{M}$ équat. 97)	$\mathfrak{M}$ équat. 97)
1	8	$0{,}0950\ ql^2$	$0{,}500\ l$	6	$0{,}125\ ql^2$	$0{,}500\ l$	$0{,}1250\ ql^2$	$0{,}0950\ ql^2$
$\tfrac{3}{4}$	3	$0{,}0761\ ql^2$	$0{,}465\ l$	$0{,}0312\ ql$	$0{,}1094\ ql^2$	$0{,}535\ l$	$0{,}1099\ ql^2$	$0{,}0880\ ql^2$
$\tfrac{2}{3}$	2	0,0703	0,450	0,0416	1,1041	0,550	0,1052	0,0859
$\tfrac{1}{2}$	1	0,0586	0.414	0,0625	0,0937	0,572	0,0962	0,0820
$\tfrac{1}{3}$	$\tfrac{1}{2}$	0,0469	0,365	0,0830	0,0833	0,608	0,0870	0,0780
$\tfrac{1}{5}$	$\tfrac{1}{4}$	0,0375	0,302	0,1000	0,0750	0,632	0,0820	0,0750
$\tfrac{1}{9}$	$\tfrac{1}{8}$	0,0312	0,250	0,1110	0,0694	0,647	0,0784	0,0729

L'emploi le plus simple des représentations graphiques de la planche II, consiste à prendre à l'échelle les valeurs de $\mathfrak{M}$ et de $\mathfrak{B}$; on obtiendrait des valeurs plus exactes, en construisant à une échelle plus grande ces mêmes courbes, au moyen de la table XV, ou des équations 96)—99); les figures de la planche II peuvent servir comme modèle. — Enfin ces représentations graphiques ont pour but de faire mieux comprendre les raisonnements développés ainsi que ceux que nous allons encore faire, et de montrer clairement les résultats des formules et des calculs.

63. Nous voulons rechercher l'influence des charges concentrées et les comparer à celles uniformément réparties.

Si nous supposons d'abord une poutre sans poids, soumise à l'action de plusieurs forces, l'effort tranchant entre chaque point consécutif est constant, ce qui résulte pour ΣY de l'équation 16), donc aussi pour $\mathfrak{V}$; la courbe des $\mathfrak{V}$ se compose ainsi de lignes droites horizontales, d'où il résulte, d'après l'équation 18), que la courbe des $\mathfrak{M}$ est un polygone dont les extrémités sont données par les points où agissent les charges. Lorsque tous les poids P sont de même grandeur — et que la répartition est uniforme sur toute la longueur du pont, le polygone des $\mathfrak{M}$ doit avoir au moins pour chacun des côtés d du polygone, un point commun avec la parabole construite pour la même charge uniforme $\dfrac{P}{d}$ (voir fig. 63).

Fig. 63.

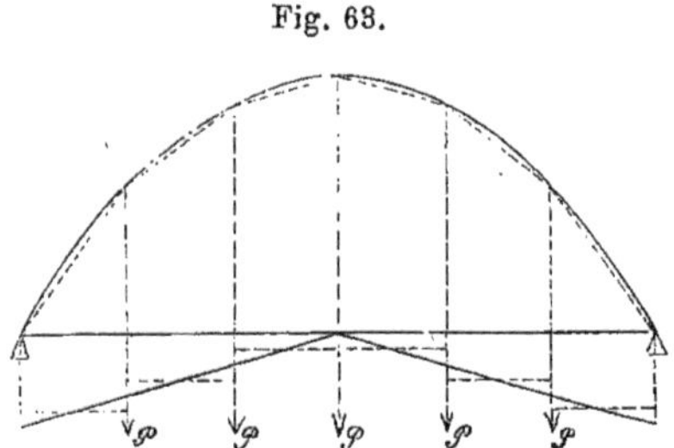

Plus le polygone a de côtés, c'est-à-dire, plus les points d'application des forces sont voisins les uns des autres, plus aussi le polygone se confondra avec la parabole. Il en est exactement de même, quand on introduit dans le calcul le poids propre uniformément réparti, car les moments respectifs pour le polygone, aussi bien que pour la parabole, s'additionnent, et les côtés des polygones se transforment en arcs de paraboles faiblement courbés.

La courbe $\mathfrak{V}$ correspondant au polygone $\mathfrak{M}$ est formée, ainsi que nous l'avons déjà fait remarquer, d'une suite de lignes droites horizontales (voir figure 63); pour le cas de charges uniformément réparties, tant en poids qu'en position, la ligne enveloppante des $\mathfrak{V}$ en escalier, devient une droite dont l'inclinaison varie avec la charge totale uniformément répartie; lorsque le nombre des poids augmente, la hauteur des degrés de l'escalier diminue, et se rapproche de la ligne enveloppante; si l'on tient compte du propre poids de la construction, chaque degré de l'escalier s'incline un peu vers l'axe des abscisses, de manière que la tangente trigonométrique se trouve toujours proportionnelle au propre poids de la poutre.

Lorsque les charges sont d'une grandeur et d'une répartition quelconque, les courbes enveloppantes des $\mathfrak{M}$ et des $\mathfrak{V}$ sont aussi d'une forme quelconque; mais lorsque les charges peu différentes se suivent à des distances assez rapprochées, ainsi que cela a lieu pour un train de chemin de fer, le polygone des $\mathfrak{M}$ se rapproche d'une ligne continue, qui n'est autre chose que la parabole des charges uniformément réparties, pour le cas où le pont entier se trouve chargé de lourds véhicules, ou que la courbe de la plus grande charge partielle, lorsque seulement une partie du pont se trouve chargée; on cherchera les positions des véhicules de manière à obtenir les plus grandes valeurs pour max $\mathfrak{M}$, et dans le cas d'une charge partielle, les plus grandes valeurs de max $\mathfrak{B}$.

Afin qu'on puisse calculer les $\mathfrak{M}$ et les $\mathfrak{B}$ dans le cas de charges concentrées, nous donnons les formules générales suivantes.

Fig. 64.

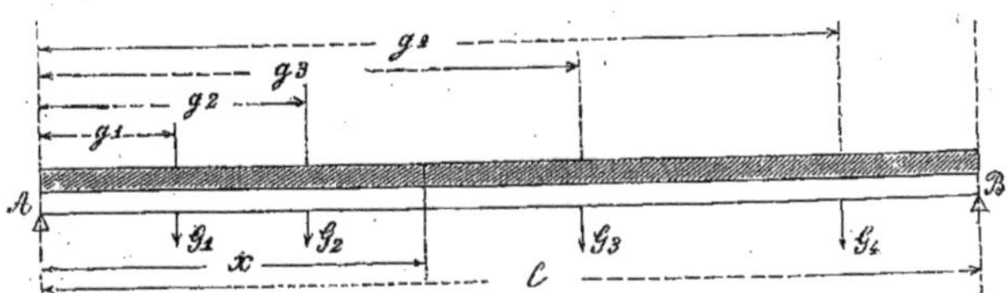

Soit une travée AB chargée du poids p uniformément réparti, et en outre d'une série de charges concentrées $G_1\ G_2\ G_3\ G_4$, agissant aux distances $g_1\ g_2\ g_3\ g_4$; il nous faut encore, dans ce cas, rechercher les pressions sur les appuis; soit l la portée du pont, en employant plusieurs fois la loi du levier, (équation 4) on aura:

$$\left.\begin{array}{l} A = \dfrac{pl}{2} + \dfrac{(1-g_1)\,G_1 + (1-g_2)\,G_2 + (1-g_3)\,G_3 + (1-g_4)\,G_4}{1} \\[2mm] B = \dfrac{pl}{2} + \dfrac{g_1\,G_1 + g_2\,G_2 + g_3\,G_3 + g_4\,G_4}{1} \end{array}\right\}\ 100)$$

pour une coupe quelconque x, $\mathfrak{M}$ et $\mathfrak{B}$ obtiendront (fig. 59) les valeurs

$$\mathfrak{B} = A - px - G_1 - G_2 \ldots\ldots \quad\quad\ldots\ldots\quad 101)$$

$$\mathfrak{M} = Ax - \frac{px^2}{2} - G_1\,(x - g_1) - G_2\,(x - g_2)\ldots \quad\ldots\quad 102)$$

Les valeurs $\mathfrak{M}$ et $\mathfrak{B}$ obtenues par les équations 101) et 102) peuvent êtres comparées aux équations 92)—95) pour des charges uniformément réparties, et l'on pourra comparer leurs valeurs numériques.

§ 7.

Charges et propre poids de poutres reposant librement sur deux appuis.

64. Lorsque les *ponts de chemins de fer* ont une ouverture un peu grande, on prend habituellement une surcharge uniformément répartie; tandis qu'autrefois une charge de 1 tonne par pied courant anglais, soit 3333 kilogr. par mètre, était suffisante, on est arrivé plus tard (par ex. lors de la construction du pont de Langon en 1856), à prendre ordinairement 4000 kilogr. par mètre, ce qui représente déjà une forte charge; cette augmentation a été nécessitée par l'augmentation des poids des waggons et des locomotives.

Si, pour de petits ponts, on se servait de cette surcharge k uniformément répartie, on obtiendrait des moments de flexion notablement plus faibles que ceux fournis par les équations 100)—102) pour la position la plus défavorable de lourdes locomotives, et nous verrons, dans la suite de nos recherches, que cette surcharge uniforme k qui remplace les charges des essieux d'un train de chemin de fer est inversement proportionnelle à l'ouverture du pont, c'est-à-dire qu'elle est d'autant plus grande, que la portée est faible, et qu'elle n'obtient une valeur constante que pour de grandes ouvertures.

Les trains de marchandises les plus considérables sont remorqués au plus par 3 locomotives; la position la plus défavorable a lieu lorsque deux d'entre elles ont leurs cheminées tournées l'une contre l'autre; pour des ouvertures considérables, on supposera le reste du pont chargé en entier de waggons de marchandises.

Afin de montrer par un exemple le degré d'exactitude qu'on obtient en prenant, au lieu d'un train de chemin de fer, une surcharge également répartie k, nous avons fait un calcul détaillé, indiqué d'une manière graphique dans la planche III. Les dimensions des locomotives, tenders et waggons à marchandises sont renfermées en détail dans la planche III; le poids des locomotives et tenders représente une charge moyenne de 4000 kilogr. et celui des waggons à marchandises, une de 3000 kilogr. par mètre courant.

Nous avons calculé, pour une série d'ouvertures, d'après les équations 101) et 102), chaque $\mathfrak{B}$ et $\mathfrak{M}$ et nous les avons portés à l'échelle dans la représentation graphique de la planche III et cela pour les deux cas prévus, qui correspondent à la charge totale et à la charge d'une moitié du pont; dans les mêmes figures, nous avons aussi reporté les paraboles qui correspondent à la charge uniformément répartie sur l'ouverture ou sur la demi-ouverture du pont et qui doivent remplacer les courbes polygonales calculées d'après l'équation 102); nous en avons fait de même pour les lignes droites correspondantes $\mathfrak{B}$. — Comme exemple, nous donnons dans la table suivante XVI, pour un pont de 15 mètres d'ouverture les résultats obtenus d'après les équations 100)—102).

Table XVI.

Portée 15 mètres. Poids propre du pont, 1075 kilogr. par mètre courant.

Abscisses en mètres.		0	0,5	1,0	2,5	3,5	5,5	5,95	7,5	9,5	11,5	12,5	13,5	15,0
I. Charge produite par le poids propre du pont.	𝔅	8,05							0					8,05
	𝔐	0			16,8	21,6	28,0		30,2	28,0	21,6	16,8		0
II. Une locomotive avec la roue motrice du milieu au milieu du pont et au devant une 2ᵈᵉ locomotive accouplée.	𝔅	37,9		36,8 30,8	29,2 23,2		20,0 8,0		5,85 6,15	8,3 20,3			24,6 36,6	38,4
	𝔐	0		37,4	82,4		147,1		161,0	148,7			55,7	0
III. Une locomotive avec sa roue motrice de devant sur le milieu du pont.	𝔅	36,65	36,1 30,1				26,9 14,9	12,75 0,75	1,4 13,4					21,45
	𝔐	0	18,0				103,6	131,2	130,6	101,4	68,3			0
IV. Charge maximum uniformément répartie, de 5730 kilogr. par mètre courant.	𝔅	43,0							0					43,0
	𝔐	0		40,0	90,0		149,5		161,0	149,5		90,0	57,9	0
V. Le pont chargé d'un côté, de 7235 kilogr. par mètre, chargé, de l'autre, de son propre poids.	𝔅	42,7						0	11,55					19,6
	𝔐	0					95,4	128,0	117,0		62,2			0

Dans cette table, 𝔅 est exprimé en tonnes à 1000 kilogr. et 𝔐 en tonnes et mètres.

Nous avons calculé des tables analogues pour les portées de 7, 10, 15, 20, 30, 40, 60 et 100 mètres. Le résultat des cinq premières est donné dans la représentation graphique de la planche III.

Si l'on examine attentivement cette représentation graphique (planche III), on verra qu'il existe une charge uniformément répartie q ou q′ qui donnera pour le cas de la charge totale, ou lorsque le pont n'est chargé qu'à moitié, des valeurs 𝔐 et 𝔅 qui seront à peu près égales à celles calculées pour les moments de flexion $\mathfrak{M}$ ou les efforts tranchants $\mathfrak{V}$, avec les charges réelles que nous avons admises; les paraboles et lignes droites qui correspondent à ces valeurs de q et q′ sont aussi représentées dans la planche III, représentations fondées sur un calcul analogue à celui indiqué dans la table XVI et fait pour les 8 ouvertures ci-dessus indiquées. Les résultats de ces calculs sont contenus dans la table XVII.

Table XVII.

Portées		7 m.	10 m.	15 m.	20 m.	30 m.	40 m.	60 m.	100 m.
poids mort du pont par mètre courant $= p$.		800 k.	900 k.	1075 k.	1250 k.	1600 k.	1950 k.	2650 k.	4050 k.
Charge maximum surtout le pont	surcharge variable uniformément répartie $= k$	6200	5440	4655	4440	4240	4050	4950	3700
	charge maximum uniformément répartie $q = p + k$	7000	6340	5730	5690	5840	6000	6600	7750
	rapport: $\dfrac{p}{q}$	$\dfrac{1}{9}$	$\dfrac{1}{7}$	$\dfrac{1}{5,3}$	$\dfrac{1}{4,5}$	$\dfrac{1}{3,6}$	$\dfrac{1}{3}$	$\dfrac{1}{2,5}$	$\dfrac{1}{1,9}$
Charge maximum sur une des moitiés du pont	surcharge variable uniformément répartie $= k'$	8800	7200	6160	5600	5200	5050	4650	3900
	charge maximum uniformément répartie $q' = p + k'$	9600	8100	7235	6850	6800	7000	7300	7950
	rapport: $\dfrac{p}{q'}$	$\dfrac{1}{12}$	$\dfrac{1}{8}$	$\dfrac{1}{6,7}$	$\dfrac{1}{5,4}$	$\dfrac{1}{4,25}$	$\dfrac{1}{3,6}$	$\dfrac{1}{2,75}$	$\dfrac{1}{2}$

La distance de 2 mètres, d'axe à axe, prise dans le calcul de la table XVII, est notablement plus grande que celle adoptée maintenant pour les locomotives les plus lourdes, employées sur des terrains coupés. — Les locomotives pour trains de marchandises dont on se sert avec beaucoup de succès en Wurttemberg depuis 1865, fournissent un très-bon exemple; les distances d'axe à axe ainsi que les charges des axes de ces machines sont indiquées dans l'esquisse ci-dessous. La table XVII[a] est calculée exactement comme la table XVII; dans la première, les valeurs k et k_1

sont notablement plus grandes pour de petits ponts, que celles indiquées dans la dernière de ces tables.

Table XVII.ª
machine wurttembergeoise pour trains de marchandises.

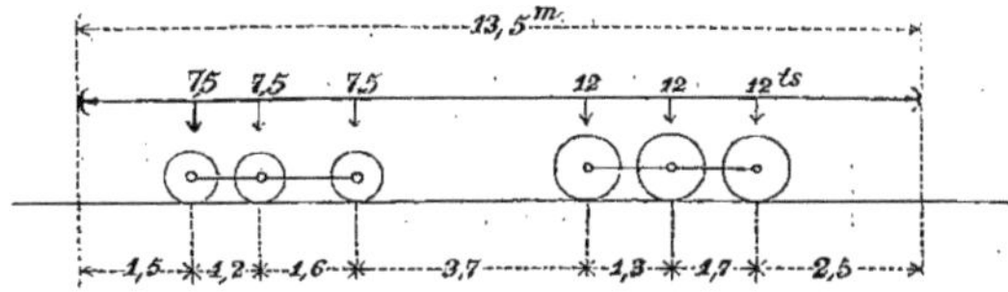

Portées		7 m.	10 m.	15 m.	20 m.	30 m.	40 m.	60 m.	100 m.
poids propre du pont par mètre courant = p.		1000 k.	1100 k.	1275 k.	1450 k.	1800 k.	2150 k.	2850 k.	4250 k.
Charge maximum surtout le pont	surcharge variable uniformément répartie = k	7350	5760	4730	4660	4455	4410	4000	3700
	charge maximum uniformément repartie q = p + k	8350	6860	6110	6050	6255	6560	6850	7950
	rapport: $\dfrac{p}{q}$	$\dfrac{1}{8,3}$	$\dfrac{1}{6,2}$	$\dfrac{1}{4,7}$	$\dfrac{1}{4,2}$	$\dfrac{1}{3,5}$	$\dfrac{1}{3,0}$	$\dfrac{1}{2,4}$	$\dfrac{1}{1,9}$
Charge maximum sur une des moitiés du pont	surcharge variable uniformément répartie = k'	11500	9000	7500	6600	5800	5400	5000	4700
	charge maximum uniformément répartie q' = p + k'	12500	10100	8775	8050	7600	7550	7850	8950
	rapport: $\dfrac{p}{q'}$	$\dfrac{1}{12,5}$	$\dfrac{1}{9}$	$\dfrac{1}{7}$	$\dfrac{1}{5,5}$	$\dfrac{1}{4,2}$	$\dfrac{1}{3,5}$	$\dfrac{1}{2,75}$	$\dfrac{1}{2,1}$

M. H. Schmidt, ingénieur de la compagnie des chemins de fer de l'Etat autrichien, a publié dans la Bauzeitung de Mr. Förster, les charges maxima produites par les machines-tenders de Engerth et par les machines du Semmering; nous les avons représentées dans les deux tables suivantes; on y a aussi calculé les charges uniformément réparties qui procurent les moments de flexion maxima, fournis par la position la plus défavorable de trois locomotives, et pour de grandes portées, on a encore ajouté des waggons à marchandises à deux essieux, distants entre eux de 3,5 mètres, d'une longueur totale entre les tampons de 7,25 mètres, et d'un poids de 7800 kilogr. par axe.

Table XVII b

machine-tender Engerth.

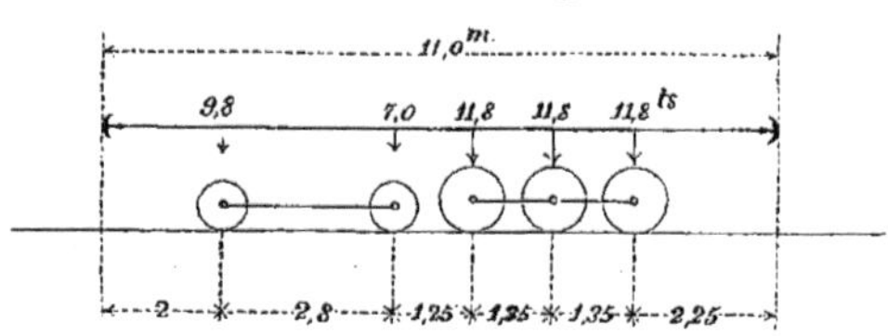

Portée	surcharge maximum k par mètre courant de voie	Portée	surcharge maximum k par mètre courant de voie	Portée	surcharge maximum k par mètre courant de voie
1	23520	24	5170	90	3430
2	11760	27	5110	100	3250
3	9410	30	5060	110	3100
4	9700	33	4990	120	2970
5	9030	36	4880	130	2850
6	8540	40	4680	140	2740
8	7455	45	4580	150	2650
10	6770	50	4430	160	2570
12	6010	55	4250	170	2490
15	5470	60	4100	180	2420
18	5460	70	3830	190	2360
21	5300	80	3610	200	2310

Table XVII c
machine Engerth du Semmering.

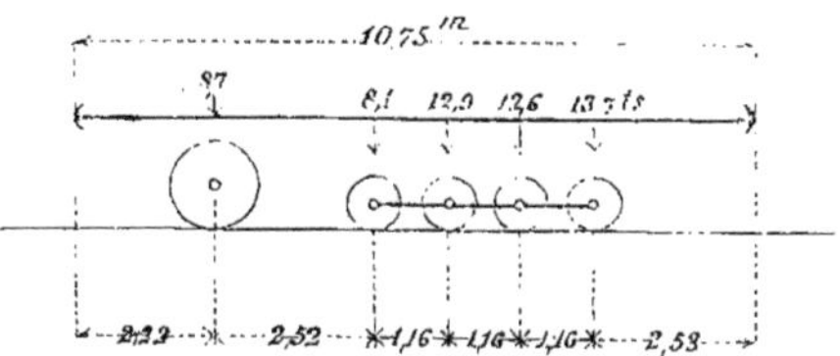

Portée	surcharge maximum k par mètre courant de voie	Portée	surcharge maximum k par mètre courant de voie	Portée	surcharge maximum k par mètre courant de voie
1	27440	15	6160	45	5000
2	13720	18	6090	50	4830
3	12970	21	5940	60	4380
4	11900	24	5760	70	4110
5	10970	27	5720	80	3870
6	10260	30	5670	90	3660
8	8730	33	5590	100	3470
10	7690	36	5440		
12	6890	40	5230		

65. Le *poids propre* d'un pont, fourni par la table XVII a correspond à la formule

$$p = 35\,l + 750 \quad \ldots \ldots \ldots \quad 103)$$

où p est exprimé en kilogrammes et la portée l en mètres. — Il est évident que les coefficients 35 et 750 ne sont que des moyennes, et que les valeurs exactes doivent varier suivant la construction employée, mais il est constaté, par la comparaison faite du poids de beaucoup de constructions de ponts, que ces coefficients sont sensiblement constants pour chaque système ou type de pont; si nous nommons C et F ces coefficients pour la construction employée, on aura en général

$$p = C\,.\,l + F \quad \ldots \ldots \ldots \quad 103^a)$$

Le coefficient F peut être considéré comme représentant le *poids du tablier*, réduit à l'unité de longueur (y compris les entretoises et longrines-sous-rails), tandis que C . 1 représente le poids des maîtresses poutres et accessoires, par unité linéaire.

Mr. le conseiller Schwedler, dans un travail présenté à la société des chemins de fer allemands, a donné les résultats suivants *comme propre poids moyen* d'un grand nombre de ponts exécutés pour chemins de fer; il est sous-entendu que le tout est exprimé en mètres et kilogrammes.

Pour des *ponts de construction très-légère*, de 10 à 60 mètres de portée

$$p' = 375 + 25 . 1 \quad \ldots \ldots \ldots \text{ I.}$$

dans les *avant-projets*, on peut prendre pour des ponts de 10—100 mètres d'ouverture

$$p' = 400 + 30 . 1 \quad \ldots \ldots \ldots \text{ II.}$$

Ces chiffres ne comprennent que le poids de la construction elle-même sans rails, traverses ni madriers dont le poids peut être estimé dans le calcul, comme variant de 3 à 400 kilogr. par mètre courant.

Dans la même relation, il est indiqué comme poids total des ponts à introduire dans les calculs statiques:

$$p = 800 + 30 \, 1 \quad \ldots \ldots \ldots \text{ III.}$$

formule qui coïncide avec II, lorsqu'on ajoute à celle-ci le poids des rails, traverses et madriers.

Cette dernière formule III donne comme propre poids p, pour des ponts jusqu'à 40 mètres d'ouverture, des résultats qui varient peu de ceux pris dans notre table XVII[a].

Les coefficients F de l'équation 103[a]), c'est-à-dire les *poids des tabliers*, peuvent être groupés d'après les types que nous allons donner, en employant le plus possible un arrangement semblable dans les détails.

Fig. 66.

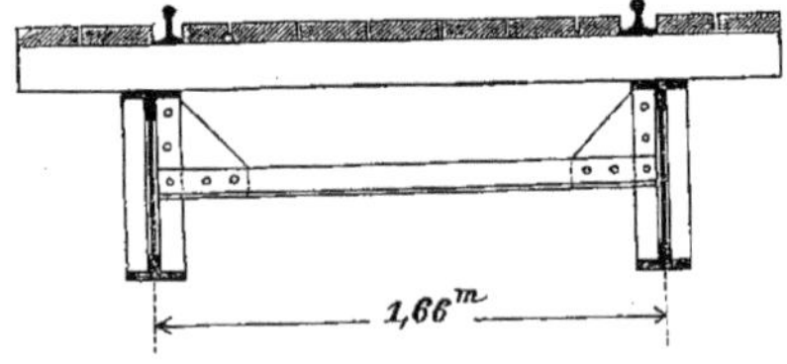

Type I. Ainsi que le montre la fig. 66, les deux files de rails reposent au moyen de traverses ordinaires, immédiatement au-dessus des poutres principales; la distance entre les traverses est 0,9 M. — Le poids du tablier (sans le contreventement) se compose par mètre courant de

2 files de rails chacune de 40 kilogr. y compris les assemblages par mètre courant . . . . 80 kilogr.

$\frac{1,0}{0,9}$ traverse chacune de 2,5 mètres de longueur et de $^{24}/_{15}$ centimètres de section, d'un poids de 67,5 kilogr. . . . . 75 „

2,2 mètres carrés de madriers en chêne de 7 centi-mètres d'épaisseur . . . . 115 „

Plaques, boulons etc. . . . . 15 „
————
275 kilogr.

Type 2. L'arrangement que montre la fig. 67 est toujours possible, lorsque la surface supérieure des rails est au plus à 0,75 mètre

Fig. 67.

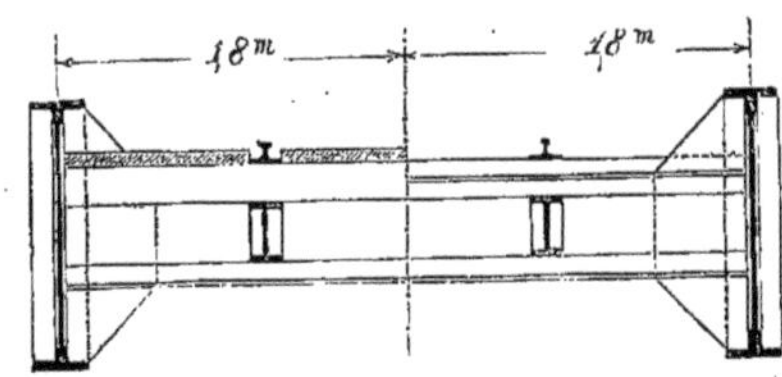

au-dessous de l'arête supérieure des poutres principales; les rails reposent au moyen de traverses sur des *poutrelles* nommées longrines-sous-rails, lesquelles reposent sur les entretoises (ou pièces de pont), que nous supposons à 1,8 mètre de distance les unes des autres; le poids du tablier (non compris le contreventement) par mètre courant se compose de

2 files de rails à 40 kilogr. . . . . 80 kilogr.

$\frac{1,0}{0,9}$ traverse, chacune de 2,5 mètres de longueur et de $^{24}/_{15}$ centimètre de section, d'un poids de 67,5 kilogr. . . . . 75 „

2,2 mètres carrés de madriers en chêne de 7 centi-mètres d'épaisseur . . . . 115 „

2 longrines-sous-rails, pesant chacune 45 kilogr. par mètre courant, de plus des assemblages . . . . 120 „

$\frac{1,0}{1,8}$ entretoises, pesant chacune approximativement 360 kilogr. . . . . 200 „
————
590 kilogr.

dans lesquels sont compris 320 kilogr. de fer.

7

Fig. 68.

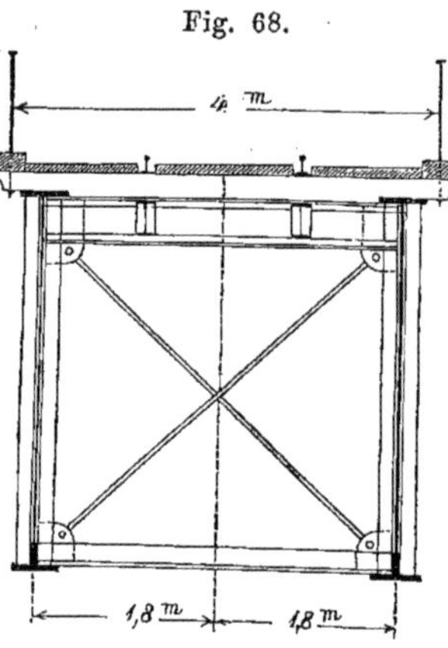

Type 3. La fig. 68 montre le cas où il est nécessaire, pour le même type, d'ajouter un garde-corps, qui augmentera le poids du tablier; les entretoises inférieures sont nécessitées par la hauteur des poutres principales et ne sont pas comprises dans le poids du tablier.

Si nous maintenons la distance de 1,8 mètre entre les entretoises, le poids du tablier par mètre courant sera:

2 files de rails à 40 kilogrammes . . . . 80 kilogr.

$\frac{1,0}{0,9}$ traverse, chacune de 4,5 mètres de longueur et $^{24}/_{15}$ centimètre de section, d'un poids de 120 kilogr. . . . . 133 „

4,0 mètres carrés de madriers en chêne de 7 centimètres d'épaisseur . . . . 210 „

2 longrines-sous-rails . . . . 120 „

$\frac{1,0}{1,8}$ entretoise, pesant approximativement 360 kilogr. 202 „

Le garde-corps, par mètre courant d'environ 35 kilogr. donc des deux côtés . . . . 70 „

                           815 kilogr.

dont 392 kilogr. de fer.

Fig. 69.

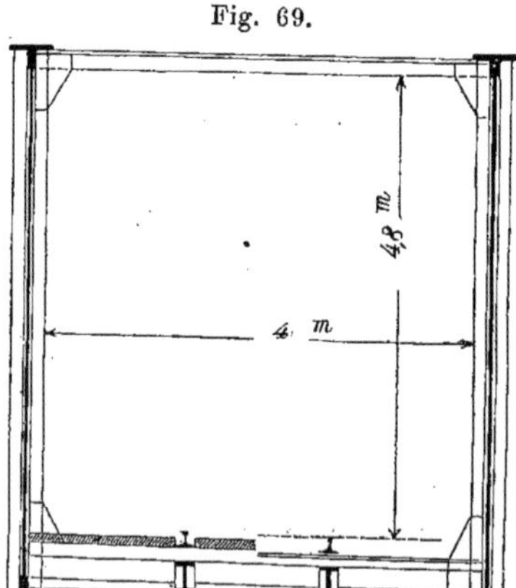

Type 4. Lorsque la surface supérieure des rails est à plus de 1,2 mètre au-dessous de l'arête supérieure de la poutre principale, la distance dans œuvre des fermes doit être de 4,0 mètres; la fig. 69 montre un cas dans lequel on a choisi la position la plus basse possible pour le tablier et où, à cause de la grande hauteur des poutres, un second contreventement supérieur est nécessaire. — La hauteur dans œuvre de ce contreventement spécial doit être au moins à 4,8 mètres au-dessus de la surface supérieure des rails; (ces

données sont celles adoptées pour le profil normal, par la société des chemins de fer allemands). — L'écartement des entretoises est encore de 1,8 mètre.

Le poids du tablier (sans le contreventement) se compose de:

2 files de rails . . . . 80 kilogr.

$\frac{1,0}{0,9}$ traverse, chacune de 4,5 mètres de longueur et

de $^{24}/_{15}$ centimètre de section, d'un poids de

120 kilogr. 133   „

4,0 mètres carrés de madriers en chêne de 0,7 centi-

mètres d'épaisseur 210   „

2 longrines-sous-rails 120   „

$\frac{1,0}{0,8}$ entretoise, chacune d'un poids d'environ 520 kilo-

grammes 287   „
____
                                          830 kilogr.

dont 407 kilogr. de fer.

Le poids n'aurait pas été augmenté de beaucoup, si l'écartement des entretoises avait été pris plus grand, par exemple de 2,7 mètres; les longrines-sous-rails auraient, il est vrai, à peu près doublé de poids, mais d'un autre côté, le poids des entretoises aurait diminué.

Type 5. La fig. 70 représente un pont à deux voies, où le tablier est situé entre les fermes principales, qui réclament, dans

Fig. 70.

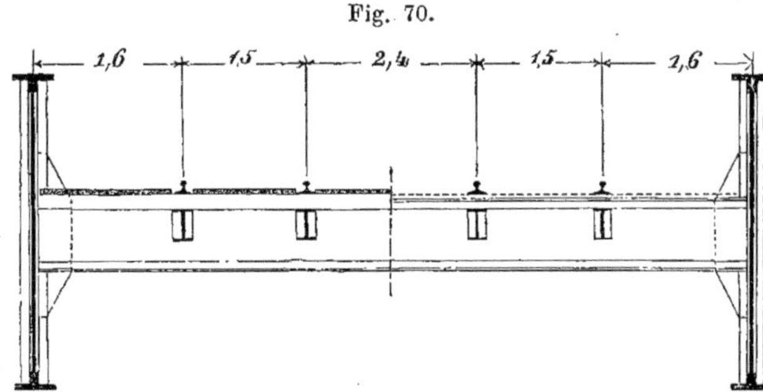

ce.cas, un écartement de 8,0 à 8,6 mètres. — La distance des entretoises est supposée de 3,6 mètres et les longrines-sous-rails doivent pouvoir supporter la charge sur cette distance. Le poids du tablier par mètre courant des deux voies, se compose de:

4 files de rails à 40 kilogr. . . . . 160 kilogr.

$\dfrac{1,0}{0,9}$ traverse, chacune de 8,5 mètres de longueur et

de $^{24}/_{15}$ centimètre de section transversale, d'un
poids de 225 kilogr. . . . . 252 „

7,6 mètres carrés de madriers en chêne de 5 centimètres d'épaisseur . . . . 400 „

4 longrines-sous-rails, d'un poids de 100 kilogr. par
mètre courant . . . . 500 „

$\dfrac{1,0}{3,6}$ entretoise, chacune d'un poids de 1830 kilogr. . 508 „

$$\overline{\qquad 1820 \text{ kilogr.}}$$

donc par mètre courant de simple voie, 910 kilogr. dont 504 kilogr.
de fer; suivant les cas spéciaux, on peut diminuer ce poids
en donnant une plus grande hauteur aux longrines-sous-rails
et aux entretoises, d'où il résulte une diminution de section des
nervures.

Pour les types 1—4, on pourra donc prendre la valeur correspondante pour F dans l'équation 103), tant pour le poids
total, que pour le poids du fer employé dans la construction
du tablier; si nous nommons le premier F, le dernier F_1, nous
aurons comme poids moyen d'un pont pour chemin de fer à
simple voie

$$\text{poids total} \quad p = 35\,l + F$$
$$\text{poids de fer} \quad p_1 = 35\,l + F_1$$

66. Outre leur propre poids, les *ponts pour routes* ont à supporter celui de lourds chariots, ou d'une foule pressée venant à
passer sur le pont.

La charge produite par cette foule pressée peut être prise de
360 kilogr. par mètre carré; dans le calcul des dimensions des
fermes, on doit toujours compter cette charge pour les trottoirs,
mais fort souvent aussi pour la route proprement dite, car les
chariots ne fournissent pas la plus grande surcharge à considérer,
lorsque la portée est un peu grande.

Pour le calcul des diverses pièces des trottoirs, (consoles,
entretoises et plancher), il faut prendre une charge de 560 kilogrammes par mètre carré, laquelle se trouve réalisée, lorsque
la foule des personnes est tellement pressée qu'elle ne peut plus
avancer.

La charge *des chariots* est celle qui influe sur le tablier proprement dit; il en est de même pour les fermes de ponts à faible
ouverture; pour les ponts de portée moyenne, il faut supposer une
foule de personnes suivant le chariot.

La répartition des charges, pour un chariot de roulage, est indiquée dans la fig. 71, où le poids du chariot est compté à 10000 kilogr. et celui de deux chevaux à 600 kilogr.

Fig. 71.

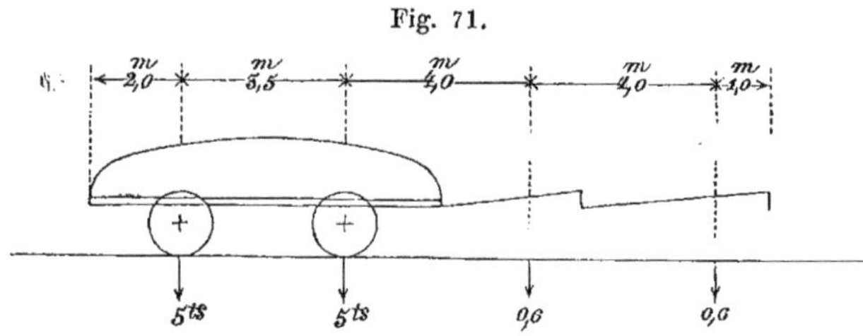

Pour des routes d'une plus grande importance, surtout dans le voisinage de villes considérables, il faut prendre un poids notablement plus grand, parce que, par exemple, de lourdes machines, des canons, des chaudières à vapeur, viendront peut-être à passer sur le pont; pour ces lourdes charges, il faut prendre 9 tonnes par essieu, comme le montre la fig. 72, qui donne plus de détails

Fig. 72.

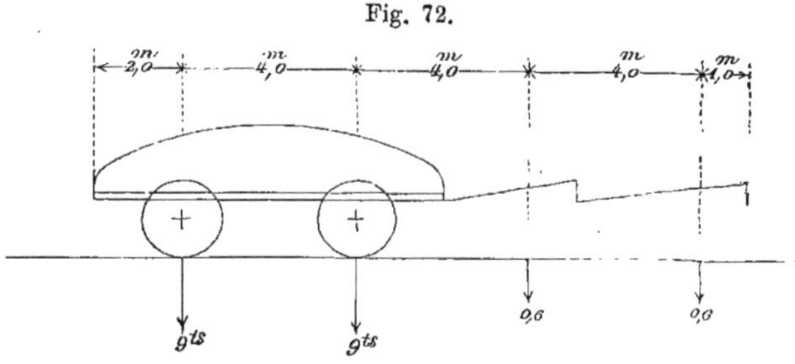

Il n'est pas nécessaire d'admettre que plusieurs de ces *lourds* chariots viennent à passer à la fois sur le pont; ces charges doivent être considérées dans le calcul du tablier et non pour les poutres principales.

Les ponts qui ont à supporter la charge esquissée dans la fig. 72, peuvent être employés pour le passage d'un convoi de chemin de fer remorqué par des chevaux ou par des locomotives dont les roues motrices ne dépassent pas le poids indiqué des roues du chariot.

Suivant les charges, on calculera, pour chaque cas spécial, les moments de flexion maxima $\mathfrak{M}$ d'après les équations 100)—102).

Pour des ponts à chaussée de 5 à 5,5 mètres de largeur, (non compris les trottoirs) il faudra tenir compte du cas où deux chariots ordinaires (fig. 71) viendraient à passer en même temps sur le pont et derrière les chars une foule pressée, ainsi que le représente la fig. 72ᵃ; c'est en prenant ces données comme base,

Fig. 72ᵃ.

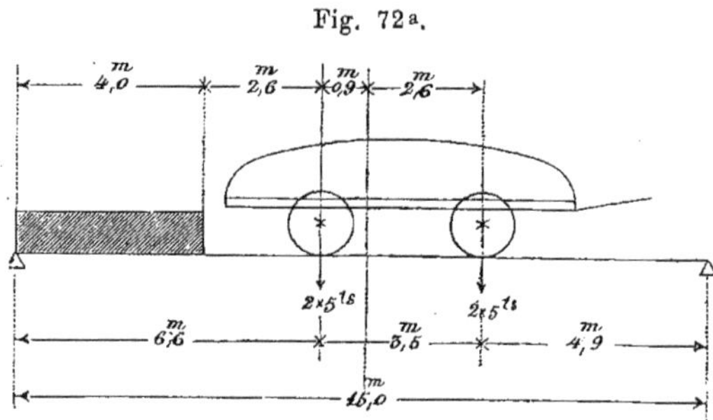

que nous avons calculé les valeurs maxima des moments de flexion $\mathfrak{M}$, pour des travées de 7 à 30 mètres et pour une largeur de route de 5,5 mètres; dans la table XVIII, nous donnons la charge k uniformément répartie qui donne les mêmes valeurs pour max $\mathfrak{M}$.

Table XVIII.

Ouverture.	7 ᵐ.	10 ᵐ.	15 ᵐ.	20 ᵐ.	30 ᵐ.
charge par mètre courant uniformément répartie k	3215	2910	2470	2080	1854

Pour la largeur adoptée de 5,5 mètres, la charge d'une foule pressée est de 5,5 × 360 = 1980 kilogr. par mètre courant; la table XVIII montre que pour des ponts de plus de 25 mètres d'ouverture, c'est cette charge qu'on devra considérer.

La table XIX donne les surcharges qui doivent être adoptées dans le calcul des fermes principales pour des ponts-routes de 7,5 m. de largeur totale, (y compris 2 mètres pour les trottoirs ou passages de piétons).

Table XIX.

Surcharge à considérer dans le calcul des poutres principales, pour des ponts de route.

Portée	7 m.	10 m.	15 m.	20 m.	au-dessus de 25 m.
charge des trottoirs de 2 m. de largeur, par une foule compacte	720	720	720	720	720
charge de la chaussée proprement dite, de 5,5 mètres de largeur, fournie par 2 chariots ou par le passage d'une foule pressée	3215	2910	2470	2080	1980
total par mètre courant	3935	3630	3190	2800	2700

Lorsque la largeur du pont n'est pas de 5,5 mètres, en consultant la table XIX, on pourra toujours trouver la charge que devra supporter une des poutres principales, charge qui, en général, est proportionnelle à la largeur de la chaussée.

Dans le calcul des pièces du tablier, telles qu'entretoises, poutrelles en travers, il faudra prendre les charges indiquées par les fig. 71 et 72, suivant l'importance de la route; il faut aussi (ainsi que pour les fermes) tenir compte du propre poids du pont, lequel est considérable, si la route est chaussée.

Dans le calcul des pièces pour les trottoirs, il faut prendre 560 kilogr. par mètre carré, ainsi que nous l'avons déjà indiqué. —

67. Afin de pouvoir *comparer les poids propres de ponts de routes*, nous diviserons le poids total, comme nous l'avons fait pour les ponts de chemins de fer, en poids des poutres principales et en poids du tablier, et nous l'exprimerons par la formule

$$p = C \cdot l + F \quad \ldots \ldots \ldots \quad 103^{a})$$

l est la portée,
C . l le poids de la construction des fermes et
F le poids du tablier par mètre courant;

il faudra faire une distinction entre les ponts qui portent une route chaussée et ceux qui n'ont que des madriers simples, ainsi que nous allons le montrer dans le résumé suivant de poids de tabliers.

Type 1. La largeur de la chaussée, comme pour tous les cas que nous allons comparer est de 5,5 mètres, celle des deux trottoirs de 1 mètre chacun; la fig. 73 montre que, dans ce système, les poutres sont au-dessous de la voie et assez rapprochées pour qu'il ne soit pas nécessaire d'employer des entretoises.

Fig. 73.

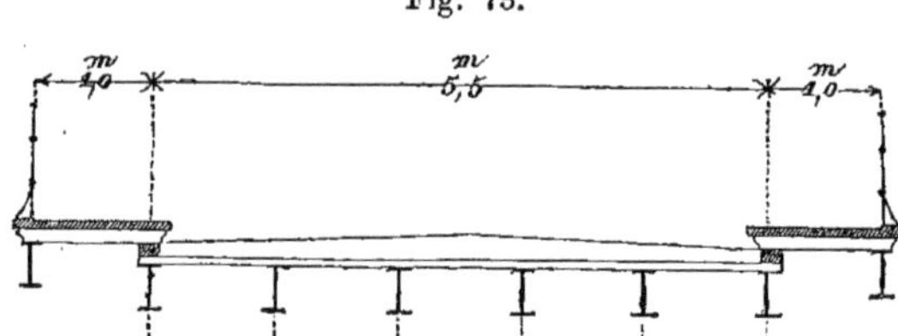

Poids du tablier par mètre courant.	a) lors de l'emploi d'une chaussée de 0,2 mètre d'épaisseur et au passage des plus lourds chariots.	b) lors de l'emploi d'une double couche de madriers en chêne et au passage de lourds chariots ordinaires.
Ajustage du tablier et du trottoir . . . . , . .	30 kilogr.	30 kilogr.
Garde-corps	70	70
5,5 mètres carrés de tôle ondulée, de 6 millimètres d'épaisseur	330	—
Ensemble poids du fer:	430 kilogr.	100 kilogr.
Longrines en chêne des trottoirs	30	30
Madriers en chêne de 8 c. d'épaisseur, pour trottoirs	120	120
Double couche de madriers, pour la chaussée proprement dite de 14 c. d'épaisseur	—	600
Chaussée de 0,2 mètre d'épaisseur (y compris les longrines bordures)	2400	—
Total:	2980 kilogr.	850 kilogr.

Type 2. Lorsqu'on a une hauteur suffisante et que la portée est grande, on peut employer le système indiqué par la fig. 74, qui permet un nombre restreint de poutres principales.

Fig. 74.

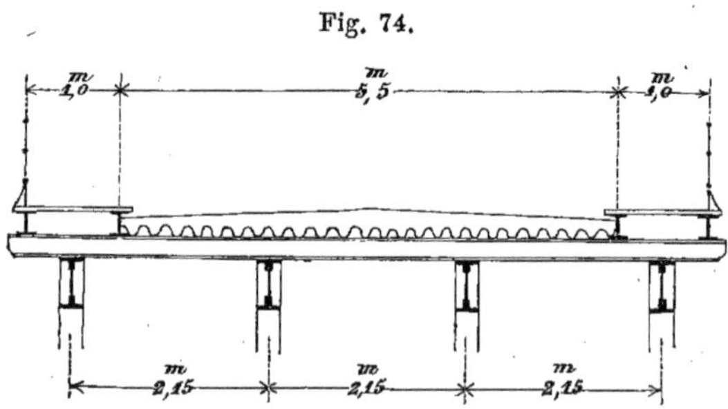

Poids du tablier par mètre courant.	a) lors de l'emploi d'une chaussée de 0,2 m. d'épaisseur et au passage des plus lourds chariots.	b) lors de l'emploi de doubles madriers et au passage de lourds chariots ordinaires.
Poutrelles en travers en fer à **I**, distantes de 1,1 m.	240 kilogr.	210 kilogr.
4 poutres pour trottoirs	140	140
Garde-corps	70	70
Ajustage du tablier	30	30
5,5 m. carrés de tôle ondulée de 6 millim. d'épaisseur	330	—
Ensemble poids du fer:	810 kilogr.	450 kilogr.
Madriers en chêne des trottoirs	120	120
Double couche de madriers en chêne, pour la chaussée proprement dite	—	600
Chaussée de 0,2 mètre d'épaisseur	2400	—
Total:	3750 kilogr.	1170 kilogr.

Type 3. On suppose que la hauteur des deux poutres principales ne doive pas dépasser le trottoir, de manière que ce dernier
puisse être assujetti aux poutres elles-mêmes.

Fig. 75.

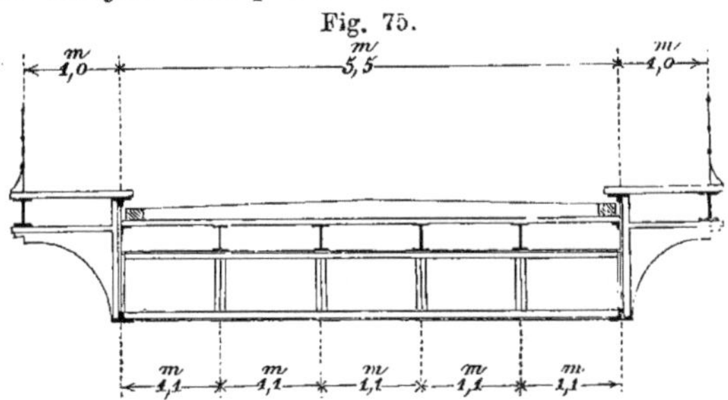

Poids du tablier par mètre courant.	a) lors de l'emploi d'une chaussée de 0,2 m. d'épaisseur et au passage des plus lourds chariots.	b) lors de l'emploi de doubles madriers et au passage de lourds chariots ordinaires.
Entretoises, à 3 mètres de distance	300 kilogr.	180 kilogr.
4 longrines-sous-voie, ensemble	340	180
Consoles	120	120
Poutrelles sur les consoles	80	80
Ajustage du tablier	50	50
Garde-corps	70	70
5,5 mètres carrés de tôle ondulée de 6 millimètres	330	—
Ensemble poids du fer:	1290 kilogr.	680 kilogr.
Madriers en chêne pour trottoirs	120	120
Double couche de madriers en chêne, pour chaussée proprement dite	—	600
Chaussée de 0,2 mètre d'épaisseur	2400	—
Total:	3810 kilogr.	1400 kilogr.

Type 3. Lorsque les poutres principales dépassent en hauteur les trottoirs, il est préférable de placer ces derniers aussi entre les fermes.

Fig. 76.

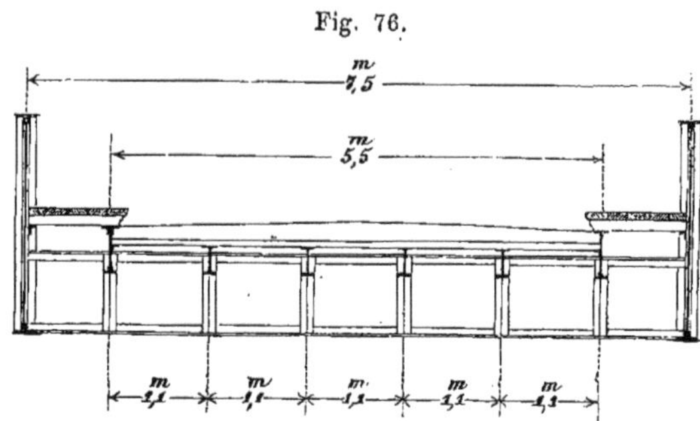

Poids du tablier par mètre courant du pont.	a) lors de l'emploi d'une chaussée de 0,2 m. d'épaisseur et au passage des plus lourds chariots.	b) lors de l'emploi de doubles madriers et au passage de lourds chariots ordinaires.
Entretoises, espacées de 3 mètres	660 kilogr.	400 kilogr.
6 longrines-sous-voie	515	270
Ajustage du tablier et du trottoir	80	80
5,5 mètres carrés de tôle ondulée de 6 millimètres d'épaisseur	330	—
Ensemble poids du fer:	1580 kilogr.	750 kilogr.
Madriers pour trottoirs	120	120
Double couche de madriers, pour la chaussée proprement dite	—	600
Chaussée de 0,2 mètre d'épaisseur	2400	—
Total:	4100 kilogr.	1470 kilogr.

D'après la table XIX nous connaissons le maximum des surcharges, ensorte que nous pouvons déterminer, pour des ponts de 7,5 mètres de largeur, les charges que les poutres principales auront à supporter, et nous pourrons les comparer avec celles contenues dans les tables XVII et XVII[a] pour ponts de chemins de fer, tout en faisant observer que le poids des poutres principales est aussi renfermé dans ces dernières tables.

En se basant sur ces données, on peut calculer le coefficient C du poids de la poutre principale, pour ponts de routes de 7,5 mètres de largeur; il se trouve égal à 42 pour ponts à chaussées et à 28 pour ponts à doubles madriers, ensorte que le poids moyen p de ponts en fer pour routes de 7,5 mètres de largeur est:

a) lors de l'emploi d'une chaussée de 0,2 mètre d'épaisseur

$$p = 3600 + 42\,1 \quad . \quad . \quad . \quad . \quad . \quad . \quad 104^{a})$$

b) lors de l'emploi de doubles madriers

$$p = 1300 + 28\,1 \quad . \quad . \quad . \quad . \quad . \quad . \quad 104^{b})$$

Si l'on veut estimer le poids du fer p′ (non compris celui de la tôle ondulée ou de quelque autre soutien métallique de la chaussée,) on pourra poser

$$\text{pour a) } p' = 900 + 42\,1 \quad . \quad . \quad . \quad 105^{a})$$
$$\text{pour b) } p' = 600 + 28\,1 \quad . \quad . \quad . \quad 105^{b})$$

et nous renvoyons aux types 1—4, si l'on désire des notices plus exactes sur le poids du tablier.

Si la largeur totale du pont n'est pas de 7,5 mètres, il faudra modifier p (ou p′) suivant les cas qui se présenteront.

§ 8.

Poutres continues.

68. Ainsi que nous l'avons vu dans le N°. **20**, les réactions des appuis (pressions sur les appuis) ne sont pas immédiatement connues pour des poutres continues, puisque les conditions d'équilibre ne suffisent pas à les faire connaître à priori.

Le moyen de trouver ces réactions des appuis a déjà été indiqué d'une manière générale dans le N°. **20**; dans le N°. **21**, nous avons développé la méthode de M. Clapeyron, qui en évitant la double intégration, donne immédiatement les moments de flexion sur les piles par l'élimination de certaines valeurs auxiliaires convenablement choisies.

Lorsque les ouvertures ne sont pas trop faibles (l'emploi de poutres continues n'étant pas à conseiller pour de petits ponts), on peut, comme nous l'avons fait pour une poutre qui repose librement sur deux appuis, envisager le propre poids du pont, ainsi que la surcharge, comme étant uniformément répartis, et nous considérerons une charge totale uniformément répartie sur une travée, les travées pouvant être supposées chargées succesivement, tandis que les autres, ne le sont que de leurs propres poids; non seulement les formules seront beaucoup plus simples — car sans cela le calcul serait très compliqué — mais nous obtiendrons encore une série de positions limites réelles pour les moments de flexion $\mathfrak{M}$ et les efforts tranchants $\mathfrak{B}$, qui représenteront les lignes enveloppantes des $\mathfrak{M}$ et des $\mathfrak{B}$; ces lignes sont indiquées dans la représentation graphique des planches IV et V (à la fin de l'ouvrage) pour 2 et 3 travées, et nous serviront en même temps pour les considérations suivantes. Si nous pouvons prouver que les valeurs maxima des lignes enveloppantes déterminées coïncident avec les valeurs maxima des courbes qui les remplacent, nous n'aurons pour les longueurs intermédiaires que des différences minimes qui résultent de ce que la courbe remplaçant la courbe enveloppante ne change pas de forme d'une manière continue, mais qu'elle se compose d'une suite de lignes courbes.

Nous considérerons le problème résolu, lorsque nous aurons trouvé les valeurs absolues maxima $\mathfrak{M}$ et $\mathfrak{V}$; nous choisirons entre les valeurs simultanées de $\mathfrak{M}$ et $\mathfrak{V}$, celles qui procurent la plus grande force qui puisse agir sur la pièce de construction qu'on considère, et en général aucune autre charge ne soumettra cette pièce à un effort plus grand.

Afin que le développement soit complet, il faudra encore connaître exactement les limites entre lesquelles les points $\mathfrak{V} = 0$ et $\mathfrak{M}$ peuvent se mouvoir pour chaque travée, c'est-à-dire la distance pour laquelle $\mathfrak{V}$ et $\mathfrak{M}$ changent de signe sous l'action de la charge en mouvement.

Les positions limites $\mathfrak{M}$ et $\mathfrak{V}$ ci-dessus indiquées, fournissent en même temps les limites pour les points $\mathfrak{V} = 0$ et $\mathfrak{M} = 0$, car on peut démontrer que les grandeurs maxima et minima des pressions sur les appuis sont comprises dans les cas considérés; comme nous supposons les charges uniformément réparties, les distances maxima et minima des ces points d'intersection seront aussi données.

69. Nommons, pour la poutre continue, ainsi que pour la poutre sur deux appuis

p le propre poids du pont,

k la surcharge,

$q = p + k$ la charge totale,

le tout par unité de longueur d'une travée.

Dans le N°. **64**, nous avons vu que pour des ponts de chemin de fer, on tient compte de l'influence de charges concentrées sur divers points en prenant pour k des valeurs variables suivant l'ouverture; pour les poutres continues qui en général ont des portées assez grandes, la charge k est peu différente du poids des locomotives (ou d'autres véhicules), réduit à l'unité de longueur, et les valeurs k des tables XVII peuvent être acceptées comme étant assez convenables.

Quant aux valeurs k' des tables XVII, elles ne sont pas nécessaires pour les poutres continues, vu que les charges partielles ont leur plus grande influence lorsqu'une seule ou plusieurs travées sont chargées, cas pour lequel la charge remplaçant le poids des véhicules est identique à celle du pont entièrement chargé.

70. Nous passons au cas *d'une poutre continue sur deux travées.* — La charge simultanée des deux travées soumettra la poutre à l'action d'un effort particulier; mais dès qu'une des ouvertures sera déchargéé, il résultera une flexion de celle qui est encore chargée, et dans cette dernière, sera encore plus grand que lorsque le pont était chargé en entier. Ce fléchissement augmentera toujours jusqu'à ce que l'une des travées soit complétement déchargée.

Une recherche mathématique montre de même que, lorsque la première travée AB seule est chargée, la travée BC étant vide, (fig. 77) $\mathfrak{M}$ atteint son maximum pour AB et son minimum pour BC, et en même temps, que A atteint sa plus grande et B sa plus petite valeur; nous avons l'inverse, lorsque BC est chargée et AB vide. Sur la pile du milieu B, $\mathfrak{B}$ et $\mathfrak{M}$ atteignent leurs valeurs maxima lorsque les deux travées sont chargées simultanément.

Dans nos calculs, nous étudierons trois cas:

1° Les travées AB et BC chargées,
2° AB chargée, BC vide,
3° AB vide, BC chargée.

D'après les considérations du N°. **68**, les courbes simultanées des $\mathfrak{M}$ et $\mathfrak{B}$ représenteront assez exactement, pour ces trois cas, les lignes enveloppantes de tous les $\mathfrak{M}$ et $\mathfrak{B}$ possibles. — Mais comme pour chaque pièce de la construction, on ne doit avoir égard qu'aux valeurs simultanées de $\mathfrak{B}$ et $\mathfrak{M}$, il faudra dans ce cas prendre avec $\mathfrak{M}$ max, la valeur simultanée de $\mathfrak{B}$ et non celle de max $\mathfrak{B}$.

Un regard jeté sur la planche IV indique encore plus clairement ce que nous venons de dire, tout en montrant aussi la nécessité de l'examen, non seulement de la charge totale, mais aussi de celle d'une seule travée chargée.

Fig. 77.

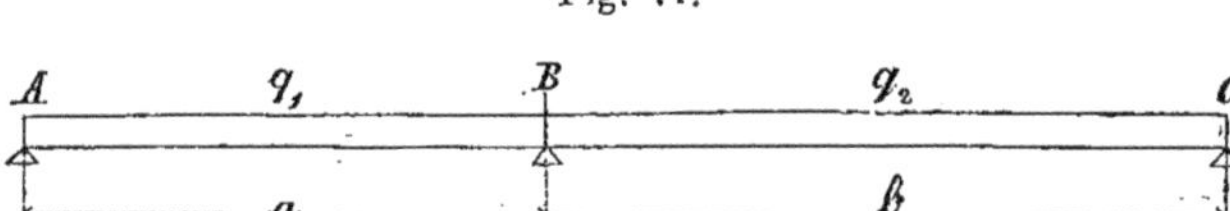

71. Considérons le cas général, où les deux travées sont inégales et soit AB = a et AC = b, la travée AB chargée par unité de longueur du poids q_1 et BC du poids q_2; tous les appuis sont supposés horizontaux. La détermination des moments de flexion et des efforts tranchants se fera, dans ce cas simple, au moyen du procédé indiqué dans le N°. **20**, à l'aide duquel nous trouvons les réactions inconnues sur les appuis.

Nous prendrons l'origine des coordonnées en B, la direction vers A positive, la valeur $E\Theta$ exprimée par ε, et nous supposons que Θ, par conséquent ε, soit une grandeur constante.

D'après l'équation 41), nous aurons pour AB:

$$\varepsilon\,\frac{d^2y}{dx^2} = (a-x)^2\,\frac{q_1}{2} - A\,(a-x) \quad . \quad . \quad . \quad . \quad . \quad . \quad \text{I.}$$

intégrant:

$$\varepsilon\,\frac{dy}{dx} = \frac{q_1 a^2 x}{2} + \frac{q_1 x^3}{6} - \frac{q_1 a x^2}{2} - Aax + \frac{A x^2}{2} + \varepsilon\,\mathrm{tg}\varphi \quad . \quad . \quad \text{II.}$$

où φ indique l'angle que fait la ligne élastique avec l'horizon au point B; une seconde intégration donne:

$$\varepsilon\,.\,y = \frac{q_1 a^2 x^2}{4} + \frac{q_1 x^4}{24} - \frac{q_1 a x^3}{6} - \frac{A a x^2}{2} + \frac{A x^3}{6} + \varepsilon\,\mathrm{tg}\varphi\,.\,x \quad \text{III.}$$

La constante disparaît, puisque pour $x = 0$ on a aussi $y = 0$.

On trouve de même pour la partie BC, en prenant de nouveau B comme origine des coordonnées:

$$\varepsilon\,\frac{d^2y}{dx^2} = (b-x)^2\frac{q_2}{2} - C\,(b-x) \quad . \quad . \quad . \quad . \quad . \quad . \quad \text{IV.}$$

$$\varepsilon\,\frac{dy}{dx} = \frac{q_2 b^2 x}{2} + \frac{q_2 x^3}{6} - \frac{q_2 b x^2}{2} - Cbx + \frac{C x^2}{2} - \varepsilon\,\mathrm{tg}\varphi \quad . \quad . \quad \text{V.}$$

$$\varepsilon\,.\,y = \frac{q_2 b^2 x^2}{4} + \frac{q_2 x^4}{24} - \frac{q_2 b x^3}{6} - \frac{C b x^2}{2} + \frac{C x^3}{6} - \varepsilon\,\mathrm{tg}\varphi\,.\,x \quad \text{VI.}$$

Dans l'équation III. pour $x = a$, on a $y = 0$ et dans l'équation VI. pour $x = b$, on a aussi $y = 0$.

Remplaçant ces valeurs dans les équations III. et VI., les multipliant par a ou par b et additionnant les deux équations, on éliminera φ et l'on obtiendra

$$q_1 a^3 + \frac{q_2 b^3}{8} - \frac{A a^2}{3} - \frac{C b^2}{3} = 0 \quad . \quad 106^{a})$$

A cette équation viennent s'en ajouter deux autres, fournies par les conditions d'équilibre:

$$A + B + C = aq_1 + bq_2 \quad . \quad . \quad . \quad . \quad 106^{b})$$

$$\frac{q_1 a^2}{2} - Aa = \frac{q_1 b^2}{2} - Cb \quad . \quad . \quad . \quad . \quad 106^{c})$$

Ces 3 équations $106^{a})-106^{c})$ suffisent toujours à déterminer les 3 inconnues A, B et C.

En général, ces équations se simplifient, car ordinairement les travées sont égales, ensorte que pour $a = b$ on obtient:

$$A = \frac{b}{16}\,(7\,q_1 - q_2)$$
$$B = \frac{b}{16}\,10\,(q_1 + q_2) \qquad \left.\begin{matrix} \\ \\ \\ \end{matrix}\right\} \quad .\ .\ .\ .\ .\ .\ 107)$$
$$C = \frac{b}{16}\,(7\,q_2 - q_1)$$

Afin d'obtenir les *pressions sur les appuis*, il faut introduire dans les formules 107) les valeurs qui correspondent aux travées:
1) pour la charge maximum, on placera
$$q_1 = q_2 = (p + k) = q$$
d'après l'équation 107), on aura :
$$A = C = \frac{3}{8}\,qb$$
$$B = \frac{10}{8}\cdot qb$$

2) la travée AB étant chargée, on placera
$$q_1 = q \text{ et } q_2 = p$$
et nous aurons
$$A = \frac{1}{16}\left(7 - \frac{p}{q}\right)qb$$
$$C = \frac{1}{16}\left(7\,\frac{p}{q} - 1\right)qb$$
$$B = \frac{10}{16}\left(1 + \frac{p}{q}\right)qb$$

3) la travée BC étant chargée, on placera
$$q_1 = p \text{ et } q_2 = q$$
d'où
$$A = \frac{1}{16}\left(7\,\frac{p}{q} - 1\right)qb$$
$$C = \frac{1}{16}\left(7 - \frac{p}{q}\right)qb$$
$$B = \frac{10}{16}\left(1 + \frac{p}{q}\right)qb$$

Ainsi donc, dès que nous aurons trouvé A, B et C, on pourra déterminer la valeur de $\varepsilon\mathrm{tg}\varphi$ d'après les équations II. ou IV. et en remplaçant cette valeur de $\varepsilon\mathrm{tg}\varphi$ dans les équations III. et VI., on obtient *l'équation de la ligne élastique* qui donne le ploiement à chaque point de la poutre.

72. Lorsque les pressions sur les appuis seront connues, on trouvera $\mathfrak{B}$ et $\mathfrak{M}$ par le simple emploi des conditions d'équilibre 2) et 4), que nous écrirons pour le cas qui nous occupe.

Nous placerons l'origine des coordonnées sur la coupe x, (voir fig. 78) et nous nommerons de nouveau q_1 et q_2 les charges sur les deux travées.

Fig. 78.

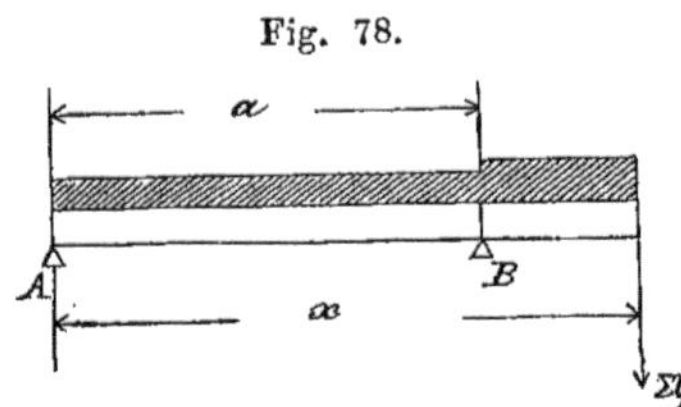

Pour la partie AB on a:

$$\mathfrak{B} = A - q_1 x \qquad \dots \dots \dots \dots \quad 108)$$

$$\mathfrak{M} = Ax - \frac{q_1 x^2}{2} \qquad \dots \dots \dots \dots \quad 109)$$

pour la partie BC, introduisant une abscisse $x_1 = x - a$:

$$\mathfrak{B} = A + B - q_1 a - q_2 x_1 \qquad \dots \dots \dots \dots \quad 108^a)$$

$$\mathfrak{M} = A\,(a + x_1) + Bx_1 - q_1 a \left(x_1 + \frac{a}{2} \right) - q_2 \frac{x_1^2}{2} \quad . \quad 109^a)$$

73. Si l'on introduit les diverses valeurs de q_1 et q_2 dans les équations 108)—109^a), ainsi que les valeurs de A, B et C, on obtient, pour une section quelconque x, les valeurs de $\mathfrak{M}$ et $\mathfrak{B}$ correspondantes. Dans la planche IV, nous avons porté graphiquement les valeurs $\mathfrak{B}$ et $\mathfrak{M}$ comme ordonnées.

Il n'était pas nécessaire de calculer un grand nombre de $\mathfrak{B}$ et de $\mathfrak{M}$ d'après les équations 108)—109^a), car une recherche de ces courbes nous apprend à les construire à l'aide de quelques points seulement.

Nous remarquons d'abord, que les équations 108) et 108^a) représentent des lignes droites, ce qui doit être, d'après l'hypothèse d'une charge uniformément répartie.

L'inclinaison de ces droites sur l'axe des abscisses ne dépend que de la charge, et les tangentes trigonométriques sont directement proportionnelles aux charges q_1 et q_2.

Comme dans une travée unique, de même aussi pour les poutres continues, les courbes des $\mathfrak{M}$ sont des paraboles à axes verticaux, dont le paramètre est directement proportionnel au quotient $\dfrac{1}{q_1}$ ou $\dfrac{1}{q_2}$.

Remarque. L'équation de la parabole de paramètre P, est:

$$x^2 = 2\,Py \;\left(\text{ou } \frac{x^2}{2\,P} = y\right)$$

qui par un changement d'origine des coordonnées devient

$$\frac{x^2}{2\,P} + \alpha x + \beta = y$$

et l'on voit, en comparant cette équation avec les équations 109) et 109ª), que le paramètre P est égal à $\frac{1}{q_1}$ ou $\frac{1}{q_2}$.

Nous remarquons de plus, d'après l'équation 18)

$$\mathfrak{B} = \frac{d\mathfrak{M}}{dx}$$

que $\mathfrak{M}$ atteint sa plus grande valeur pour $\mathfrak{B} = 0$, c'est-à-dire que le sommet de la parabole $\mathfrak{M}$ est donné par l'abscisse $\mathfrak{B} = 0$.

Ces propriétés des courbes des $\mathfrak{M}$ et des $\mathfrak{B}$ simplifient beaucoup leurs constructions, comme nous l'avons déjà fait remarquer; nous ajouterons que nous n'avons à considérer que deux paraboles, dont les paramètres sont proportionnels aux valeurs $\frac{1}{q}$ et $\frac{1}{p}$.

Remarquons, d'après les équations 108) et 108ª), que l'effort tranchant sur les appuis A et C est numériquement égal aux réactions des culées; que, sur la pile du milieu, il a des valeurs différentes suivant le côté qu'on considère, à savoir:
pour la travée AB, (d'ouverture $= a$)

$$B_a = A - q_1 a$$

et pour la travée BC, (d'ouverture $= b$)

$$B_b = A + B - q_1 a$$

Puisque $q_1 a$ est plus grand que A, il s'en suit que B_a est négatif, tandis que B_b est positif; leur différence ou bien la somme absolue de ces deux valeurs est égale à la pression sur l'appui B. — Les points x_0 pour lesquels l'effort tranchant est nul, s'obtiennent:
pour la travée AB, d'après l'équation 108)

$$x_0 = \frac{A}{q_1} \quad \ldots \ldots \ldots \ldots \quad 110)$$

pour la travée BC, d'après l'équation 108ª)

$$x_0 = a + \frac{A + B - q_1 a}{q_2} \quad \ldots \ldots \quad 111)$$

De même, les équations 109) et 109ª) donnent les valeurs spéciales des moments $\mathfrak{M}$. — D'après les équations ci-dessus 110) et 111), on connaît les abscisses pour $\mathfrak{M}$ max. Il est à remarquer que nous avons introduit pour la travée AB une abscisse $x_1 = x - a$. Pour le point $\mathfrak{B} = 0$, il faudra remplacer dans l'équation 109ª) x_1 par la valeur $(x_0 - a)$ que donne l'équation 111)

$$x_0 - a = \frac{A + B - q_1 a}{q_2}$$

Si nous nommons $\mathfrak{M}_a$ et $\mathfrak{M}_b$ les valeurs maxima de $\mathfrak{M}$ pour les travées AB et BC, nous trouverons en remplaçant les valeurs ci-dessus de x_0 (ou de $x_0 - a$)

pour la travée AB, d'après l'équation 109)

$$\max \mathfrak{M}_a = {}^1/_2 \, \frac{A^2}{q_1} \quad \dots \dots \dots \dots \quad 112)$$

$$\max \mathfrak{M}_b = Aa - \frac{q_1 a^2}{2} + \frac{(A + B - q_1 a)^2}{2\, q_2} = {}^1/_2 \, \frac{C^2}{q_2} \quad \dots \quad 113)$$

On pourra facilement transformer ces dernières équations au moyen des équations 106[b]) et 106[c]).

Sur les culées A et C, on a évidemment $\mathfrak{M} = 0$; pour la pile du milieu, on obtient, d'après les équations 109) et 109[a]), la valeur

$$\mathfrak{M}_B = Aa - \frac{q_1 a^2}{2} \quad \dots \dots \dots \quad 114)$$

valeur évidemment négative, puisque $A < \dfrac{q_1 a}{2}$.

Dans la représentation graphique de la planche IV, ainsi que dans la planche II, les valeurs absolues de $\mathfrak{M}$ sont portées au-dessus, les valeurs absolues de $\mathfrak{V}$ au-dessous de l'axe des abscisses.

Pour plus de clarté, on a consigné les résultats du calcul dans la table XX, en prenant comme base divers rapports $\dfrac{p}{q}$ ou $\dfrac{p}{k}$.

La première colonne horizontale correspond à la charge maximum sur le pont entier (et lorsqu'on placera $q = p$ pour la charge du poids de la construction); pour chaque rapport $\dfrac{p}{q}$ et $\dfrac{p}{k}$, la colonne horizontale correspondante servira à la construction des courbes, lorsqu'une des travées seule est chargée.

74. Prenons le cas de 3 appuis qui ne sont pas dans un même plan; nous emploierons la méthode de M. l'ingénieur Clapeyron, développée dans les N^{os}. **21** et **22**. Nous supposons les travées égales, en outre, les culées de même hauteur, mais la pile du milieu B plus basse, et nous nommerons s cette différence de hauteur.

Nous emploierons cet exemple pour montrer les *avantages* qui résultent d'un abaissement des appuis du milieu, et en même temps pour rechercher l'influence *d'une élévation ou d'un abaissement imprévu* d'un des soutiens.

Les notations sont les mêmes qu'au N°. **22**. Si l'on observe que

$$\mu_1 = \nu_2 = 0$$

(puisque les moments sur les culées sont $= 0$), de plus que

$$\nu_1 = \mu_2 \text{ et } \psi_1 = \chi_2$$

il s'en suit:

Table XX (pour 2 travées).

		AB chargée (de q).								BC chargée (de q).					
$\frac{p}{k}$	$\frac{p}{q}$	A	B	C	Effort tranchant sur la pile du milieu du côté de AB	du côté de AB	Abscisse $\mathfrak{B}=0$	max $\mathfrak{M}_a$	$\mathfrak{M}_B$ sur la pile du milieu	A	B	C	Abscisse $\mathfrak{B}=0$	max $\mathfrak{M}_a$	$\mathfrak{M}_B$
∞	1	qb 0,375	qb 1,25	qb 0,375	qb 0,625	qb 0,625	qb 0,375	qb^2 0,070	qb^2 0,125	qb 0,375	qb 1,25	qb 0,375	b 0,375	qb^2 0,0703	qb^2 0,125
3	3/4	0,390	1,094	0,266	0,610	0,484	0,390	0,076	0,110	0,266	1,094	0,390	0,354	0,047	0,110
2	2/3	0,395	1,020	0,231	0,605	0,426	0,395	0,078	0,105	0,231	1,020	0,395	0,346	0,040	0,105
1	1/2	0,406	0,937	0,156	0,594	0,343	0,406	0,082	0,094	0,156	0,937	0,406	0,312	0,024	0,094
2/3	2/5	0,412	0,875	0,112	0,588	0,287	0,412	0,085	0,087	0,112	0,875	0,412	0,280	0,016	0,087
1/2	1/3	0,416	0,833	0,083	0,584	0,249	0,416	0,086	0,083	0,083	0,833	0,416	0,250	0,010	0,083
1/4	1/9	0,425	0,750	0,025	0,575	0,175	0,425	0,090	0,075	0,025	0,750	0,425	0,125	0,0015	0,075

Pour la travée AB, d'après l'équation 44)

$$v_1 = q_1 - \chi_1 + \varkappa_1 \qquad \text{I.}$$
$$\psi_1 = q_1 - 2\chi_1 + 3\varkappa_1 \qquad \text{II.}$$

en outre, d'après l'équation X. du N°. **22**

$$\alpha = \frac{b^3}{24\,E\Theta}\,\chi_1 \qquad \text{III.}$$

$$\alpha_{,} = \frac{b^3}{24\,E\Theta}\,\psi_1 \qquad \text{IV.}$$

$$\mathfrak{M}_1 = {}^2/_8\,b^2\,v_1 \qquad \text{V.}$$

$$s = \varkappa_1\,\frac{b^4}{24\,E\Theta} \qquad \text{VI.}$$

de même, pour la travée BC, d'après l'équation 44)

$$o = q_2 - 2v_1 - \psi_1 + \varkappa_2 \qquad \text{VII.}$$
$$\psi_2 = q_2 - 3v_1 - 2\psi_1 + 3\varkappa_2 \qquad \text{VIII.}$$

et d'après l'équation X. du N°. **22**

$$\alpha_{,,} = \frac{b^3}{24\,E\Theta}\,\psi_2 \qquad \text{IX.}$$

$$-\,c = \varkappa_2\,\frac{b^4}{24\,E\Theta} \qquad \text{X.}$$

Dans les 10 équations ci-dessus, nous avons comme inconnues $\alpha\,\alpha_{,}\,\alpha_{,,}\,\mathfrak{M}_1$, et 6 grandeurs auxiliaires $v_1\,\chi_1\,\psi_1\,\psi_2\,\varkappa_1\,\varkappa_2$, et l'on pourra trouver chacune de ces 10 valeurs.

Nous obtenons par l'élimination de χ_1 dans les équations I. ou II.

$$2v_1 - \psi_1 = q_1 - \varkappa_1 \qquad \text{XI.}$$

et par l'élimination de ψ_1 dans les équations XI. et VII.

$$v_1 = \frac{q_1 + q_2 + \varkappa_2 - \varkappa_1}{4} \qquad \text{XII.}$$

Si l'on remarque, d'après les équations VI. et X., que

$$\varkappa_1 = -\,\varkappa_2$$

il résulte des équations XII. et V. que

$$\mathfrak{M}_1 = \frac{b^2}{16}\,(q_1 + q_2 - 2\varkappa_1) \qquad \text{115)}$$

dans laquelle, d'après l'équation VI. $\varkappa_1 = \dfrac{24\,.\,s\,.\,E\Theta}{b^4}$; dès que $\mathfrak{M}_1$ sera connu, on trouvera facilement les autres inconnues.

Lorsque les moments $\mathfrak{M}$ sur les piles sont connus pour une travée quelconque, les équations V. à VI. du N°. **21** donnent la position de la ligne des fibres invariables, donc la flèche au milieu de la travée.

Fig. 79.

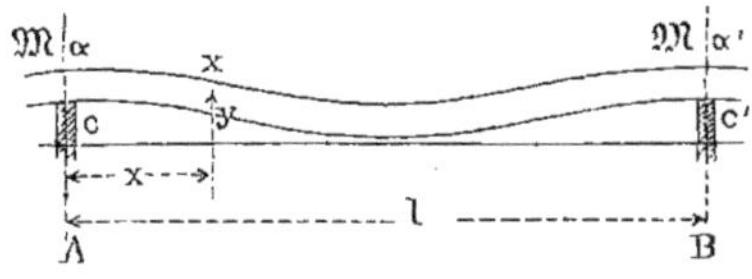

Si, dans la fig. 79, nous désignons par

α la tangente de l'angle de l'élastique sur l'appui A,

$\mathfrak{M}$, $\mathfrak{M}'$ les moments de flexion sur les piles,

q la charge de la travée qu'on considère,

c, c' les hauteurs des appuis au-dessus de l'axe des abscisses,

l la longueur de la travée,

on aura, d'après les équations ci-dessus

$$\alpha = \frac{ql^3}{24\,E\Theta} - \frac{l}{6\,E\Theta}(2\,\mathfrak{M} - \mathfrak{M}') + \frac{c' - c}{l}$$

$$y = c + \alpha x + \frac{qx^4}{24\,E\Theta} - \left(\frac{ql}{2} + \frac{\mathfrak{M} - \mathfrak{M}'}{l}\right)\frac{x^3}{3\,E\Theta} + \frac{\mathfrak{M}\,x^2}{2\,E\Theta} \qquad 116)$$

On peut appliquer ces équations d'une *manière tout-à-fait générale* au calcul des flèches de poutres quelconques, en plaçant, suivant les cas, les valeurs c, c' $\mathfrak{M}$ ou $\mathfrak{M}'$ égales à zéro.

Afin de déterminer $\mathfrak{M}$ et $\mathfrak{B}$ pour chaque coupe, il faut calculer les *pressions sur les appuis*. A cet effet, on déterminera l'effort tranchant sur les appuis d'après l'équation II. du N°. **21.** Pour la travée AB, l'effort tranchant sur l'appui A est

$$A_B = \frac{q_{\prime}b}{2} + \frac{\mathfrak{M} - \mathfrak{M}'}{b}.$$

et si nous remarquons que $\mathfrak{M} = 0$ et que l'effort tranchant A_B est égal à la pression A sur la culée, nous obtiendrons pour cette dernière

$$A = A_B = \frac{q_{\prime}c}{2} - \frac{\mathfrak{M}_{\prime}}{b}$$

et remplaçant $\dfrac{\mathfrak{M}'}{b}$ par sa valeur tirée de l'équation 115)

$$A = \frac{b}{16}(7\,q_{\prime} - q_2 + 2\,\varkappa_{\prime}) \quad . \quad . \quad . \quad 117)$$

de même, pour la pression sur l'appui C

$$C = \frac{b}{16}(7\,q_2 - q_{\prime} + 2\,\varkappa_{\prime}) \quad . \quad . \quad . \quad 117^a)$$

Afin de déterminer la pression B, nous avons, d'après l'équation II. du N°. **21.** pour l'effort tranchant en B du côté de A,

$$B_A = \frac{q_2 b}{2} + \frac{\mathfrak{M}_,}{b} = \frac{b}{16}(9\,q_, + q_2 - 2\varkappa_,)$$

pour l'effort tranchant en B du côté de C,

$$B_C = \frac{q_, b}{2} + \frac{\mathfrak{M}_,}{b} = \frac{b}{16}(9\,q_2 + q_, - 2\varkappa_,)$$

donc la pression sur l'appui en B,

$$B = B_A + B_C = \frac{b}{16}(10\,q_, + 10\,q_2 - 4\,\varkappa_,) \quad 118)$$

Les pressions sur les appuis étant connues d'après les équations 117)—118), on trouvera les divers $\mathfrak{M}$ et $\mathfrak{V}$ pour une section quelconque: d'après les équations 108)—109ᵃ), et comme nous l'avons fait dans le Nº. **73**, on pourra calculer une table d'après les équations 110)—144) et faire une construction graphique.

Si l'on introduit s, par conséquent $\varkappa_1$ égal à zéro dans les équations 117)—118), ces dernières deviennent égales aux équations 107), puisque tous les appuis sont de même hauteur, c'est-à-dire que l'appui du milieu n'a pas été abaissé; cette preuve montre bien que les équations 117)—118) sont exactes.

75. Les moments de flexion $\mathfrak{M}$, qu'on trouve facilement puisqu'on connaît les pressions sur les appuis, sont particulièrement influencés par l'abaissement de l'appui du milieu.

Combinant les équations 117) et 112) ou 114), (en supposant toujours les travées égales) et conservant les notations précédentes, on obtient:

pour le moment de flexion maximum dans la travée

$$\max \mathfrak{M}_b = \frac{b^2}{512\,q_1}(7\,q_1 - q_2 + 2\,\varkappa_1)^2 \quad . \quad . \quad . \quad 119)$$

Dans cette équation, q_1 indique la charge de la travée AB, q_2 celle de la travée BC, la valeur $\varkappa_,$ est donnée d'après l'équation VI. du Nº. **74**.

Moment de flexion sur la pile B

$$\mathfrak{M}_B = \frac{b^2}{16}(q_, + q_2 - 2\,\varkappa_,) \quad . \quad . \quad . \quad . \quad . \quad . \quad 120)$$

L'examen des équations 119) et 120) montre que $\mathfrak{M}_b$ atteint son maximum, lorsque

$$q_1 = q \text{ et } q_2 = p$$

tandis que $\mathfrak{M}_B$ atteint son maximum pour

$$q_1 = q_2 = q$$

d'où il résulte

$$M \max \mathfrak{M}_b = \frac{b^2}{512\,q}(7\,q - p + 2\,\varkappa_,)^2 \quad . \quad . \quad . \quad 119^a)$$

$$\max \mathfrak{M}_B = \frac{b^2}{8}(q - \varkappa_,) \quad . \quad . \quad . \quad . \quad . \quad . \quad 120^a)$$

On voit que M max $\mathfrak{M}_b$ grandit avec $\varkappa$, c'est-à-dire avec l'augmentation de l'abaissement de la pile du milieu, tandis que max $\mathfrak{M}_B$ diminue en même temps.

L'avantage procuré par l'abaissement d'un appui intermédiaire s'obtient par l'emploi de valeurs d'abaissement s, donc $\varkappa$, de manière que les valeurs maxima des équations 119ª) et 120ª) soient égales; on obtiendra ainsi la plus petite valeur pour le maximum absolu de $\mathfrak{M}$. — Prenant les valeurs

M max $\mathfrak{M}_b$ (d'après l'équation 119ª) et
Max $\mathfrak{M}_B$ (d'après l'équation 120ª)

égales, on obtient:

$$\varkappa_1 = \frac{q}{2} \left(\frac{p}{q} - 23 \pm \sqrt{544 - 32\,\frac{p}{q}} \right) \quad . \quad . \quad . \quad 121)$$

et remplaçant $\varkappa_1$ par sa valeur tirée de l'équation VI. du Nº. **74**; on aura

comme abaissement le plus favorable de l'appui du milieu B

$$s = \frac{b^4 q}{48\,E\Theta} \left(\frac{p}{q} - 23 \pm \sqrt{544 - 32\,\frac{p}{q}} \right). \quad . \quad 122)$$

E est le module d'élasticité du corps employé, Θ le moment d'inertie de la section considérée.

Si $\varkappa_1$ est calculé d'après l'équation 121) pour une poutre donnée, les pressions sur les appuis et les moments de flexion principaux s'obtiendront d'après les équations 117)—120). Max $\mathfrak{M}_B$ est donné directement d'après l'équation 120ª).

Nous avons calculé de cette manière la table suivante XXI pour une série de ponts en fer forgé de diverses portées; les rapports $\frac{p}{q}$ sont tirés de la table XVII (voir Nº. **69**); on connaît donc l'abaissement le plus favorable de la pile du milieu, ainsi que la valeur max $\mathfrak{M}_B$.

Ce dernier dépend surtout du moment d'inertie de la section. Nous posons par exemple la condition, que la plus grande tension $\mathfrak{A}$ des nervures ne doive pas dépasser 600 kilogr. par cent. carré. Si les nervures sont égales, d'après l'équation 31)

$$\Theta = \frac{\mathfrak{M}}{\mathfrak{A}} \cdot \frac{H}{3} \quad . . . . \quad I.$$

Prenant en outre comme hauteur de la poutre $\frac{1}{10}$ de la portée b, on obtient par un remplacement dans l'équation 122)

$$s = \frac{q\,b^2}{7200 \max \mathfrak{M}_B} \left(\frac{p}{q} - 23 \pm \sqrt{544 - 32\,\frac{p}{q}} \right) \quad II.$$

Ces valeurs s sont contenues dans la table XXI.

76. La table XXI montre clairement que des abaissements assez petits suffisent pour procurer de grandes différences dans les moments de flexion.

On peut produire l'abaissement non seulement en construisant la pile du milieu un peu moins haute que les culées, mais aussi en élevant le milieu de la poutre continue immédiatement au-dessus de la pile.

Il est évident que la poutre doit avoir la forme voulue avant qu'elle ait fléchi sous son propre poids; on peut du reste calculer la flexion résultant du propre poids de la poutre et la comparer à la flexion réelle observée.

Table XXI (pour 2 travées).

	Portée	7 m.	10	15	20	30	40	60	100
	Rapport $\dfrac{p}{q}$	$\dfrac{1}{9}$	$\dfrac{1}{7}$	$\dfrac{1}{5,3}$	$\dfrac{1}{4,5}$	$\dfrac{1}{3,6}$	$\dfrac{1}{3}$	$\dfrac{1}{2,5}$	$\dfrac{1}{1,9}$
Pour une même hauteur des appuis.	max $\mathfrak{M}$ dans une travée. qb^2	0,0927	0,0919	0,0906	0,0897	0,0882	0,0868	0,0851	0,0819
	max $\mathfrak{M}$ sur la pile du milieu. qb^2	0,125	0,125	0,125	0,125	0,125	0,125	0,125	0,125
Abaissement le plus favorable de la pile du milieu.	$x_{\prime}$ q	0,1792	0,1842	0,1913	0,1965	0,2050	0,2137	0,2239	0,2430
	max $\mathfrak{M}$ simultanément sur la pile du milieu et à l'intérieur de la travée. qb^2	0,1026	0,1019	0,1011	0,1004	0,0994	0,0983	0,0970	0,0946
	Abaissement s de la pile du milieu. cent.	0,340	0,502	0,753	1,087	1,718	2,483	3,848	7,523

Le calcul des forces qui agissent dans une poutre continue est singulièrement altéré par une faute de hauteur même assez petite des soutiens; la table XXI donne une preuve de ces changements pour les faibles différences des abaissements.

Pour de petites portées, il ne faut employer la continuité des poutres qu'en portant une grande attention sur les éventualités que nous venons de mentionner.

Pour de grandes ouvertures, où l'abaissement le plus favorable des appuis intermédiaires est toujours de quelques centimètres, on peut obtenir par un travail soigné et avec une sécurité suffisante le profil longitudinal (rectiligne ou surélevé) qu'on veut donner aux nervures; un abaissement des piles intermédiaires aurait surtout l'avantage qu'on pourrait choisir les dimensions de la poutre beaucoup plus égales, de manière à remplir le mieux possible les conditions demandées par la ligne élastique.

Chaque abaissement volontaire ou causé par une faute de hauteur des appuis intermédiaires, pour autant qu'on sera bien sûr de sa grandeur, peut être étudié au moyen des formules précédentes; on calculera d'abord x_1 d'après l'équation VI. du N°. **74** et l'on trouvera tout de suite avec les équations 117)—120) les pressions sur les appuis et une série de moments de flexion.

Des différences involontaires peuvent aussi avoir lieu en ce que les appuis intermédiaires se trouvent *plus élevés* que les culées; le moment sur les piles intermédiaires, déjà grand de lui-même, sera encore augmenté. Ceci est, comme on l'a dit, une des raisons principales qui doivent faire rejeter la poutre continue pour de faibles portées, car la plus petite faute de hauteur des appuis peut avoir des conséquences imprévues et fâcheuses.

77. Pour *trois travées*, nous aurons aussi le cas le plus défavorable, lorsqu'une ou plusieurs travées seront chargées sur toute leur longueur d'un poids k uniformément réparti. Nous ferons aussi plusieurs hypothèses, savoir:

1) Les 3 travées chargées du poids total $q = p + k$.
2) La travée du milieu BC chargée, les autres ne l'étant pas.
3) Une des travées extrêmes chargées.
4) Une seule travée extrême et celle du milieu chargées simultanément.
5) Les deux travées extrêmes chargées.

Nous supposons d'abord tous les appuis à la même hauteur, mais les travées inégales, savoir AB = a, BC = b, CD = c et chargées des poids q_1 q_2 q_3 indiqués par la fig. 80.

Comme dans le N°. **71** pour deux travées, nous écrirons l'équation 41) pour chacune des 3 travées, intégrerons deux fois et écrirons en outre les deux équations des conditions d'équilibre pour les forces extérieures, et nous obtiendrons les équations d'équilibre nécessaires à la détermination des pressions sur les appuis.

Fig. 80.

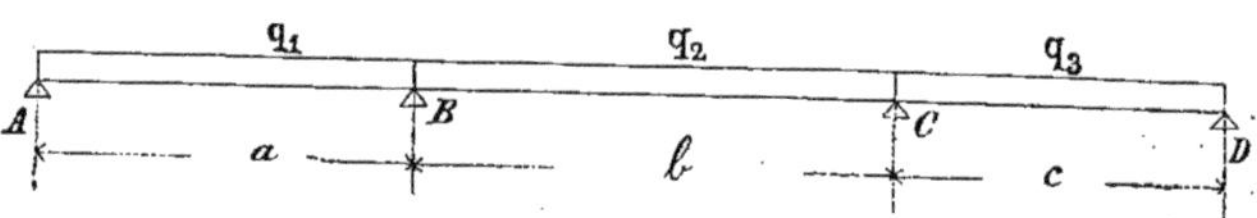

1) Partie AB, origine des coordonnées en A,

$$\varepsilon \frac{d^2 y}{d^2} = Ax - \frac{q_1 x^2}{2}$$

$$\varepsilon \frac{dy}{dx} = \frac{A x^2}{2} - \frac{q_1 x^2}{6} + \text{Const.} = \frac{A x^2}{2} - \frac{q_1 x^3}{6} + \varepsilon \operatorname{tg}\varphi - \frac{A a^2}{2} + \frac{q_1 a^3}{6}$$

dans laquelle φ indique l'angle de tangence.

$$\varepsilon \cdot y = \frac{A x^3}{6} - \frac{q_1 x^4}{24} + x \left(\varepsilon \operatorname{tg}\varphi - \frac{A a^2}{2} + \frac{q_1 a^3}{6} \right)$$

pour $x = a$ on a $y = 0$ donc

$$\varepsilon \operatorname{tg}\varphi = \frac{A a^2}{3} - \frac{q_1 a^3}{8} \quad \cdots \cdots \cdots \cdots , \ \text{I.}$$

2) Partie BC, origine des coordonnées en B,

$$\varepsilon \frac{d^2 y}{dx^2} = A(a + x) + Bx - q_1 a \left(\frac{a}{2} + x \right) - \frac{q_2 x^2}{2}$$

et en intégrant

$$\varepsilon \frac{dy}{dx} = A a x + \frac{A x^2}{2} + \frac{B x^2}{2} - \frac{q_1 a^2 x}{2} - \frac{q_1 a x^2}{2} - \frac{q_2 x^3}{6} + \varepsilon \operatorname{tg}\varphi$$

$$\varepsilon \cdot y = A a x^2 + \frac{A x^3}{6} + \frac{B x^3}{6} - \frac{q_1 a^2 x^2}{4} - \frac{q_1 a x^3}{6} - \frac{q_2 x^4}{24} + \varepsilon \operatorname{tg}\varphi \cdot x,$$

pour $x = b$ on a $\dfrac{dy}{dx} = \operatorname{tg}\varphi_1$ lorsque φ_1 représente l'angle en C.

$$\varepsilon \cdot \operatorname{tg}\varphi_1 = A a b + \frac{A b^2}{2} + \frac{B b^2}{2} - \frac{q_1 a^2 b}{2} - \frac{q_1 a b^2}{2} - \frac{q_2 b^3}{6} + \varepsilon \operatorname{tg}\varphi \quad \text{II.}$$

de plus pour $x = b$ on a $y = 0$ donc

$$0 = \frac{A a b}{2} + \frac{A b^2}{6} + \frac{B b^2}{6} - \frac{q_1 a^2 b}{4} - \frac{q_1 a b^2}{6} - \frac{q_2 b^3}{24} + \varepsilon \operatorname{tg}\varphi \quad \text{III.}$$

3) Pour la partie BC, origine des coordonnées en D,

$$\varepsilon \frac{d^2 y}{dx^2} = Dx - \frac{q_3 x^2}{2}$$

$$\varepsilon \frac{dy}{dx} = D x^2 - \frac{q_3 x^4}{6} - \varepsilon \operatorname{tg}\varphi_1 - \frac{D c^2}{2} - \frac{q_3 c^3}{6}$$

$$\varepsilon \cdot y = \frac{D x^3}{6} - \frac{q_3 x^3}{24} + x \left(\frac{q_3 c^3}{6} - \frac{D c^2}{2} - \varepsilon \operatorname{tg}\varphi_1 \right)$$

comme ci-dessus pour $x = c$ on aura $y = 0$ donc

$$- (\varepsilon \operatorname{tg}\varphi_1) = \frac{D c^2}{3} - \frac{q_3 c^3}{8} \quad . \quad . \quad . \quad . \quad . \quad . \quad \text{IV.}$$

Outre les équations I. à IV. nous avons encore les conditions d'équilibre pour les forces extérieures

$$A + B + C + D = q_1 a + q_2 b + q_3 c \quad . \quad . \quad \text{V.}$$

et enfin l'équation 4)

$$0 = A (a + b) + Bb - Dc$$
$$- q_1 a \left(b + \frac{a}{2} \right) - \frac{q_2 b^2}{2} + \frac{q_3 c^2}{2} \quad . \quad . \quad . \quad . \quad \text{VI.}$$

Ces 6 équations serviront à déterminer les 6 inconnues A, B, C, D, $\varepsilon \operatorname{tg}\varphi$ et $\varepsilon \operatorname{tg}\varphi_1$. Nous trouvons

$$A = \frac{q_1 (8a^2bc + 6a^2b^2 + 3a^3b + 6a^3c) - q_2 b^3 (2c + b) + q_3 c^3 b}{16abc + 16a^2c + 12ab^2 + 16a^2b} \quad 123^a)$$

$$B = \frac{6q_1 a^2 b + 4q_1 ab^2 + q_2 b^3 + 3q_1 a^3 - A (12ab + 4b^2 + 8a^2)}{4b^2} \quad 123^b)$$

$$C = q_1 a + q_2 b + q_3 c - (A + B + D) \quad . \quad . \quad . \quad . \quad . \quad 123^c)$$

$$D = \frac{A (a + b) + Bb - q_1 a \left(b + \frac{a}{2} \right) - \frac{q_2 b^2}{2} + \frac{q_3 c^2}{2}}{c} \quad . \quad 123^d)$$

Pour des poutres et des charges symétriques où $a = c$ et $A = D$, $B = C$, ces équations se simplifient et deviennent

$$A = \frac{q_1 (3a^3 + 6a^2b) - q_2 b^3}{8a^2 + 12 ab} \quad . \quad . \quad . \quad . \quad . \quad 124^a)$$

$$B = \frac{2aq_1 + bq_2}{2} - A \quad . \quad . \quad . \quad . \quad . \quad . \quad 124^b)$$

Remplaçant dans les équations 123) et 124) les charges q_1, q_2, q_3 qui agissent sur les travées AB, BC et CD et qui représentent soit le propre poids p du pont, soit la charge totale q, on trouvera les pressions sur les appuis pour les positions les plus défavorables des surcharges.

78. Lorsque les pressions sur les appuis A, B, C et D sont trouvées d'après les équations 123) ou 124), les équations 108) à 109) serviront à obtenir les valeurs $\mathfrak{B}$ et $\mathfrak{M}$, parce qu'on peut remplacer la troisième travée par la première, en changeant seulement le système des coordonnées.

Les considérations du N°. **73** s'appliquent aussi au cas que nous considérons (en regardant toujours la troisième travée comme étant la première); en particulier les équations 112)—114) sont valables pour 3 travées, aussi bien que pour 2 seulement, quand on a remplacé les pressions A, B, C et D sur les appuis par leurs valeurs tirées des équations 123) et 124). — Le moment max $\mathfrak{M}_a$ pour la travée AB, obtient sa plus grande valeur lorsque les deux travées extrêmes sont chargées, (car dans ce cas A a sa plus grande valeur) et si nous avons a = c (ce que nous supposerons toujours dans la suite), on obtient pour ce maximum

$$\max \mathfrak{M}_a = \frac{A^2}{2q} = \frac{1}{2p}\left[\frac{qa^2(3a+6b)-pb^3}{8a^2+12ab}\right]^2 \qquad 125)$$

L'abscisse de ce moment max $\mathfrak{M}_a$ est donnée par l'équation 110).

Le moment de flexion pour la travée du milieu atteint son maximum lorsque cette travée seule est chargée, les travées extrêmes n'agissant que par leur propre poids (deuxième hypothèse du N⁰. **77**); si l'on introduit les pressions correspondantes sur les appuis dans l'équation 113), on obtient comme moment de flexion max pour la travée du milieu (et cela toujours au milieu de la travée)

$$\max \mathfrak{M}_b = \frac{qb^2(2a+b)-2pa^3}{16a+24b} \quad \cdots \cdots \quad 126)$$

Les équations 114), 123^a) et 123^b) montrent également que le moment sur l'appui du milieu est maximum, lorsque la travée extrême attenante et celle du milieu sont chargées du poids q (quatrième hypothèse); on obtient comme moment de flexion maximum sur la pile du milieu B

$$\max \mathfrak{M}_B = \frac{q(2a^3b+2a^4+2ab^3+b^4)-pa^3b}{32ab+16a^2+12b^2} \qquad 127)$$

Nous avons calculé plus haut pour les 2ème, 4ème et 5ème hypothèses du N⁰. **77**, les valeurs maxima des moments, (toujours en supposant les travées extrêmes d'égale portée) et on s'assurera facilement que la 1ère et la 3ème hypothèse ne donneront pas de plus grandes valeurs. Pour la 3ème hypothèse, on le voit directement en examinant l'équation qui donne la pression A sur la culée; plus q_3 est petit, plus aussi cette pression est petite. Nous pouvons donc considérer ce cas comme étant renfermé dans les autres.

La première hypothèse est aussi représentée dans la planche V, puisqu'elle correspond au cas de la charge uniformément répartie, mais elle ne fournit pas de valeurs maxima.

Les autres valeurs de $\mathfrak{M}$ et de $\mathfrak{B}$ nécessaires pour notre construction, s'obtiennent par les équations 107) et 109), plus spécialement encore par les équations 112)—114).

79. Nous posons, comme problème, d'avoir à choisir le rapport $\frac{a}{b}$ de manière que l'angle fait par l'axe neutre avec l'horizon soit nul sur la pile du milieu pour le cas d'une répartition uniforme de la charge.

On obtient d'abord, lors de la charge partielle, que les angles de tangence sur les piles sont les plus petits possibles; il nous semble en outre qu'on obtient un avantage de construction, en ce que les efforts tranchants et les moments de flexion se groupent d'une façon assez symétrique autour des piles.

Afin de trouver le rapport $\frac{a}{b}$, on placera dans l'équation I. du N$^{\circ}$. **77** $\operatorname{tg}\varphi = 0$; puisque $q_1 = q_2 = q_3$ on a

$$0 = \frac{A\,a^2}{3} - \frac{qa^3}{8} \quad . \quad . \quad . \quad . \quad . \quad . \quad . \quad . \quad . \quad \text{I.}$$

pour cette charge, d'après l'équation 124^a)

$$A = q\,\frac{(3a^3 + 6a^2b - b^2)}{8a^2 + 12ab} \quad . \quad . \quad . \quad . \quad . \quad . \quad . \quad \text{II.}$$

d'où résulte

$$\frac{b}{a} = \sqrt{1,5} = 1{,}225 \quad . \quad . \quad . \quad . \quad . \quad . \quad . \quad . \quad . \quad \text{III.}$$

$\frac{a}{b}$ est compris entre $^4/_5$ et $^5/_6$ et dans l'exemple suivant, nous prendrons $\frac{a}{b} = \frac{4}{5}$.

Après avoir déterminé les pressions sur les appuis, d'après l'équation 123) ou 124) pour les 1ère, 2ème, 4ème et 5ème hypothèses du N$^{\circ}$. **76**, on calculera chaque $\mathfrak{M}$ et $\mathfrak{V}$ d'après les équations 108)—109) et 112)—114); nous donnons les résultats de ces calculs dans la table XXII. En portant enfin les $\mathfrak{M}$ et $\mathfrak{V}$ comme ordonnées des abscisses correspondantes, nous obtiendrons les représentations graphiques de la planche V.

80. La représentation graphique de la planche V montre la variation des moments calculés d'après les équations 125)—127), pour les travées, ou sur la pile du milieu. — Afin de comparer les rapports $\frac{a}{b}$, nous calculerons ces 3 valeurs maxima pour divers cas, en prenant comme base le rapport $\frac{p}{q} = \frac{1}{3}$. Les résultats sont contenus dans la table XXIII.

Table XXII. $\dfrac{a}{b} = \dfrac{4}{5}$

$\dfrac{p}{k}$	$\dfrac{p}{q}$	A	B	max $\mathfrak{M}$ pour AB	$\mathfrak{M}$ pour B	max $\mathfrak{M}$ pour BC	Abscisse $\mathfrak{B}=0$ pour AB	pour BC
				I. La travée du milieu seule chargée.				
∞	1	$0,297\,bq$	$1,003\,qb$	$0,044\,qb^2$	$0,0824\,qb^2$	$0,0430\,qb^2$	$0,297\,b$	$0,5\,b$
2	$^2/_3$	$0,175$	$0,858$	$0,0229$	$0,0728$	$0,0520$	$0,26$	$0,5$
1	$^1/_2$	$0,114$	$0,785$	$0,013$	$0,0688$	$0,0566$	$0,220$	$0,5$
$^2/_5$	$^2/_5$	$0,078$	$0,742$	$0,0076$	$0,0656$	$0,0594$	$0,195$	$0,5$
$^1/_2$	$^1/_3$	$0,054$	$0,713$	$0,00435$	$0,0635$	$0,0613$	$0,162$	$0,5$
$^1/_4$	$^1/_5$	$0,005$	$0,655$	$0,00006$	$0,06$	$0,0650$	$0,025$	$0,5$
$^1/_8$	$^1/_9$	$-0,027$	$0,617$	$0,0033$	$0,0578$	$0,0675$	$-0,243$	$0,5$
				II. Les deux travées extérieures chargées.				
∞	1	$0,297\,bq$	$1,003\,bq$	$0,0440\,qb^2$	$0,0824\,qb^2$	$0,0430\,qb^2$	$0,297\,b$	$0,5\,b$
2	$^2/_3$	$0,32$	$0,814$	$0,0215$	$0,0680$	$0,0191$	$0,32$	$0,5$
1	$^1/_2$	$0,331$	$0,719$	$0,0547$	$0,0550$	$0,0073$	$0,331$	$0,5$
$^2/_3$	$^2/_5$	$0,338$	$0,662$	$0,0571$	$0,0946$	$0,0000$	$0,338$	$0,5$
$^1/_2$	$^1/_3$	$0,342$	$0,324$	$0,0584$	$0,0464$	$-0,0045$	$0,342$	$0,5$
$^1/_4$	$^1/_5$	$0,351$	$0,549$	$0,0612$	$0,0400$	$-0,0139$	$0,351$	$0,5$
$^1/_8$	$^1/_9$	$0,357$	$0,498$	$0,0637$	$0,0340$	$-0,0200$	$0,357$	$0,5$

Table XXII. $\dfrac{a}{b} = \dfrac{4}{5}$

$\dfrac{p}{k}$	$\dfrac{p}{q}$	A	B	max $\mathfrak{M}$ pour AB	$\mathfrak{M}$ pour B	max $\mathfrak{M}$ pour BC	Abscisse $\mathfrak{V}=0$ pour AB	pour BC
III. La travée du milieu et une travée extérieure chargées.								
∞	1	0,297 bq	1,003 bq	0,0440 qb^2	0,0824 qb^2	0,0430 qb^2	0,297 b	0,5 b
2	$^2/_3$	0,2928	1,0238	0,0429	0,0858	0,0482	0,293	0,517
1	$^1/_2$	0,2906	1,0342	0,0423	0,0875	0,0507	0,291	0,525
$^2/_3$	$^2/_5$	0,2893	1,0405	0,0418	0,0886	0,0520	0,289	0,53
$^1/_2$	$^1/_3$	0,2883	1,0446	0,0415	0,0893	0,0529	0,288	0,533
$^1/_4$	$^1/_5$	0,2866	1,0530	0,0412	0,0907	0,0554	0,287	0,54
$^1/_8$	$^1/_9$	0,2854	1,0586	0,0411	0,0917	0,0562	0,285	0,544

Table XXIII.

Valeurs maxima pour 3 travées. $\dfrac{p}{q} = \dfrac{1}{3}$

Rapport $\dfrac{a}{b} =$	$^1/_2$	$^3/_4$	$^4/_5$	$^5/_6$	$^7/_8$	$^9/_{10}$	1
Mmax $\mathfrak{M}$ sur BC	0,0595 qb^2	0,0613 qb^2	0,0612 qb^2	0,0610 qb^2	0,0606 qb^2	0,0593 qb^2	0,0584 qb^2
Mmax $\mathfrak{M}$ sur B	0,0729	0,0852	0,0893	0,0922	0,0963	0,0991	0,1111
Mmax $\mathfrak{M}$ sur A	0,0146	0,0509	0,0641	0,0584	0,0711	0,0745	0,0937

Afin de pouvoir comparer ces valeurs entre elles d'une manière exacte, il faut, dans beaucoup de cas, les réduire à une longueur totale L de toutes les travées. Nous avons $L = 2a + b$ d'où

$$b = \frac{L}{2\,\frac{a}{b} + 1}$$

Si l'on prend comme base une même longueur de toutes les travées de façon à ce que $1 = \frac{L}{3}$, on a

$$b = \frac{31}{2\,\frac{a}{b} + 1}$$

et afin d'exprimer notre valeur, fonction de b, en fonction de 1, nous multiplierons toutes les valeurs de la table par $\left(\dfrac{3}{2\,\frac{a}{b} + 1}\right)^2$.

On obtient ainsi le résumé suivant.

Table XXIV. $\quad \dfrac{p}{q} = \dfrac{1}{3}$

$\dfrac{a}{b}$	¹/₂	³/₄	⁴/₅	⁵/₆	⁷/₈	⁹/₁₀	1
Mmax $\mathfrak{M}$ pour BB . . .	ql^2 0,1338	ql^2 0,0883	ql^2 0,0814	ql^2 0,0769	ql^2 0,0721	ql^2 0,0679	ql^2 0,0584
Mmax $\mathfrak{M}$ sur B	0,1640	0,1231	0,1188	0,1172	0,1146	0,1134	0,1111
Mmax $\mathfrak{M}$ pour AB . . .	0,0328	0,0733	0,0777	0,0808	0,0845	0,0858	0,0937

Nous voyons par cette dernière table que le rapport $\frac{a}{b} = 1$ donne les moments les plus favorables; mais qu'au contraire les rapports ⁴/₅ et ⁵/₆ fournissent des moments qui ne différent entre eux que de très-peu. En général il n'y aura pas grande différence quant à la quantité de métal employé; le choix des portées des travées dépendra d'autres considérations; nous avons déjà indiqué au N⁰. **79** pourquoi nous préférons le rapport $\frac{a}{b} = \frac{1}{1,225}$ pour le cas où d'autres considérations ne décident pas du choix de la portée.

La table XXV, à laquelle nous reviendrons pour juger de l'influence de la continuité, donne les moments de flexion maxima pour divers rapports d'ouverture de pont de portée quelconque.

81. Passons au cas où *les appuis ne sont pas à la même hauteur*. Nous supposons la poutre soutenue symétriquement, donc $a = c$; de plus, un même *abaissement* des deux piles intermédiaires. Comme nous l'avons fait pour deux travées, nous emploierons la méthode de Mr. Clapeyron. Pour chaque travée, on écrira l'équation 44) et les grandeurs auxiliaires X du N°. **22**, lesquelles on éliminera jusqu'à ce qu'il ne reste plus que les moments $\mathfrak{M}$ et l'abaissement s des piles du milieu; ce dernier est contenu dans la valeur auxiliaire $\varkappa_1$, pour laquelle l'équation X. donne

$$s = c, — c = \varkappa_1 \frac{\alpha^4}{24\mathrm{E}\Theta} \quad . \quad . \quad . \quad . \quad . \quad 128)$$

Table XXV.
Valeurs de Max $\mathfrak{M}_B$ pour 3 travées.

$\dfrac{a}{b} =$	$1/2$	$3/4$	$4/5$	$5/6$	$7/8$	$9/10$	1
$\dfrac{p}{q} = 1$	$0{,}0703\,qb^2$	$0{,}0789\,qb^2$	$0{,}0824\,qb^2$	$0{,}0845\,qb^2$	$0{,}0879\,qb^2$	$0{,}0900\,qb^2$	$0{,}1000\,qb^2$
$3/4$	$0{,}0713$	$0{,}0813$	$0{,}0848$	$0{,}0874$	$0{,}0911$	$0{,}0934$	$0{,}1042$
$2/3$	$0{,}0716$	$0{,}0821$	$0{,}0858$	$0{,}0882$	$0{,}0921$	$0{,}0946$	$0{,}1055$
$1/2$	$0{,}0723$	$0{,}0836$	$0{,}0875$	$0{,}0903$	$0{,}0943$	$0{,}0968$	$0{,}1083$
$2/5$	$0{,}0725$	$0{,}0846$	$0{,}0886$	$0{,}0915$	$0{,}0956$	$0{,}0981$	$0{,}1100$
$1/3$	$0{,}0729$	$0{,}0855$	$0{,}0893$	$0{,}0922$	$0{,}0964$	$0{,}0991$	$0{,}1111$
$1/4$	$0{,}0732$	$0{,}0860$	$0{,}0902$	$0{,}0932$	$0{,}0974$	$0{,}1002$	$0{,}1125$
$1/5$	$0{,}0734$	$0{,}0865$	$0{,}0907$	$0{,}0938$	$0{,}0981$	$0{,}1009$	$0{,}1133$
$1/7$	$0{,}0737$	$0{,}0870$	$0{,}0914$	$0{,}0945$	$0{,}0988$	$0{,}1017$	$0{,}1143$
$1/9$	$0{,}0738$	$0{,}0873$	$0{,}0917$	$0{,}0948$	$0{,}0993$	$0{,}1021$	$0{,}1148$

En éliminant les autres grandeurs auxiliaires, on obtient:

Moment sur la pile B

$$\mathfrak{M}_B = \frac{q_1\,(2a^3b + 2a^4) + q_2\,(b^4 + 2ab^3) - q_3 a^3 b - \varkappa_1\,(a^3b + 2a^4)}{32ab + 12b^2 + 16a^2} \qquad 129)$$

et pour le moment sur la pile C

$$\mathfrak{M}_C = \frac{q_3\,(2a^3b + 2a^4) + q_2\,(b^4 + 2ab^3) - q_1 a^3 b - \varkappa_1\,(a^3b + 2a^4)}{32ab + 12b^2 + 16a^2} \qquad 130)$$

Au moyen des équations 129) et 130), on trouvera les moments, et par les équations I. et II. du N°. **21**, les pressions sur les appuis en A et B

$$A = \frac{\begin{array}{c} q_1\,(14a^3b + 6a^2b^2 + 6a^4) - q_2\,(b^4 + 2ab^3) + q_3 a^3 b \\ + \varkappa_1\,(a^3b + 2a^4) \end{array}}{32a^2b + 12ab^2 + 16a^3} \qquad 131)$$

L'effort tranchant sur la pile B, du côté gauche

$$B_a = \frac{\begin{array}{c} q_1\,(18a^3b^2 + 6a^2b^3 + 10a^4b) + q_2\,(b^5 + 2ab^4 - q_3 a^3 b^2 \\ - \varkappa_1\,(a^3b^2 + 2a^4b) \end{array}}{32a^2b^2 + 12ab^2 + 16a^3b}$$

et l'effort tranchant sur la pile B, du côté droit

$$B_b = \frac{\begin{array}{c} q_1\,(3a^4b + 2a^5) - q_3\,(3a^4b + 2a^5) + q_2\,(16a^2b^3 + 6ab^4 \\ + 8a^3b^2) \end{array}}{32a^2b^2 + 12ab^3 + 16a^3b}$$

donc la pression sur le pile $B = B_a + B_b$

$$B = \frac{\begin{array}{c} q_1\,(2a^5 + 13a^4b + 18a^3b^2 + 6a^2b^3) + q_2\,(8a^3b^2 + 16a^2b^3 \\ + 8ab^4 + b^5) - q_3\,(2a^5 + 3a^4b + a^3b^2) - \varkappa_1\,(a^3b^2 + 2a^4b) \end{array}}{32a^2b^2 + 12ab^3 + 16a^3b} \qquad 132)$$

si l'on transpose dans les valeurs de A et B le poids q_1 par q_3 et réciproquement, on obtiendra les pressions sur les appuis C et D.—

Remarque. Pour plus de clarté, nous donnons ici les équations qui conduisent aux résultats indiqués ci-dessus:

D'après l'équation 44), pour la 1ère travée, puisque $\mathfrak{M} = 0$

$$\nu_1 = q_1 - \chi_1 + \varkappa_1 \quad \ldots \ldots \ldots \ldots \qquad \text{I.}$$
$$\psi_1 = q_1 - 2\chi_1 + 3\varkappa_1 \quad \ldots \ldots \ldots \qquad \text{II.}$$

pour la seconde travée, puisque $c_{,,} = c$, donc $\varkappa_2 = 0$

$$\nu_2 = q_2 - 2\mu_2 - \chi_2 \quad \ldots \ldots \ldots \ldots \qquad \text{III.}$$
$$\psi_2 = q_2 - 3\mu_2 - 2\chi_2 \quad \ldots \ldots \ldots \qquad \text{IV.}$$

pour la troisième travée, puisque $\mathfrak{M}_{,,,} =$

$$0 = q_3 - 2\mu_3 - \chi_3 + \varkappa_3 \quad \ldots \ldots \ldots \qquad \text{V.}$$

et d'après l'équation X. du N°. **22**, les grandeurs auxiliaires:

$$\alpha_1 = \frac{a^3}{24\,E\Theta}\,\psi_1 = \frac{b^3}{24\,E\Theta}\,\chi^2 \quad \ldots \ldots \quad \text{VI.}$$

$$\mathfrak{M}_1 = {}^2\!/_8 a^2 v_1 = {}^2\!/_8 b^2 \mu_2 \quad \ldots \ldots \quad \text{VII.}$$

$$s = \varkappa_1 \frac{a^4}{24\,E\Theta} = -\varkappa_3 \frac{a^4}{24\,E\Theta} \quad \ldots \ldots \quad \text{VIII.}$$

$$\alpha_{,,} = \frac{b^3}{24\,E\Theta}\,\psi_2 = \frac{a^8}{24\,E\Theta}\,\chi^3 \quad \ldots \ldots \quad \text{IX.}$$

$$\mathfrak{M}'' = {}^2\!/_8 b^2 v_2 = {}^2\!/_8 a^2 \mu_3 \quad \ldots \ldots \quad \text{X.}$$

Au moyen de ces 10 équations, on déterminera les 10 inconnues v_1 χ_1 ψ_1 v_2 μ_2 ψ_2 χ_2 μ_3 χ_3 et $\varkappa_1$; on a laissé de côté les équations qui ne sont pas nécessaires pour trouver les moments $\mathfrak{M}$.

Après, avoir trouvé les pressions sur les appuis, on obtiendra d'après l'équation 116) la position de la ligne des fibres invariables, donc la flèche au milieu de la travée, ainsi que nous l'avons fait au N°. **77**, en employant encore ici la Fig. 79.

Au moyen des pressions sur les appuis, on calculera tous les $\mathfrak{V}$ et $\mathfrak{M}$, en se servant de nouveau des équations 108)—109ª) et 112)—114); on pourra aussi faire une représentation graphique analogue à celle de la planche V, ce que l'on doit toujours faire pour un cas donné; cette représentation graphique sert en même temps de *contrôle* dans des calculs un peu difficiles et représente le tout beaucoup plus clairement que ne le font de simples formules ou les valeurs de chacun des moments.

On s'assurera par l'équation 130) que, comme dans le cas où les appuis sont à égale hauteur, le moment $\mathfrak{M}_B$ devient un maximum, lorsque q_1 et q_2 obtiennent leurs plus grandes et q et q_3 leurs plus petites valeurs, et l'on aura dans ce cas

$$\text{Max } \mathfrak{M}_B = \frac{q\,(2a^3b + 2a^4 + b^4 + 2ab^3) - pa^3b - \varkappa_1\,(a^3b + 2a^4)}{32ab + 12b^2 + 16a^2} \quad 133)$$

par l'abaissement du soutien B, le moment diminue et devient égal au résultat de l'équation 124) lorsqu'on place $\varkappa_1 = 0$.

Comme pour le cas où tous les appuis sont à hauteur égale, on peut démontrer que le moment dans AB devient maximum lorsque les deux travées extérieures sont chargées, le moment dans BC, lorsque la travée du milieu est seule chargée.

On obtient pour ces deux cas:

Moment de flexion max dans AB

$$\text{Mmax } \mathfrak{M}_a = \frac{A^2}{2q_1} = \frac{1}{2q}\left[\frac{qa^2\,(3a + 6b) - pb^3 + \varkappa_1 a^3}{8a^2 + 12ab}\right]^2 \quad . \quad 134)$$

Moment max. dans BC

$$\text{Mmax } \mathfrak{M}_b = \frac{qb^2\,(2a + b) - 2pa^3 + 2\varkappa_1 a^3}{16a + 24b} \quad \ldots \ldots \quad 135)$$

Ces deux moments maxima augmentent avec l'abaissement des appuis, et deviennent égaux à ceux donnés par les équations 125) et 126) lorsqu'on place $x_1 = 0$. Le plus grand avantage d'abaissement des appuis sera obtenu lorsqu'on choisira le rapport des portées a : b et l'abaissement de façon que les 3 valeurs maxima données par les équations 133)—135) soient égales. Monsieur l'ingénieur Mohr donne la formule empirique suivante

$$\frac{a}{b} = \frac{1}{1,13} + \frac{1}{25}\frac{p}{q} \quad \ldots \ldots \ldots \ldots \quad 136)$$

en faisant usage de ce rapport et en le combinant avec les équations 133), on peut trouver la valeur x_1 qui donne l'abaissement le plus favorable des appuis intermédiaires. Cet abaissement se trouve d'après l'équation 128).

Lorsqu'il existe un autre rapport entre les ouvertures, il faudra se borner à l'abaissement des appuis intermédiaires, pour lequel les deux plus grands des trois moments maxima seront égaux;

$$\text{si } \frac{a}{b} > \left(\frac{1}{1,13} + \frac{1}{25}\frac{p}{q} \right)$$

on a Mmax $\mathfrak{M}_a$ > Mmax $\mathfrak{M}_b$ et en combinant les équations 133) et 134) on obtiendra pour x_1 les équations de condition:

Max $\mathfrak{M}_B$ = Mmax M_a ou

$$(2a + b)\left[qa^2(3a + 6b) - pb^3 + x_1 a^3\right]^2 = 8a^2 q(2a + 3b) \quad 137)$$
$$\left[q(2a^3 b + 2a^4 + b^4 + 2ab^3) - pa^3 b - x_1(a^3 b + 2a^4)\right]$$

Si $\frac{a}{b} < \left(\frac{1}{1,13} + \frac{1}{25}\frac{p}{q} \right)$ on a Mmax $\mathfrak{M}_b$ > Mmax $\mathfrak{M}_a$ et en combinant les équations 133) et 135), on obtiendra la condition:

Mmax $\mathfrak{M}_B$ = Mmax $\mathfrak{M}_b$ ou bien

$$x_1 = \frac{4qa^4 + 4pa^4 + 4qa^3 b - 4qa^2 b^2 + qb^4}{4(2a^4 + ba^3)} \quad \ldots \quad 138)$$

82. Nous donnons dans la table XXVI, la valeur auxiliaire x_1 qui indique le moment de flexion max $\mathfrak{M}_b$ calculé au moyen des équations 133)—138) pour différents rapports $\frac{a}{b}$ et $\frac{p}{b}$.

Une comparaison des tables XXV et XXVI montre que l'abaissement le plus favorable des appuis diminue de 10—25 % le moment sur les piles intermédiaires. On trouvera de même dans la table XXVI la valeur de x_1 pour laquelle les moments maxima sont égaux deux à deux. L'abaissement correspondant se trouve d'après l'équation 128).

$$x_1 = s\,\frac{24E\Theta}{a^4}$$

d'où

$$s = x_1\,\frac{a^4}{24E\Theta} = x_1\,\frac{b^4}{24E\Theta}\left(\frac{a}{b}\right)^4 \quad \ldots \quad 139)$$

Table XXVI.

Moment de flexion max $\mathfrak{M}_B$ pour l'abaissement le plus favorable des appuis d'un pont à 3 travées.

$\dfrac{a}{b} =$		$^1/_2$	$^3/_4$	$^4/_5$	$^5/_6$	$^7/_8$	$^9/_{10}$	1
$\dfrac{p}{q} = 1$	Max $\mathfrak{M}_B =$	$0.0625\,\dfrac{qb}{q}$	$0,0625\,\dfrac{qb}{q}$	$0,0625\,\dfrac{qb}{q}$	$0,0625\,\dfrac{qb^2}{q}$	$0,0625\,\dfrac{qb^2}{q}$	$0,0665\,\dfrac{qb^2}{q}$	$0,0858\,\dfrac{qb^2}{q}$
	$\varkappa_1 =$	$1,009$	$0,704$	$0,707$	$0,712$	$0,72$	$0,62$	$0,284$
$^3/_4$	Max $\mathfrak{M}_B =$	$0,0639$	$0,0665$	$0,0673$	$0,0676$	$0,0681$	$0,0718$	$0,0907$
	$\varkappa_1 =$	$0,95$	$0,63$	$0,63$	$0,64$	$0,65$	$0,57$	$0,27$
$^2/_3$	$\mathfrak{M}_B =$	$0,0644$	$0,0681$	$0,0691$	$0,0696$	$0,0706$	$0,0737$	$0,0925$
	$\varkappa_1 =$	$0,92$	$0,60$	$0,60$	$0,61$	$0,61$	$0,55$	$0,26$
$^1/_2$	$\mathfrak{M}_B =$	$0,0654$	$0,0708$	$0,0722$	$0,0730$	$0,0745$	$0,0771$	$0,0958$
	$\varkappa_1 =$	$0,875$	$0,55$	$0,55$	$0,56$	$0,56$	$0,52$	$0,25$
$^2/_5$	$\mathfrak{M}_B =$	$0,0660$	$0,0724$	$0,0741$	$0,0751$	$0,0768$	$0,0792$	$0,0980$
	$\varkappa_1 =$	$0,85$	$0,52$	$0,52$	$0,53$	$0,53$	$0,50$	$0,24$
$^1/_3$	$\mathfrak{M}_B =$	$0,0665$	$0,0735$	$0,0754$	$0,0765$	$0,0785$	$0,0805$	$0,0997$
	$\varkappa_1 =$	$0,82$	$0,50$	$0,50$	$0,51$	$0,51$	$0,49$	$0,23$
$^1/_4$	$\mathfrak{M}_B =$	$0,0670$	$0,0748$	$0,0771$	$0,0781$	$0,0805$	$0,0824$	$0,1010$
	$\varkappa_1 =$	$0,80$	$0,47$	$0,47$	$0,48$	$0,48$	$0,47$	$0,23$
$^1/_5$	$\mathfrak{M}_B =$	$0,0672$	$0,0757$	$0,0777$	$0,0793$	$0,0815$	$0,0834$	$0,1018$
	$\varkappa_1 =$	$0,80$	$0,46$	$0,46$	$0,47$	$0,47$	$0,46$	$0,23$
$^1/_7$	$\mathfrak{M}_B =$	$0,0675$	$0,0767$	$0,0791$	$0,0809$	$0,0829$	$0,0846$	$0,1033$
	$\varkappa_1 =$	$0,78$	$0,44$	$0,44$	$0,44$	$0,45$	$0,45$	$0,22$
$^1/_9$	$\mathfrak{M}_B =$	$0,0675$	$0,0772$	$0,0797$	$0,0815$	$0,0837$	$0,0854$	$3,1148$
	$\varkappa_1 =$	$0,78$	$0,43$	$0,43$	$0,43$	$0,44$	$0,44$	$0,22$

Nous prendrons pour exemple, comme dans le N°. **75**, une poutre de hauteur H, dont le moment d'inertie est choisi de façon que le moment de flexion produise dans les fibres les plus éloignées, une tension de $\mathfrak{A} = 600$ kilogr. D'après l'équation 31) nous avons:

$$\Theta = \frac{\mathfrak{M}}{\mathfrak{A}}\,\frac{H}{2}$$

et plaçant $H = {}^1/_{10}\,\dfrac{2\,a + b}{3}$, c'est-à-dire égal à ${}^1/_{10}$ de la portée moyenne des 3 travées, nous obtiendrons par quelques réductions

$$s = \varkappa_1\,b^3\,\frac{\left(\dfrac{a}{b}\right)^4}{12000\,\mathfrak{M}\left(2\,\dfrac{a}{b} + 1\right)}$$

La table **XXVII** est calculée d'après cette formule et contient les portées qui résultent de l'équation 103) du N°. **69** et de la table **XVII**. Il est vrai que les poids des ponts, pour des portées égales des travées intermédiaires, sera différent pour divers rapports $\dfrac{a}{b}$, donc les rapports $\dfrac{p}{q}$ ne s'appliqueront pas toujours à une même portée b, mais, pour les calculs préalables, on pourra déterminer par interpolation et d'une manière assez exacte pour les cas pratiques, l'abaissement le plus favorable.

Les tables **XXV** et **XXVII** montrent en même temps d'une manière claire, l'influence exercée sur la valeur des moments de flexion $\mathfrak{M}$ par un abaissement voulu ou résultant d'une faute de hauteur des piles. On peut aussi (comme dans le N°. **76** pour 2 travées), déterminer certaines limites entre lesquelles la continuité des poutres peut être adoptée.

En calculant les moments $\mathfrak{M}$ pour les limites entre lesquelles s peut se mouvoir dans une construction, on obtient des rapports pour les écartements des tensions longitudinales maxima, et l'on peut déterminer approximativement ces limites d'après les tables **XXV—XXVII**.

En employant la formule empirique 136), on trouve aussi dans les tables **XXVI** et **XXVII** les moments, donc les abaissements pour lesquels les maxima des 3 moments de flexion sont à-peu-près ou rigoureusement égaux, et l'on devra en général préférer ces rapports $\dfrac{a}{b}$, si l'on veut abaisser les supports.

83. Les *avantages* des poutres continues sont:

1) Epargne de la matière dans les nervures.

2) Montage facile, surtout pour franchir de larges fleuves ou de profondes vallées.

Les *désavantages* sont:

Table XXVII.

Abaissement le plus favorable pour 3 travées.

Portée de la travée du milieu b.	$\frac{a}{b} =$	1/2	3/4	4/5	5/6	7/8	9/10	1.
—	$\frac{p}{q} = 1$ s=	b 0,00042 —	b 0,00119 —	b 0,00148 —	b 0,00171 —	b 0,00205 —	b 0,00182 —	b 0,00092 —
—	3/4	0,00039 —	0,00100 —	0,00123 —	0,00142 —	0,00169 —	0,00155 —	0,00083 —
175 M.	2/3	0,00037 6,63 C.	0,00093 16,27	0,00114 19,93	0,00132 23,09	0,00153 26,77	0,00146 25,82	0,00078 13,65
100	1/2	0,00035 0,50 C.	0,00082 8,20	0,00100 10,00	0,00115 11,5	0,00133 13,3	0,00132 13,20	0,00072 7,25
70	2/5	0,00033 2,31 C.	0,00076 5,32	0,00092 6,44	0,00106 7,42	0,00123 8,61	0,00123 8,61	0,00068 4,76
45	1/3	0,00032 1,44 C.	0,00072 3,24	0,00087 3,91	0,00100 4,50	0,00115 5,17	0,00119 5,45	0,00064 2,88
25	1/4	0,00031 0,78 C.	0,00066 1,65	0,00080 2,00	0,00092 2,30	0,00106 2,65	0,00111 2,78	0,00063 1,58
18	1/5	0,00031 0,56 C.	0,00064 1,15	0,00078 1,40	0,00089 1,60	0,00102 1,84	0,00108 1,94	0,00063 1,13
12	1/7	0,00030 0,36 C.	0,00061 0,73	0,00073 0,87	0,00082 0,08	0,00099 1,19	0,00104 1,25	0,00059 0,71
8	1/9	0,00030 0,24 C.	0,00059 0,47	0,00071 0,57	0,00079 0,63	0,00093 0,74	0,00101 0,81	0,00053 0,42

1) L'incertitude sur la détermination exacte des moments de flexion, qui varient considérablement avec la hauteur des soutiens.

2) Changement continuel de tension et de compression, tant dans les nervures que dans les parois verticales, et surtout pour des ponts légers, c'est-à-dire de faible ouverture.

Ce dernier désavantage est plus ou moins grand, suivant le choix de la construction; pour des constructions soignées et de dimensions assez fortes, il est peu à craindre; nous faisons surtout remarquer qu'à l'endroit où la tension et la compression changent, ces deux efforts ou du moins l'un d'eux, sont notablement plus faibles que ceux que permettrait la dimension de la section; souvent on ne tient pas compte de cette dernière remarque lorsqu'on critique les ponts à poutres continues; l'incertitude dans les hauteurs des appuis est aussi moins à craindre pour de grands ponts et peut disparaître complétement ou du moins être renfermée entre d'étroites limites.

L'avantage dans le montage n'existe que lorsque les poutres principales avec leurs entretoises peuvent être montées d'une seule pièce aux abords du pont, pour être ensuite glissées sur les appuis. Ce mode de montage est partout employé dans le Sud de l'Allemagne (d'abord par M. M. Benkiser à Pforzheim); d'après les recherches faites sur l'abaissement des appuis, il faudra faire attention à ce qu'il ne s'opère aucun changement de forme des nervures par suite de la pose du pont, et du reste, qu'aucune pièce ne soit soumise à des efforts démesurés.

Nous voulons encore rechercher plus spécialement si, pour un cas donné, on peut épargner du métal en construisant une poutre continue. Si l'on fait varier les nervures proportionnellement aux moments de flexion, on voit d'après la représentation graphique des planches IV et V, qu'on peut obtenir un amoindrissement des moments $\mathfrak{M}$ par la continuité, qui est à-peu-près le même pour 2 que pour 3 travées, et l'on peut ainsi épargner 15—20% en poids des nervures.

Une comparaison des tables XXV et XXVI montre de plus que, pour le cas ou l'on a 3 travées d'ouvertures données, le moment maximum, comparé à la valeur $0{,}125qb^2$ qui correspond au moment maximum d'une poutre reposant librement sur deux appuis, peut être diminué de 25—45% lorsqu'on abaisse les appuis intermédiaires et de 10—30% lorsque cela n'a pas lieu. — Pour 2 travées, ce moment maximum ne peut pas être diminué si l'on n'abaisse pas la pile du milieu; on a une diminution de 24 à 28% d'après la table XXIV, si l'abaissement a eu lieu.

En général cette dernière remarque a peu de valeur pratique, car, pour de grands ponts, on fait diminuer les dimensions des poutres avec les moments; plusieurs raisons engagent à rejeter la continuité pour de petits ponts.

84. Monsieur l'ingénieur Gerber a cherché à tourner les dé-savantages, (souvent exagérés) des poutres continues, en construisant des *poutres à appuis libres* (voir fig. 81); dans la description contenue dans son brevet, qu'il a bien voulu nous communiquer, il est dit:

„Si l'on suppose une poutre dépassant les appuis d'une certaine longueur, l'extrémité de chacun de ces allongements peut aussi servir de support pour une nouvelle poutre (libre), dont l'autre extrémité reposera sur un appui, ou bien, comme la première, sur le prolongement d'une troisième travée.

Fig. 81.

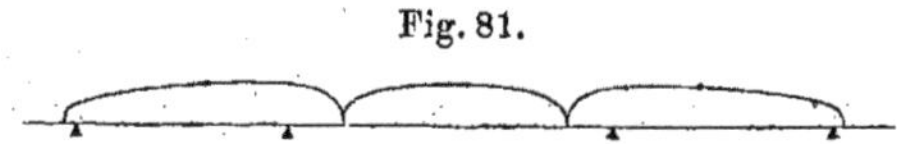

„Le calcul et la construction de la poutre libre soutenue aux deux extrémités sont les mêmes que pour une poutre ordinaire, puisqu'elle ne doit être reliée avec la poutre qui la soutient (ou l'appui) qu'en *un seul* point; la poutre qui dépasse ses appuis supporte à ses extrémités les réactions des appuis de la poutre libre suivante, lesquels sont immédiatement donnés, plus son propre poids, et la réaction opérée contre ces forces n'est produite que par les deux réactions des appuis, qui peuvent être calculées d'une manière sûre et simple d'après les conditions ordinaires d'équilibre. — Les tensions moléculaires dans une pareille poutre, se calculeront aussi facilement et aussi simplement que pour une poutre ordinaire.

„Comme les réactions sur les piles, d'après ce que nous venons de voir, ne dépendent nullement de la flexion, mais seulement des grandeurs et des répartitions des charges, l'abaissement d'une pile ne peut avoir aucune influence sur les tensions moléculaires de la poutre.

„De ce système d'appuis libres, il résulte qu'une travée à poutres libres doit être suivie d'une travée à poutre continue."

§ 9.
Influence de la largeur des appuis et du nombre des fermes.

85. Jusqu'ici, nous avons toujours supposé la réaction des appuis (ou pressions sur les appuis), concentrée en *un point*. — Il est en effet utile de réduire la largeur des appuis autant que le permettra la résistance des matériaux employés; la poutre est en général renforcée par des nervures verticales qui déterminent ainsi la surface de contact — on a réduit considérablement cette surface pour de grands ponts, en construisant les surfaces de contact en acier fondu; mais aussi pour la fonte, comme pour le fer forgé, il suffira d'une petite surface de contact entre la poutre et les glissières; dans ce cas il ne peut pas exister de doute sur la direction de la résultante des pressions; la largeur de l'appui peut être négligée et l'on peut prendre comme portée, la distance moyenne des appuis.

Il est clair que la pression sur les appuis ne doit pas trop se rapprocher de l'arête de la pile, la portée à introduire dans le calcul sera donc toujours notablement plus grande que celle de l'ouverture entre les piles. — Bien que la glissière ne demande qu'une faible surface de contact avec la poutre, il faudra néanmoins l'élargir du côté de la pile; cette glissière doit être suffisamment renforcée par des cannelures convenables, afin que la pression concentrée sur un point se répartisse sur une plus grande surface; les glissières reçoivent alors la forme de sabots.

86. Dans l'emploi d'appuis qui ont une grande surface de contact avec les poutres, le constructeur devra s'appliquer à ce que la pression se répartisse d'une manière uniforme sur cette grande surface d'appui, ce qui aura lieu à l'aide de nervures ou armatures verticales. Nous considérons le problème comme résolu le mieux possible et nous supposons, d'abord pour le rapport $\dfrac{b}{a} = 1{,}225$, que la pression soit uniformément répartie sur l'appui; le changement de forme des courbes des moments de flexion $\mathfrak{M}$ se fera peu-à-peu et dans ce cas aussi, la courbe des $\mathfrak{M}$ se composera sur les piles, d'arcs de parabole.

Nous obtiendrons comme forme générale des $\mathfrak{M}$ et $\mathfrak{B}$ celle indiquée par la fig. 82 pour le cas d'une charge maximum uniforme et du rapport $\dfrac{b}{a} = 1{,}225$.

Fig. 82.

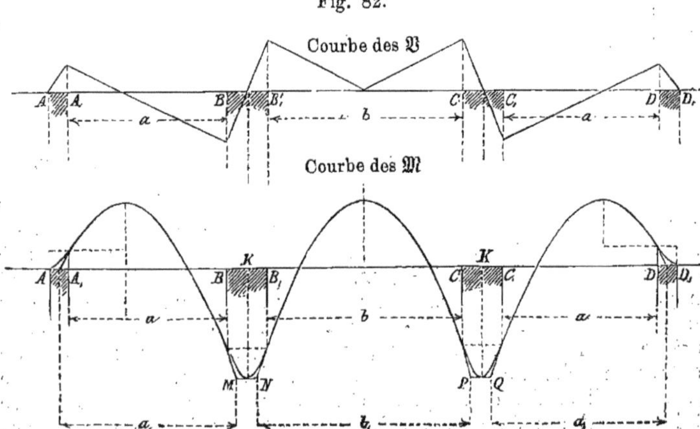

Si, dans la fig. 82, on prolonge la parabole correspondant à AB jusqu'à sa rencontre avec les horizontales AA et MN, d'après les propriétés de la parabole, la distance AA ou BK sera (à peu près) divisée en deux parties égales et l'on aura la distance

$$a_1 = a + \frac{AA'}{2} + \frac{BB'}{4}$$

Afin de pouvoir construire cette parabole, il est nécessaire de connaître le point $\mathfrak{B} = 0$, ou bien la valeur de la pression sur la culée en A. Substituons à notre figure celle que représente l'arrangement de la fig. 83; si l'on fait abstraction des surfaces hâchées, on obtient une poutre continue dont les appuis sont con-

Fig. 83.

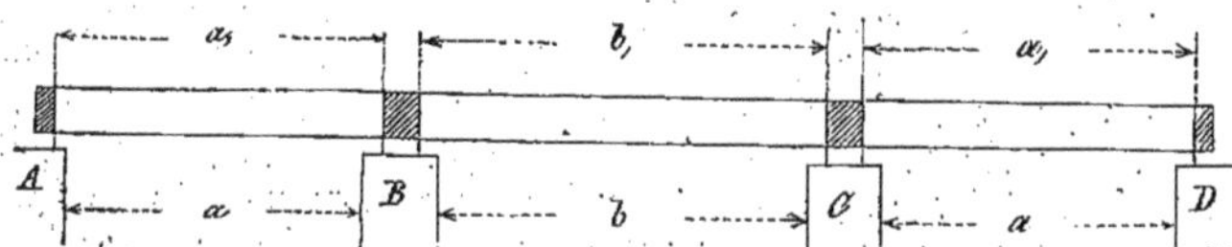

centrés en divers points et distants de a_1 b_1 et a_1. Afin de trouver la valeur de a_1, il faut ajouter à la portée dans œuvre a, la moitié de la longueur d'appui sur la culée extérieure et un quart de la longueur des appuis du milieu.

Si le rapport des travées $\frac{a}{b}$ varie, l'effort tranchant des deux côtés des piles intermédiaires n'est plus le même, et si le point $\mathfrak{B} = 0$ doit passer sur le milieu des piles, la réaction des appuis ne peut plus être répartie également sur la largeur de la surface d'appui; la courbe des $\mathfrak{M}$ sur les piles n'est plus une parabole, mais une courbe d'un degré supérieur; la supposition que $\mathfrak{B} = 0$ passe par le milieu des piles, et celle que la pression sur les appuis varie d'une manière continue, permettront d'employer le mode indiqué par les fig. 82 et 83, ce qui est aussi motivé pour le cas d'une charge partielle, car, plus l'effort tranchant augmente du côté d'une travée chargée, plus aussi la réaction de l'appui sur cette moitié du soutien augmentera, de façon que le point $\mathfrak{B} = 0$ restera, aussi pour ce cas, dans le voisinage du milieu de l'appui.

Tout ce raisonnement est fondé sur l'hypothèse faite en commençant, que la pression sur l'appui doive se répartir sur une portion notable de la poutre au moyen d'un arrangement convenable, et il est clair qu'ordinairement la longueur de la glissière est plus petite que l'épaisseur de la pile.

Pour le cas d'une épaisseur de piles assez considérable, Monsieur l'ingénieur Mohr a fait la proposition de former deux points de supports distincts sur chaque pile intermédiaire, et de considérer comme travée spéciale la distance comprise entre les deux points supports du même appui; on peut employer la méthode Clapeyron, développée dans les N^{os}. **21** et **22**.

L'inconvénient qui peut facilement résulter pour des ouvertures moins grandes, c'est que ces poutres, lors d'un chargement partiel, se soulèvent sur l'un des appuis.

87. Dans nos calculs, les valeurs des moments de flexion $\mathfrak{M}$, des efforts tranchants $\mathfrak{V}$, du propre poids de la construction p, du poids total q, ainsi qu'elles sont données dans les tables XVII, se rapportent toutes à *une simple voie* de chemin de fer.

Lorsqu'une voie est supportée par deux poutres, chacune d'elles est destinée à recevoir la moitié des poids et des moments calculés pour une voie.

Il peut aussi arriver que 3 ou plusieurs poutres aient à supporter ensemble une voie d'une manière inégale. Le poids du pont à introduire dans les formules sera à-peu-près le même, mais il faudra calculer la partie du poids de la construction et de la surcharge que chaque poutre devra supporter.

Il arrive souvent, *qu'une même poutre principale contribue à supporter deux voies.*

Lorsqu'il n'existe que deux poutres principales, il faudra calculer pour chacune d'elles, les poids p, q, $\mathfrak{V}$ et les moments de flexion $\mathfrak{M}$ pour une voie, parce qu'il faudra toujours considérer le cas de la charge simultanée des deux voies.

Lorsque trois fermes ont à supporter deux voies, celle du milieu est destinée à recevoir à peu près la moitié de la surcharge, un peu plus ou un peu moins, suivant le rapport des leviers, donné par la construction des entretoises. Il ne convient pas de construire l'entretoise comme poutre continue, car celle-ci ne résistera guère que comme une poutre simple lorsque la charge vient à passer sur un seul côté (puisque le contre-poids de l'autre surcharge n'existe pas), tandis que pour une surcharge des deux côtés, les fermes extérieures ont relativement moins, celle du milieu plus à supporter que la moitié de la charge. On pourrait employer un abaissement de l'appui pour la ferme du milieu, afin de contre-balancer ce désavantage, toutefois il faut remarquer qu'il en résultera un amoindrissement de rigidité et de solidité de la construction entière, et que la preuve de l'existence de l'abaissement serait souvent difficile à démontrer.

Si l'on admet que les entretoises reposent librement sur les deux fermes, on ne peut être en doute sur la répartition de la charge, car on considère les deux travées comme étant chargées, et le poids des poutres et principalement celui du tablier se répartissent à-peu-près proportionnellement à celui de la surcharge.

88. Lorsque les deux voies d'un pont sont supportées par 2 ou 3 fermes, il arrivera dans la plupart des cas, que la charge d'une des voies produira une *flèche différente* sur chacune des fermes.

Cette flèche atteindra son maximum pour une poutre reposant librement sur deux appuis. — Cette flexion f est donnée par l'équation 42) pour le cas de la charge maximum q

$$f = \frac{5}{384} \cdot \frac{ql^4}{E\Theta} \quad \cdots \quad \cdots \quad 42)$$

où l indique la portée de la ferme, mais, d'après l'équation 31)

$$\mathfrak{M} = \frac{\mathfrak{A}}{\mathfrak{a}} \Theta \quad \cdots \quad \cdots \quad \text{I.}$$

de plus, pour la section moyenne, (où se trouve la flexion maximum)

$$\mathfrak{M} = \frac{1}{8} ql^2 \quad \cdots \quad \cdots \quad \text{II.}$$

et

$$\mathfrak{a} = \frac{H}{2} \quad \cdots \quad \cdots \quad \text{III.}$$

c'est-à-dire doit être remplacé par la moitié de la hauteur de la poutre; il résulte des équations I.—III.

$$\Theta = \frac{\mathfrak{M} \cdot H}{2 \cdot \mathfrak{A}} = \frac{q \cdot l^2}{16} \cdot \frac{H}{\mathfrak{A}} \quad \cdots \quad \text{IV.}$$

qui, remplacé dans l'équation 42), donne:

$$f = \frac{5}{24} \cdot \frac{\mathfrak{A}}{E} \cdot \frac{l^2}{H} \quad \cdots \quad \cdots \quad 140)$$

Pour une charge maximum, où le fer forgé est soumise à un effort de 600 kilogr. par centimètre carré, nous avons $\frac{E}{\mathfrak{A}} = 3000$; d'où il résulte que la flèche maximum pour une telle poutre en fer forgé, reposant librement sur deux appuis, sera:

$$f = 0{,}00007 \frac{l}{H} \cdot l \quad \cdots \quad \cdots \quad 141)$$

Lors d'une charge partielle, la ferme du milieu n'aura à subir qu'une partie de cette flexion; si la charge est q par unité de longueur, la flèche maximum sera

$$f_1 = \frac{q}{q} \, 0{,}00007 \frac{l}{H} \cdot l \quad \cdots \quad \cdots \quad 142)$$

et en calculant f_1 pour chaque ferme, on obtiendra les différences cherchées de l'abaissement.

Exemple. Un pont de 40 mètres de portée est formé de deux fermes ayant à supporter deux voies; d'après la table XVII, le propre poids du pont sera $p = \frac{1}{3} q$ et la surcharge pour une voie $k = \frac{2}{3} q$; supposons que cette dernière se répartisse, pour le cas d'une charge partielle, d'après les rapports $\frac{2}{7}$ et $\frac{5}{7}$, de manière qu'une ferme ait à supporter la surcharge $\frac{2}{7} k = \frac{4}{21} q$ et l'autre $\frac{5}{7} k = \frac{10}{21} q$; la charge totale des deux fermes est donc

$$\text{pour la ferme I.} \quad p + \frac{4}{21} q = \frac{11}{21} q,$$
$$\text{pour la ferme II.} \quad p + \frac{10}{21} q = \frac{17}{21} q.$$

Donc d'après l'équation 142), remplaçant l par sa valeur 40 m. $= 4000$ Cent. et le rapport $\frac{1}{H}$ par $\frac{1}{10}$ on aura:

pour la ferme I.

$$f_1 = \frac{11}{21} \, 0{,}0007 \cdot 4000 \text{ cent.} = 1{,}6 \text{ cent.}$$

pour la ferme II.

$$f_1 = \frac{17}{21} \, 0{,}0007 \cdot 4000 \text{ cent.} = 2{,}475 \text{ cent.}$$

La différence des flexions dans le cas de la charge partielle est donc au milieu, de 0,875 cent., ce qui procure un petit voilement du pont ou une légère rotation de la section moyenne.

§ 10.

Moments de flexion pour de petites poutres.

89. Pour de petites poutres, on a affaire à des charges concentrées; le calcul des moments de flexion $\mathfrak{M}$ et des efforts tranchants $\mathfrak{V}$ se fait d'après les équations 100—102), lorsque la poutre repose librement sur deux appuis. On ne peut guère conseiller de construire dans ce cas des poutres continues.

D'un côté, l'avantage qu'on obtiendrait est très-faible et d'autre part, il est démontré par les développements des N°. **75** et **82** combien de faibles variations dans la hauteur des appuis peuvent faire varier les moments de flexion, de sorte que l'avantage de la continuité disparaît et qu'au contraire, il n'en résulte qu'une incertitude au sujet des forces qui agissent en réalité.

Des poutres successives non continues peuvent être reliées à leurs extrémités, ce qui ne rend la construction que plus solide, et en outre, ces liaisons influent avantageusement sur la force de résistance de la poutre; si l'on doit obtenir la tension avec exactitude dans un cas particulier, on pourra tenir compte de cet assemblage aux extrémités, en introduisant le moment de résistance de cet assemblage dans le calcul; en général, il est déterminé par la position et la section des boulons d'assemblage.

Dans le calcul de poutres de pont, on ne tiendra généralement pas compte du moment de cet assemblage des extrémités, qui n'est que faible si l'on n'a pas eu l'intention d'obtenir une continuité plus ou moins complète.

90. Le propre poids de petites poutres peut être en général négligé lorsqu'on calcule les dimensions de ces dernières. Si l'on n'a que des poutres reposant librement sur deux appuis, le calcul sera fort simple et se réduira à un emploi réitéré de la théorie du levier. Dans le paragraphe qui suit, sur les poutres homogènes, nous avons calculé numériquement les moments de flexion pour les coupes qui arrivent le plus fréquemment en pratique.

Afin de simplifier aussi les calculs pour des cas particuliers, et de montrer plus en détail et clairement les propriétés des petites poutres, nous avons consigné dans la table XXVIII les moments de flexion et les flèches pour une série de dispositions; les extrémités encastrées sont indiquées par des hâchures, et l'on a obtenu dans ces cas les moments de flexion par l'emploi réitéré des développements des N°⁸. **19—21**, en posant la condition, que la tangente de l'angle de la ligne élastique à l'extrémité encastrée soit nulle.

Table XXVIII.

Nro.	Disposition adoptée pour la poutre.	Valeur maximum des moments de flexion.		Flèche maximum.	
		Abscisse comptée à partir de A.	$\mathfrak{M}$	Abscisse comptée à partir de A.	Flèche.
1	Fig. 84.	0	$Pl = ql^2$	l	$^1/_8 \; \dfrac{ql^4}{E\Theta}$
2	Fig. 85.	0	$\dfrac{ql^2}{2}$	l	$^1/_8$ "
3	Fig. 86.	$\dfrac{l}{2}$	$\dfrac{Pl}{4} = \dfrac{ql^2}{4}$	$\dfrac{l}{2}$	$^1/_{48}$ "
4	Fig. 87.	$\dfrac{l}{2}$	$\dfrac{ql^2}{8}$	$\dfrac{l}{2}$	$^5/_{384}$ "
5	Fig. 88.	$\left.\begin{array}{c} 0 \\ \dfrac{l}{2} \\ l \end{array}\right\}$	$\dfrac{Pl}{4} = \dfrac{ql^2}{8}$	$\dfrac{l}{2}$	$^1/_{192}$ "

Table XXVIII.

Nro.	Disposition adoptée pour la poutre.	Valeur maximum des moments de flexion.		Flèche maximum.	
		Abscisse comptée à partir de A.	$\mathfrak{M}$	Abscisse comptée à partir de A.	Flèche.
6	Fig. 89.	$\left.\begin{array}{c}0\\l\end{array}\right\}$ $\dfrac{l}{2}$	$\dfrac{ql^2}{12}$ $\dfrac{ql^2}{24}$	$\dfrac{l}{2}$	$^1/_{384}$ $\dfrac{ql^4}{E\Theta}$
7	Fig. 90.	$\left.\begin{array}{c}\text{dans A}\\=0\end{array}\right\}$	$\dfrac{3}{16}\,\mathrm{Pl}=\dfrac{3}{16}\,ql^2$	$0{,}553\,l$ $\dfrac{l}{2}\,{}^{*})$	$0{,}00932$ ″ $0{,}00911$ ″
8	Fig. 91.	0	$\dfrac{1}{8}\,ql^2$	$0{,}572\,l$	$0{,}0054$ ″
9	Fig. 92.	λ	$\mathrm{P}\,\dfrac{\lambda}{l}\,(l-\lambda)$	$\lambda\,{}^{*})$	$\dfrac{\mathrm{P}\lambda^2}{6\,E\Theta}(l-\lambda)\sqrt{\dfrac{l-\lambda}{3l-\lambda}}$
10	Fig. 93.	$\left.\begin{array}{c}\text{dans A}\\=0\end{array}\right\}$ λ	$\mathrm{P}\,\dfrac{\lambda\,(2l-\lambda)\,(l-\lambda)}{2\,l^2}$ $\mathrm{P}\,\dfrac{\lambda^2\,(3l-\lambda)\,(l-\lambda)}{2\,l^2}$	$l-l\sqrt{\dfrac{l-\lambda}{3\,l-\lambda}}$ $\lambda\,{}^{*})$	$\dfrac{\mathrm{P}}{E\Theta}\left[\dfrac{\lambda^3}{3}-\dfrac{\lambda^4}{12\,l^3}(3l-\lambda)^2\right]$ $\dfrac{\mathrm{P}}{3\,E\Theta}\dfrac{(l-\lambda)^2}{l}\,\lambda^2$

*) *Remarque.* La flèche n'est pas maximum pour les abscisses qui portent l'astérisque *).

Table XXVIII.

Nro.	Disposition adoptée pour la poutre.	Valeur maximum des moments de flexion.		Flèche maximum.	
		Abscisse comptée à partir de A.	$\mathfrak{M}$	Abscisse comptée à partir de A.	Flèche.
11	Fig. 94.	dans A $= 0$	$P\dfrac{\lambda(l-\lambda)^2}{l^2}$	—	—
		λ	$P\dfrac{\lambda^2(l-\lambda)^2}{2\,l^3}$	—	—
		l	$P\dfrac{\lambda^2(l-\lambda)}{l^2}$	—	—
12	Fig. 95.	λ à $\lambda+d$	$P\dfrac{l-d}{2}=P\lambda$	$\dfrac{l}{2}$	$\dfrac{\lambda(3l^2-4\lambda^2)}{24}\cdot\dfrac{P}{E\Theta}$
13	Fig. 96.	$l=\dfrac{l}{2}-\dfrac{d}{4}$	$P\dfrac{(2\,l-d)^2}{8\,l}$	—	—
14	Fig. 97.	λ	$P\dfrac{\lambda}{l}(2l-\lambda-\lambda_{,})$	—	—
		$\lambda_{,}$	$P\dfrac{l-\lambda_{,}}{l}(\lambda+\lambda_{,})$	—	—
15	Fig. 93.	dans A $= 0$	$P\lambda\dfrac{l-\lambda}{l}$	$\dfrac{l}{2}$	$\dfrac{\lambda^2(3l-4\lambda)}{24}\cdot\dfrac{P}{E\Theta}$
		λ à $\lambda+d$	$P\dfrac{\lambda^2}{2}$		

Remarque. Le cas 13 est la position la plus défavorable des deux poids; d'après une transformation, on a: $\mathfrak{M}=P\dfrac{l-d}{2}+P\dfrac{d^2}{8\,.\,l}$ (voir le 12ème cas).

CHAPITRE QUATRIEME.

Règles pratiques pour ponts-poutres à parois pleines.

§ 11.

Poutres homogènes.

91. On trouve le moment de résistance d'une poutre à paroi pleine d'après l'équation 31), en calculant le moment d'inertie de la poutre considérée.

Si nous nommons pour une section x quelconque:

$\mathfrak{M}$ le moment de flexion,

$\varSigma Xy$ le moment de résistance de même valeur numérique,

$\mathfrak{A}$ ($\mathfrak{B}$) l'effort de tension (compression) des fibres extérieures,

a (b) la distancee des fibres extérieures, soumises à des efforts de tension, (compression) à la ligne des fibres invariables,

Θ le moment d'inertie de la section de la poutre, on a:

$$\mathfrak{M} = \varSigma Xy = \frac{\mathfrak{A}}{a}\,\Theta = \frac{\mathfrak{B}}{b}\,\Theta \quad . \quad . \quad . \quad 31)$$

Dans le chapitre précédent, nous avons calculé les moments de flexion $\mathfrak{M}$ pour divers cas et en particulier pour de *petites poutres*, entretoises etc.; ces résultats sont contenus dans la table XXVIII. Les cas spéciaux doivent être calculés d'après les formules 101)—102) (page 89), qui se simplifieront beaucoup si l'on néglige le propre poids de la poutre.

Les efforts de tension et de compression à adopter sont indiqués dans le chapitre deuxième, le calcul des moments d'inertie est développé dans le chapitre premier, et le N°. **14** contient un résumé des moments d'inertie pour des formes souvent employées, tandis que le N°. **16** renferme une formule approximative qui, dans beaucoup de cas, fournira bien plus rapidement et avec une exactitude suffisante les résultats qu'on se propose d'obtenir.

92. Les *poutres en fer forgé* sont celles qu'on rencontre le plus généralement dans les constructions de ponts, et qui présentent aussi les formes les plus variées. L'effort à adopter pour de bons fers laminés peut être pris jusqu'à 700 kilogr., mais nous n'adopterons que 600 kilogr. comme effort maximum pour de petits ponts.

En conservant les notations des numéros précédents, nous aurons d'après l'équation 31)

$$\mathfrak{M} = \Sigma Xy = \frac{\mathfrak{A}}{a}\,\Theta = \frac{\mathfrak{B}}{b}\,\Theta$$
$$\mathfrak{A} = \mathfrak{M}\,\frac{a}{\Theta} = \mathfrak{B}\,\frac{a}{b} \qquad\left.\vphantom{\begin{matrix}1\\1\\1\end{matrix}}\right\} \quad \ldots\ 143)$$
$$\mathfrak{B} = \mathfrak{M}\,\frac{b}{\Theta} = \mathfrak{A}\,\frac{b}{a}$$

Le tout étant exprimé en kilogrammes, $\mathfrak{A}$ ou $\mathfrak{B}$ ne doit pas dépasser 600; il doit même être plus faible, lorsque l'effort de tension oblique de la paroi, lequel ne doit pas non plus dépasser 600 kilogr., deviendrait plus grand que l'effort de tension longitudinal maximum (voir N°. **26** et **27**).

La paroi du milieu n'entre que pour peu dans la valeur du moment d'inertie et devra en conséquence être de faible épaisseur pour des poutres homogènes en fer forgé; l'effort tranchant $\mathfrak{B}$ détermine toutefois un minimum d'épaisseur de la paroi.

Si nous nommons pour une section verticale x:

$\mathfrak{B}$ l'effort tranchant que doit supporter la section,

ΣY la valeur numérique égale à la résistance verticale,

S_0 la force rasante par unité de longueur qui agit dans la fibre neutre de la poutre,

$\mathfrak{S}_0$ l'effort rasant par unité carrée à cet endroit,

$\mathfrak{H}$ la distance des points d'application de la tension et de la compression,

δ l'épaisseur de la paroi du milieu, d'après l'équation 46) on a:

$$S_0 = \frac{\Sigma Y}{\mathfrak{H}} = \frac{\mathfrak{B}}{\mathfrak{H}} \quad \ldots\ldots\ldots\ \text{I.}$$

et d'après l'équation 47)

$$\mathfrak{S}_0 = \frac{S_0}{z} = \frac{S_0}{\delta} \quad \ldots\ldots\ldots\ \text{II.}$$

et il résulte de I. et II. comme effort rasant horizontal dans la fibre neutre:

$$\mathfrak{S}_0 = \frac{\mathfrak{B}}{\delta\,\mathfrak{H}} \quad \ldots\ldots\ldots\ 144)$$

Si le tout est exprimé en centimètres et en kilogrammes, $\mathfrak{S}_0$ ne doit pas dépasser 350, d'où résulte la règle

$$\delta \gtreqless \frac{\mathfrak{B}}{350\,\mathfrak{H}} \quad \ldots \ldots \ldots \ldots \quad 145)$$

La valeur exacte de $\mathfrak{H}$ est donnée d'après l'équation 32) du N°. **14**

$$\mathfrak{H} = \frac{\Theta}{\int_0^{\mathfrak{b}} z \cdot y \cdot dz} \quad \ldots \ldots \ldots \ldots \quad 32)$$

L'intégrale représente le moment de la section soumise à la compression et se calcule ordinairement d'une manière facile (du reste numériquement égal au moment de la section soumise à la traction).

Fig. 99.

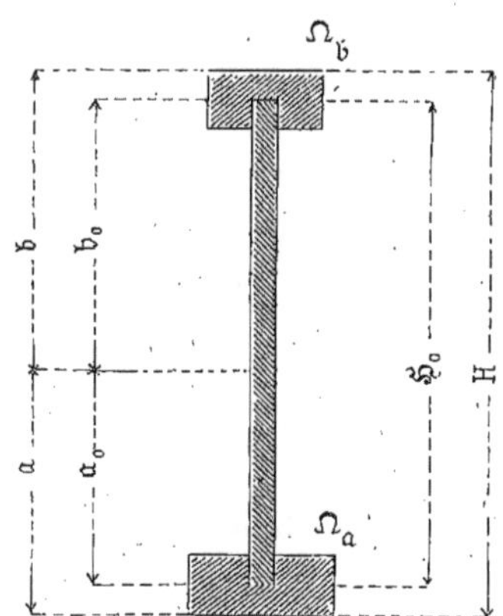

Dans beaucoup de cas, le calcul approximatif suivant conduira plus vite et assez exactement au but; la distance $\mathfrak{H}$ des deux résultantes des forces qui agissent dans les nervures, peut être regardée comme étant égale à la distance des centres de gravité des nervures; si l'on désigne (voir fig. 99) par $\mathfrak{a}_0$ et $\mathfrak{b}_0$ les distances de ces résultantes à la fibre invariable, par $\Omega_\mathfrak{a}$ ($\Omega_\mathfrak{b}$) la section des nervures soumises à la tension (compression) et si l'on peut considérer la hauteur de la paroi du milieu comme étant égale à $\mathfrak{H}_0$, (ce qui est assez exact pour de grandes poutres) on a:

$$\mathfrak{H} = \mathfrak{H}_0 \left\{ 1 - \frac{1}{12} \, \frac{\delta \, (\mathfrak{a}_0{}^2 + \mathfrak{b}_0{}^2)}{\mathfrak{b}_0 \, (\Omega_\mathfrak{b} + {}^1/_2 \, \delta \mathfrak{b}_0)} \right\} \quad 147)$$

Pour des sections symétriques, $\mathfrak{a}_0 = \mathfrak{b}_0 = {}^1\!/_2\,\mathfrak{H}_0$ et la formule ci-dessus devient

$$\mathfrak{H} = \mathfrak{H}_0\,\frac{12\,\Omega + 2\,\delta\mathfrak{H}_0}{12\,\Omega + 3\,\delta\mathfrak{H}_0} \quad . \quad . \quad . \quad . \quad 148)$$

Pour des sections compliquées, par exemple pour des profils de rails, il sera préférable d'employer pour la détermination de $\mathfrak{H}$ le moyen graphique indiqué dans le N°. **17**.

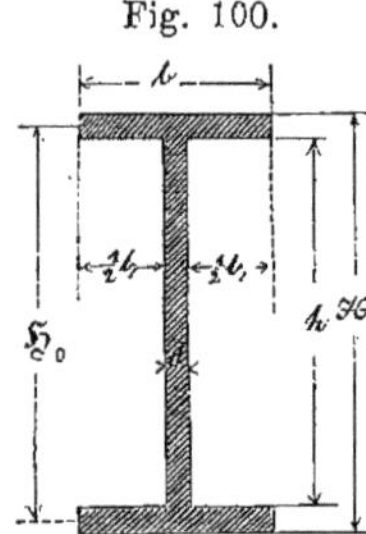
Fig. 100.

93. En maintenant les règles précédentes, nous voulons calculer l'effort oblique de tension (compression) d'une poutre symétrique à forme de double ⊤, dont les dimensions sont indiquées dans la figure 100. L'effort de tension (pression) maximum se trouve dans la paroi verticale près des nervures, où la tension longitudinale est $\mathfrak{A}_y$. Nous prenons pour effort de tension longitudinale dans la fibre extérieure 550 kilogrammes, donc

$$\mathfrak{A}_y = 550\,\frac{h}{H} \quad . \quad . \quad . \quad . \quad . \quad . \quad . \quad \text{I.}$$

le tout est exprimé en kilogrammes et en centimètres. La force rasante horizontale se trouve d'après l'équation 45)

$$S_y = \frac{\Sigma Y}{\Theta}\int_y^b zy\,dy \quad . \quad . \quad . \quad . \quad . \quad \text{II.}$$

et en substituant cette valeur dans l'équation 47), tout en plaçant pour z l'épaisseur δ de la tôle, on obtient pour l'effort rasant horizontal à cet endroit:

$$\mathfrak{S}_y = \frac{\dfrac{\Sigma Y}{\delta}\displaystyle\int_y^b zy\,dy}{\Theta} \quad . \quad . \quad . \quad . \quad . \quad \text{III.}$$

si l'on remplace $\dfrac{\Sigma Y}{\delta} = \dfrac{\mathfrak{B}}{\delta}$ par sa valeur tirée de l'équation 144),

et que l'on tienne compte de ce que $\displaystyle\int_y^b zy\,dy$ est le moment de la section supérieure par rapport à l'axe neutre, on obtient:

$$\mathfrak{S}_y = \frac{3}{2}\,\frac{b\,(H^2 - h^2)}{bH^2 - b_{\prime}h^2}\,.\,350\,\mathfrak{H} \quad . \quad . \quad . \quad \text{IV.}$$

Si l'on écrit de plus $\dfrac{h}{H} = \dfrac{9}{10}$, $\dfrac{b_{\prime}}{b} = \dfrac{9}{10}$ il en résulte, d'après l'équation 148) $\mathfrak{H} = 0,84\ H$ qui, indroduit dans l'équation IV., donne

$$\mathfrak{S}_y = 245\ \text{kilogr.} \quad . \quad . \quad . \quad . \quad . \quad . \quad \text{V.}$$

et d'après l'équation I.

$$\mathfrak{A}_y = \frac{h}{H}\ 550\ \text{kilogr.} = 495\ \text{kilogr.} \quad . \quad \text{VI.}$$

Si l'on remplace enfin les valeurs $\mathfrak{S}_y$ et $\mathfrak{A}_y$ des équations V. et VI. dans l'équation 55), on obtient comme effort de tension ou de compression oblique:

$$\mathfrak{D}\ \text{max} = \frac{495}{2} \pm \sqrt{245^2 + \left(\frac{495}{2}\right)^2} = 602,5\ \text{kilogr.} \quad . \quad \text{VII.}$$

Si l'on avait pris $\mathfrak{A} = 600$ kilogr., on aurait eu à cet endroit (limite entre la nervure et la paroi du milieu) $\mathfrak{A}_y = 540$ et $\mathfrak{D}$ max serait devenu égal à 670 kilogr., valeur trop forte pour une telle poutre soumise directement aux chocs des wagons de chemins de fer; il arrivera du reste rarement que $\mathfrak{A}$ et $\mathfrak{S}_0$ atteignent leur maximum dans une même section.

L'effort que la paroi du milieu doit supporter est encore plus grand lorsque la charge est au-dessus, et qu'il n'existe pas de nervures verticales rigides; dans ce cas, la paroi du milieu est soumise sur une certaine longueur, à une compression verticale qui n'est pas comprise dans le calcul de la pression oblique maximum, ainsi que nous l'avons fait remarquer à la fin du N°. **25**; cette compression serait donc un peu plus grande que celle calculée ci-dessus, d'après l'équation 55).

94. La forme de **I** (ou double ⊤) est celle qu'on rencontre le plus ordinairement pour des poutres homogènes en fer forgé; dans le N°. **14**, nous avons calculé les moments d'inertie Θ pour des formes symétriques et non-symétriques, d'où l'on tire les moments de résistance d'après l'équation 31)

Afin de faciliter le calcul, nous avons construit la table suivante XXIX; les moments de résistance, calculés et indiqués en kilogrammètres, correspondent à un effort de tension longitudinale maximum de 600 kilogrammes par centimètre carré; la réduction pour d'autres efforts est facile à faire d'après l'équation 31), puisque que les moments de résistance sont directement proportionnels aux efforts adoptés.

Les dimensions des figures 101)—108) sont indiquées en fonction de l'épaisseur de la paroi du milieu, l'épaisseur de la nervure est toujours prise 1,4 fois plus grande que celle de la paroi du milieu, ce qui correspond aux rapports ordinaires des fers en **I** tels que les fournissent actuellement les usines; pour la plupart des fers en **I**, on trouvera dans la table un profil à peu près

Table XXIX.

Les cotes des figures sont exprimées en fonction de l'épaisseur δ de la paroi du milieu.

poids par mètre courant.	8,80	12,7	17,25	22,5	28,5	35,2	42,6	50,7	59,5	69,0	79,2	90,1	101,7	114,0
$\delta =$	0,5	0,6	0,7	0,8	0,9	1,0	1,1	1,2	1,3	1,4	1,5	1,6	1,7	1,8
Fig. 101. $\quad H = 12,8$		15,4	17,9	20,5	23,0	25,6	28,2	30,7	33,1	35,8	38,4	41,0	43,5	46,1
$\Sigma Xy = 249$		431	684	1021	1454	1994	2654	3446	4381	5471	6730	8167	9797	11629
Fig. 102. $\quad H = 12,1$		14,5	16,9	19,4	21,8	24,2	26,6	29,0	31,5	33,9	36,3	38,7	41,1	43,6
$\Sigma Xy = 242$		417	663	990	1409	1933	2573	3340	4250	5304	6524	7918	9497	11273
Fig. 103. $\quad H = 11,4$		13,7	16,0	18,2	20,5	22,8	25,1	27,4	29,6	31,9	34,2	36,5	38,8	41,0
$\Sigma Xy = 233$		403	639	954	1359	1864	2481	3221	4095	5115	6291	7635	9158	10871
Fig. 104. $\quad H = 10,7$		12,8	15,0	17,1	19,3	21,4	23,5	25,7	27,8	30,0	32,1	34,2	36,4	39,5
$\Sigma Xy = 223$		386	613	915	1303	1787	2378	3088	3926	4903	6031	7320	8779	10422

Remarque. L'effort dans les fibres extérieures est calculée à 600 kilogr. par cent. carré.
La hauteur H est exprimée en centimètres, ΣXy en kilogrammètres.

Continuation de la Table XXIX.

Les cotes des figures sont exprimées en fonction de l'épaisseur δ de la paroi du milieu.

poids par mètre courant.	8,80	12,7	17,25	22,5	28,5	35,2	42,6	50,7	59,5	69,0	79,2	90,1	101,7	114,0
$\delta =$	0,5	0,6	0,7	0,8	0,9	1,0	1,1	1,2	1,3	1,4	1,5	1,6	1,7	1,8
Fig. 105. 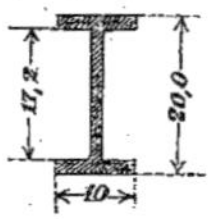 $H =$	10,0	12,0	14,0	16,0	18,0	20,0	22,0	24,0	26,0	28,0	30,0	32,0	34,0	36,0
$\Sigma Xy =$	213	368	584	871	1241	1702	2265	2941	3739	4670	5744	6971	8362	9926
Fig. 106. 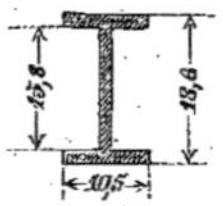 $H =$	9,3	11,2	13,0	14,9	16,7	18,6	20,6	22,3	24,2	26,0	27,9	29,3	31,6	33,5
$\Sigma Xy =$	201	347	552	823	1173	1609	2142	2780	3535	4415	5430	6590	7905	9384
Fig. 107. 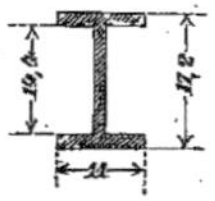 $H =$	8,6	10,3	12,0	13,8	15,5	17,2	18,9	20,6	22,4	24,1	25,8	27,5	29,2	31,0
$\Sigma Xy =$	189	326	518	773	1100	1509	2008	2608	3315	4141	5093	6181	7414	8800
Fig. 108. 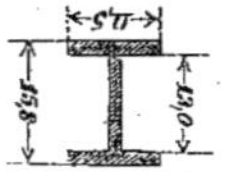 $H =$	7,9	9,5	14,0	12,6	14,2	15,8	17,4	19,0	20,5	22,1	23,7	25,3	26,9	28,4
$\Sigma Xy =$	175	303	481	717	1021	1401	1864	2421	3078	3844	4728	5738	6883	8171

Remarque. L'effort dans les fibres extérieures est calculé à 600 kilogr. par cent carré. La hauteur H est exprimée en centimètres, ΣXy en kilogrammètres.

correspondant, la hauteur et le poids par mètre courant devant être surtout pris en considération.

95. Pour toutes les sections de poutres qui sont formées par *deux nervures* (supérieure et inférieure), on peut employer les formules approximatives 38) et 39).

Prenant les dimensions indiquées par la fig. 99 (page 149), si l'on nomme:

$\mathfrak{A}$ l'effort de tension maximum dans les fibres extérieures,

$\mathfrak{B}$ l'effort de compression maximum dans les fibres extérieures opposées,

$\mathfrak{H}_0$ la distance des centres de gravité des nervures (point d'application des résultantes des pressions et des tensions,

Θ le moment d'inertie de la section,

$\mathfrak{M}$ le moment de flexion pour la coupe qu'on considère, on aura d'après le N°. **16**:

$$\Theta = \mathfrak{H}_0\, \mathfrak{a}_0 \left(\Omega_a + {}^1/_3\, \delta \mathfrak{a}_0\right) = \mathfrak{H}_0\, \mathfrak{b}_0 \left(\Omega_b + \frac{1}{3}\, \delta \mathfrak{b}_0\right) \quad \ldots \ldots \quad 149)$$

$$\left. \begin{aligned} \mathfrak{M} &= \frac{\mathfrak{A}}{\mathfrak{a}}\, \mathfrak{H}_0\, \mathfrak{a}_0 \left(\Omega_a + \frac{1}{3}\, \delta \mathfrak{a}_0\right) = \frac{\mathfrak{A}}{\mathfrak{a}}\, \mathfrak{H}_0\, \mathfrak{a}_0 \left(\Omega_b + \frac{1}{3}\, \delta \mathfrak{b}_0\right) \\ \mathfrak{M} &= \frac{\mathfrak{B}}{\mathfrak{b}}\, \mathfrak{H}\, \mathfrak{b}_0 \left(\Omega_a + \frac{1}{3}\, \delta \mathfrak{b}_0\right) = \frac{\mathfrak{B}}{\mathfrak{b}}\, \mathfrak{H}_0\, \mathfrak{b}_0 \left(\Omega_b + {}^1/_3\, \delta \mathfrak{a}_0\right) \end{aligned} \right\} \quad 150)$$

Pour *des sections à double⊤, symétriques*, cette équation est mathématiquement exacte (voir équation 37); si l'on nomme:

b la largeur de la nervure,

t la hauteur,

H la hauteur totale de la poutre,

h la distance dans œuvre des nervures,

$$\mathfrak{H}_0 = \frac{H + h}{2} \text{ la distance des centres de gravité des nervures,}$$

Si l'on observe encore, que

$$\mathfrak{A} = \mathfrak{B},$$

$$\mathfrak{b} = \mathfrak{a} = \frac{1}{2}\, H,$$

$$\mathfrak{b}_0 = \mathfrak{a}_0 = \frac{1}{2}\, \mathfrak{H}_0,$$

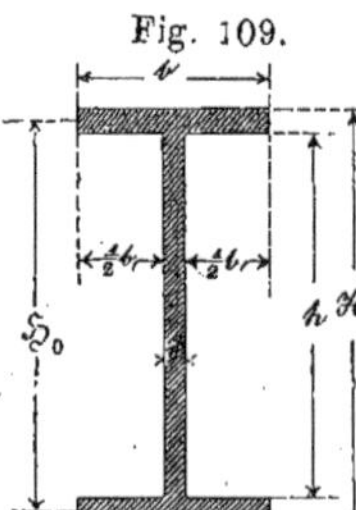
Fig. 109.

on obtient d'après les équations 146) et 147)

$$\Theta = \frac{\mathfrak{H}_0{}^2}{2} \left(\mathfrak{b}t + \frac{1}{6}\, \delta\, \mathfrak{H}_0\right) \quad \ldots \quad 151)$$

$$\mathfrak{M} = \mathfrak{A}\, \frac{\mathfrak{H}_0{}^2}{H} \left(\mathfrak{b}t + \frac{1}{6}\, \delta\, \mathfrak{H}_0\right) \quad \ldots \quad 152)$$

A ne devra pas dépasser 600, si dans les formules précédentes 149) à 152), le tout est exprimé en centimètres et en kilogrammes.

96. Les poutres homogènes en fer forgé sont surtout employées pour de petits ponts (en dessous de 7 mètres).

Dans les *ponts de chemins de fer*, il se trouve le plus souvent une poutre sous chaque rail, donc pour une voie, deux poutres; nous calculerons toujours $\mathfrak{M}$ pour une voie. Nous prendrons, comme ci-dessus, 12 tonnes par axe pour poids des roues motrices éloignées de 2 mètres. D'après ces données, nous voulons calculer les moments de flexion $\mathfrak{M}$ pour une série de petits ponts, et nous verrons qu'il existe une différence notable si la poutre est chargée directement, ou si elle l'est au moyen de traverses.

Fig. 110.

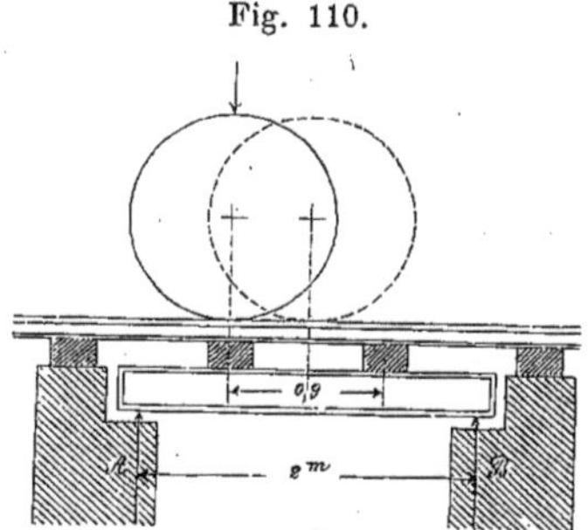

Pour 2 M. de portée et pour une charge directe, on a:

$$\max \mathfrak{M} = \frac{12 \cdot 2}{4} = 6 \text{ tonnes-mètres}$$

dans l'emploi de traverses, le moment de flexion maximum se produit lorsque l'axe se trouve sur l'une d'elles: on a

Fig. 111.

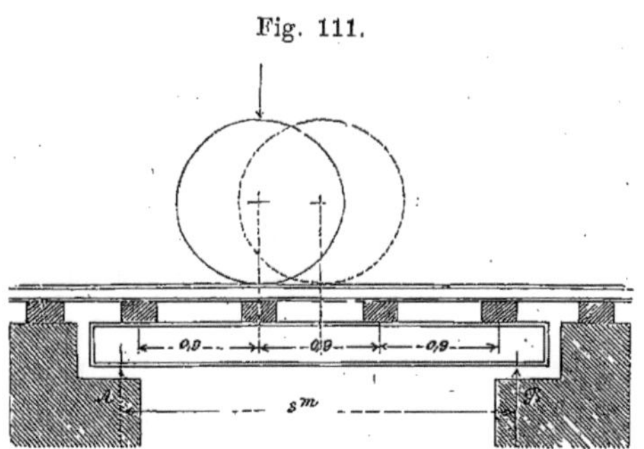

pression sur l'appui $A = \dfrac{12 \cdot 1{,}45}{2{,}00} = 8{,}7$ ts

$\max \mathfrak{M} = 8{,}7 \times 0{,}55 = 4{,}785$ tonnes-mètres pour 3 M. de portée, dans le cas d'une charge directe

$$\max \mathfrak{M} = \frac{12 \cdot 3}{4} = 9 \text{ tonnes-mètres}$$

lorsqu'on emploiera des traverses, on aura encore le max. du moment de flexion dès qu'un axe se trouvera immédiatement au-dessus d'une traverse, (puisque la dernière traverse près de B supporte aussi une partie de la charge de la seconde roue de la locomotive)

Pression sur la culée $A = \dfrac{12 \cdot 1{,}95 + 9{,}333 \cdot 0{,}15}{3{,}0} = 8{,}266$ ts

$\max \mathfrak{M} = 8{,}27 \times 1{,}05 = 8{,}68$ tonnes-mètres.

Pour 4 M. de portée, il faut prendre 2 axes sur le pont; leur position la plus défavorable aura lieu lorsque l'éloignement de l'un deux du milieu du pont, sera égal au $^1/_4$ de la distance d

Fig. 112.

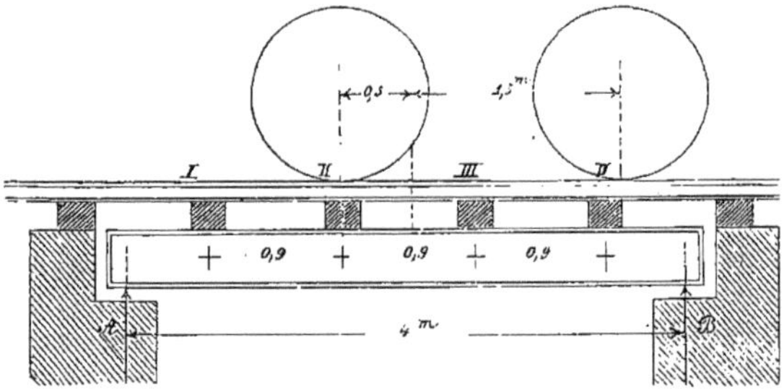

des roues motrices; le moment d'inertie pour une charge directe est, d'après le 13ème cas de la table XXVIII:

$$\max \mathfrak{M} = \frac{P \, (21 - d)^2}{81} = \frac{12 \cdot 36}{32} = \frac{27}{2} = 13{,}5 \text{ tonnes-mètres.}$$

Lors de l'emploi de traverses, pour une même position des axes, la traverse II. est chargée de 11,33 tonnes, la traverse I. de 0,67 tonne et la traverse IV. de 10 tonnes, ensorte qu'on aura:

Pression sur la culée

$$A = \frac{2{,}45 \cdot 11{,}33}{4} + \frac{0{,}67 \times 3{,}35}{4} + \frac{0{,}65 \cdot 10}{4} = 9{,}125 \text{ ts}$$

$\max \mathfrak{M} - = 9{,}125 \cdot 1{,}50 - 0{,}67 \cdot 0{,}85 = 13{,}12$ tm

a différence de 0,38 tm est contenue dans les rails, vu que l'axe de la roue ne se trouve pas immédiatement au-dessus d'une traverse. Nous avons calculé la table XXX d'après les suppositions faites ci-dessus; elle donne pour chaque portée et pour une voie, la grandeur correspondante max $\mathfrak{M}$ en kilogrammètres. — Les moments de résistance qui y correspondent, sont contenus, pour des poutres à double T, dans la table XXIX.

Table XXX.

Charge par roue motrice 12 ts.   distance des axes 2 M.

Portée:	1,2	1,4	1,6	1,8	2,0	2,2	2,5	2,7	3,0
$\max \mathfrak{M}$ avec traverses.	1575	2464	3281	4050	4785	5495	6187	7200	8680
reposant directement.	3600	4200	4800	5400	6000	6600	7500	8100	9000
Portée:	3,3	3,6	4,0	4,5^m	5,0^m	5,5^m	6,0^m	6,5^m	7,0^m
$\max \mathfrak{M}$ avec traverses.	10180	11310	13475	16319	20034	23419	28236	33000	38000
reposant directement.	9900	11267	13500	16333	21000	25500	30000	34500	39000

Les moments seront notablement plus grands, lorsque la distance entre les axes diminuera, la charge restant la même; dans la table XXX[a], nous avons pris pour nos calculs 3 roues motrices, chacune du poids de 12 tonnes et à 1,5 M. de distance d'axe à axe (ce qui correspond à peu près à la machine à marchandises prise pour la table XVII[a]).

Table XXX[a].

charge par axe 12 ts.   distance des axes 1,5 M.

Portée:	1,2	1,4	1,6	1,8	2,0	2,2	2,5	2,7	3,0
$\max \mathfrak{M}$ avec traverses.	1650	2648	3587	4500	5390	6164	7552	8400	10080
reposant directement.	3600	4200	4800	5400	6000	6600	7500	8666	10125
Portée:	3,3	3,6	4,0	4,5	5,0	5,5	6,0	6,5	7
$\max \mathfrak{M}$ avec traverses.	11788	13500	16190	20880	25500	30172	34785	39377	43958
reposant directement.	11823	14400	18000	22500	27000	31500	36000	40500	45000

Les moments des tables XXX et XXX[a] se rapportent tous à une seule voie; aussi, lorsqu'on aura deux poutres, ainsi que cela arrive ordinairement, il faudra prendre la moitié de ces valeurs; pour chaque poutre, il faut chercher dans la table XXIX un moment de résistance convenable, de valeur numérique égale au moment de flexion.

L'effort tranchant maximum n'aura pas lieu en même temps, mais toujours lorsque le premier axe de la locomotive est parvenu sur la culée, tandis que les autres axes chargent le pont. — Nous avons ainsi calculé la table XXX pour la valeur maximum de l'effort tranchant $\mathfrak{B}$. = La charge par axe moteur de la locomotive est encore de 12000 kilogr. et leur distance de 2 mètres; les valeurs de $\mathfrak{B}$ sont pour une voie, ensorte qu'en général une poutre n'aura que la moitié de ces valeurs à supporter.

Table XXXI.

Charge par axe 12 ts.   Distance d'axe à axe 2 M.

Portée:	$2,0^{\text{m}}$	$2,2^{\text{m}}$	$2,4^{\text{m}}$	$2,7^{\text{m}}$	$3,0^{\text{m}}$	$3,3^{\text{m}}$	$3,6^{\text{m}}$
max $\mathfrak{B}$	12000	13091	14000	15111	16000	16727	17333
Portée:	$4,0^{\text{m}}$	$4,5^{\text{m}}$	$5,0^{\text{m}}$	$5,5^{\text{m}}$	$6,0^{\text{m}}$	$6,5^{\text{m}}$	$7,0^{\text{m}}$
max $\mathfrak{B}$	18000	20000	21600	22909	24000	24923	25714

Pour toutes les portées de moins de 2 m., $\mathfrak{B}$ max. doit être pris égal à 12000 kilogr. Dans les cas où la distance entre les axes n'est que de 1,5 m., la charge étant toujours de 12000 k., on obtient les valeurs suivantes pour une voie:

Table XXXI[a].

Charge par axe 12 ts.   Distance d'axe à axe 1,5 M.

Portée:	1,6	1,8	2,0	2,2	2,1	2,7	3,0	3,3
max $\mathfrak{B}$	12750^{k}	14000^{k}	15000^{k}	15810^{k}	16500^{k}	17333^{k}	18000^{k}	19636
Portée:	3,6	4,0	4,5	5,0	5,5	6,0	6,5	7,0
max $\mathfrak{B}$	21000	22500	24000	25200	26182	27000	27692	28285

On a supposé dans les tables XXXI et XXXI^a que la poutre était chargée directement; si l'on emploie des traverses, une partie de la force verticale est transmise directement sur la culée; cette dernière force devrait être déduite des valeurs de la table XXXI.

97. Les *poutres en fonte* sont d'un emploi toujours moins fréquent, les vibrations pouvant procurer facilement la rupture; du reste les poutres en fer forgé sont à bon marché et peuvent être construites sous toutes les formes voulues.

La fonte présente la particularité, que son module d'élasticité varie beaucoup dans le cas de fortes charges et qu'il est différent pour la tension et pour la compression (voir tables IV et V). Pour les limites des efforts de tension à adopter dans les constructions de pont, on pourra toutefois considérer ces deux modules comme égaux et nous avons pris comme valeur moyenne 900000 kilogr. par centim. carré.

La résistance de la fonte à la traction étant 5 ou 6 fois plus faible que celle à la compression, il est évident que pour des poutres homogènes, nous ne tiendrons compte que de la première, et l'équation 31) sera:

$$\mathfrak{M} = \frac{\mathfrak{A}}{a}\,\Theta \quad \ldots \ldots \ldots \ldots \ldots \ldots \quad 31)$$

$\mathfrak{A}$ ne doit pas être plus grand que 200, si le tout est exprimé en centimètres et en kilogrammes; il existe pourtant d'excellentes fontes où l'on pourrait porter l'effort de tension jusqu'à 250 kilogrammes par cent. carré.

La résistance de la fonte à la compression étant plus grande que celle à la tension, on donne souvent aux nervures deux sections différentes, en prenant plus faible la nervure soumise à la compression. Pour ces *sections non-symétriques, à faibles parois,* Mr. E. Hodgkinsou donne la formule empirique suivante:

$$P = C.\frac{ah}{l} \quad \ldots \ldots \ldots \ldots \ldots \ldots \quad 153)$$

dans laquelle:

l désigne la longueur d'une tige reposant librement sur deux appuis,

h sa hauteur,

a la section de la nervure soumise à l'effort de traction,

P le poids qui, placé au milieu, procurerait la rupture,

et si le tout est exprimé en centimètres et en kilogrammes,

$$C = 4100 \text{ kilogr.,}$$

d'où résulte un moment de rupture:

$$\mathfrak{M}_0 = 1025 . a . h \quad \ldots \ldots \ldots \ldots \ldots \quad 154)$$

Si l'on adopte comme poids $^1/_5$ du poids qui amène la rupture, ainsi que nous l'avons fait dans la table XII, cette équation 154) coïncide assez bien avec les résultats de l'équation 31) et en effet si l'on néglige la paroi du milieu, la valeur $\dfrac{\Theta}{a}$ seconfond à-peu-près avec celle de a . h.

Comme pour des poutres homogènes en fer forgé, on détermine l'épaisseur de la paroi du milieu d'après les équations 46) et 47), en adoptant une valeur comme effort rasant horizontal dans les fibres invariables.

Si l'on représente par

$\mathfrak{S}_0$ l'effort rasant dans les fibres invariables,

δ l'épaisseur de la paroi du milieu,

$\mathfrak{V}$ l'effort tranchant à transmettre,

$\mathfrak{H}$ la distance des points d'application de la tension et de la compression,

d'après les équations 46) et 47), on aura:

$$\mathfrak{S}_0 = \frac{1}{\delta} \cdot \frac{\mathfrak{V}}{\mathfrak{H}} \quad \ldots \ldots \ldots \ldots \quad 155)$$

Pour de bonnes fontes, $\mathfrak{S}_0$ ne doit pas être pris plus grand que 150, lorsque le tout est exprimé en kilogrammes et en centimétres, d'où résulte

$$\delta \genfrac{}{}{0pt}{}{>}{=} \frac{\mathfrak{V}}{\mathrm{H}} \cdot \frac{1}{150} \quad \ldots \ldots \ldots \ldots \ldots \quad 156)$$

Une poutre en fonte ne peut supporter qu'une charge d'à-peu-près $1/3 - 3/7$ de celle que peut soutenir une poutre en fer forgé de même poids et de même hauteur.

98. *Poutres en acier fondu.* Vu le bon marché de l'acier fondu (surtout de celui de Bessemer), on a commencé à employer ce métal dans les constructions de ponts. La résistance de l'acier à la compression étant double de celle à la tension, il nous faudra tenir spécialement compte de cette dernière, et l'équation 31) est, ainsi que pour la fonte:

$$\mathfrak{M} = \frac{\mathfrak{A}}{a} \cdot \Theta \quad \ldots \ldots \ldots \ldots \ldots \quad 31)$$

Pour l'acier Bessemer, $\mathfrak{A}$ ne doit pas être pris plus grand que 1000 lorsque le tout est exprimé en centimètres et en kilogrammes; nous avons ici en vue l'acier doux ou non trempé.

Nous choisissons comme exemple, le rail de la London Metropolitan Railway, représenté dans la planche VIII, d'un moment d'inertie Θ et $\dfrac{\Theta}{a}$ déterminé d'après le mode indiqué dans le N°. **17**, comme le montre en détail la table VIII.

Pour une charge qui produit une *tension* dans le *champignon*, nous avons trouvé:

$$\mathfrak{M} = 8,715 \, \mathfrak{A}_0 \quad \ldots \ldots \ldots \ldots \quad \mathrm{I.}$$

où $\mathfrak{A}_0$ représente l'effort de tension maximum par pouce carré et exprimé en pouces anglais; de même lorsque le *patin* est soumis à la *tension*, on a :

$$\mathfrak{M} = 11,4\ \mathfrak{A}_0 \ \ldots\ldots\ldots\ \text{II.}$$

Des recherches faites pour le premier mode de charge ont donné une charge de rupture de 22 tonnes pour une portée de 5 pieds soit 60 pouces anglais, d'où résulte $\mathfrak{M} = \dfrac{22 \cdot 60}{4} = 360$ pouces-tonnes et $\mathfrak{A}_0 = 38$ tonnes anglaises.

De même, le patin étant soumis à la tension, on a obtenu une charge de rupture de 29,17 tonnes, d'où $\mathfrak{A}_0 = 38,4$ tonnes par pouce carré soit 6048 kilogr. par cent. carré.

Le coefficient de rupture à la tension de cette matière était de 35 tonnes soit 5512 kilogr. par cent. carré, et nous devons faire remarquer que c'était de l'acier doux; (voyez page 57 pour l'augmentation de la résistance à la tension de corps prismatiques soumis à la flexion).

La distance 1 des points d'appui, sera pour ce rail chargé de roues de locomotives d'un poids de 12 tonnes par axe et lorsque la matière doit être soumise à un effort de 1000 kilogr. au plus par cent. carré, soit de 7 tonnes par pouce carré anglais :

$$1 = \frac{7 \cdot 11,4 \cdot 4}{6} = 53,2 \text{ pouces, soit } 4,4 \text{ pieds anglais.}$$

Il est à remarquer que ce résultat sera un peu modifié, si l'on tient compte de ce que le patin du rail est foré, afin de donner passage aux boulons d'assemblage, ce que nous avons négligé.

Remarque. Les données numériques sont tirées du journal Engineering 1868, où le moment de résistance est calculé de la même manière que nous l'avons fait.

99. Les *poutres homogènes en bois* sont ordinairement de coupe rectangulaire, — ensorte que l'équation 31) se simplifie sensiblement.

Si l'on désigne par

h la hauteur de la poutre,

b sa largeur,

$\mathfrak{M}$ le moment de flexion,

$\mathfrak{A}$ l'effort de tension longitudinal maximum

on a

$$\mathfrak{A} = \frac{\mathfrak{M}}{\tfrac{1}{6}\,bh^2} \ \cdot\ \ldots\ldots\ldots\ldots\ 157)$$

$\mathfrak{A}$ ne doit pas dépasser 70 kilogr. si le tout est exprimé en centimètres et en kilogrammes. Ceci est du reste une valeur moyenne, car les bois présentent des résistances bien différentes qui dépendent de l'espèce et de l'âge du bois ; on prend ordinairement comme charge à adopter le $^1/_{10}$ de celle qui produit la rupture.

§ 12.

Ponts à parois en tôle.

100. Les ponts à parois en tôle diffèrent des poutres homogènes en fer en ce qu'ils sont formés de diverses pièces, parois en tôle, nervures, cornières etc. ; c'est pour cela que leurs formes et leurs dimensions sont à-peu-près illimitées ; chaque pièce peut être construite de manière à répondre au but proposé.

Les mêmes formules trouvées pour les poutres homogènes nous serviront encore à déterminer les dimensions des nervures et des parois en tôle pour des *poutres horizontales et rectilignes*.

Si nous nommons pour une coupe x :

$\mathfrak{M}$ le moment de flexion des forces extérieures,
$\mathfrak{V}$ l'effort tranchant,
$\mathfrak{A}$ ($\mathfrak{B}$) l'effort de tension (pression) horizontale maximum dans les fibres extérieures,
a (b) la distance de la ligne des fibres neutres aux fibres longitudinales extérieures soumises à la tension (pression),
a_0 (b_0) la distance de la ligne des fibres invariables au centre de gravité des nervures soumises à la tension (compression),
$\mathfrak{H}_0$ la distance des deux centres de gravité des nervures,
$\mathfrak{H}$ la distance des points d'application de la tension et de la compression,
Θ le moment d'inertie de la section,
δ l'épaisseur de tôle de la paroi verticale,
Ω_a (Ω_b) la section de la nervure soumise à la tension (pression),
$\mathfrak{S}_0$ l'effort rasant dans les fibres invariables, on a d'après l'équation 31),

$$\mathfrak{M} = \frac{\mathfrak{A}}{a}\,\Theta = \frac{\mathfrak{B}}{b}\,\Theta \quad \ldots \ldots \ldots \ldots \quad 31)$$

La détermination du moment d'inertie Θ est souvent fort longue pour des sections compliquées, aussi peut-on employer avec avantage les formules approximatives du N°. **95** :

$$\left.\begin{aligned} \mathfrak{M} &= \frac{\mathfrak{A}}{a}\,\mathfrak{H}_0\,a_0\,(\Omega_a + {}^1/_3\,\delta a_0) \\[2mm] \mathfrak{M} &= \frac{\mathfrak{B}}{b}\,\mathfrak{H}_0\,b_0\,(\Omega_a + {}^1/_3\,\delta b_0) \end{aligned}\right\} \quad \ldots \ldots \quad 150)$$

D'après l'équation 31), on peut remplacer $\dfrac{\mathfrak{A}}{\mathfrak{a}}$ par $\dfrac{\mathfrak{B}}{\mathfrak{b}}$ et vice-versâ; pour des sections symétriques ou du moins à-peu-près symétriques, cette formule approximative est suffisamment exacte et devient:

$$\mathfrak{M} = \mathfrak{A} \, \frac{\mathfrak{H}_0{}^2}{H} \, (\Omega_a + {}^1\!/_6 \, \delta\mathfrak{H}_0) \quad . \quad . \quad . \quad . \quad . \quad 158)$$

équation identique à la formule 152).

$\mathfrak{A}$ ou $\mathfrak{B}$ ne doit pas dépasser 700 kilogr. lorsque le tout est exprimé en kilogrammes et en centimètres.

D'après la formule 144) du N°. **92**, on a pour la détermination de l'épaisseur de la paroi verticale

$$\mathfrak{S}_0 = \frac{\mathfrak{B}}{\mathfrak{H}\,\delta} \quad . \quad . \quad . \quad . \quad . \quad . \quad . \quad . \quad 144)$$

$\mathfrak{S}_0$ ne doit pas dépasser 350 si le tout est exprimé en centimètres et en kilogrammes, d'où résulte

$$\delta \begin{array}{c}>\\=\end{array} \frac{1}{350} \, \frac{\mathfrak{B}}{\mathfrak{H}} \quad . \quad . \quad . \quad . \quad . \quad . \quad . \quad 145)$$

101. Pour des poutres *à nervures cintrées ou à nervures non-parallèles*, les formules que nous avons développées jusqu'ici devront subir une modification, car nous avons toujours supposé que la section était normale aux fibres longitudinales. — Nommons

Q' la force dans la nervure soumise à la tension,
$Q_y{}'$ la composante verticale de cette force,
α' l'angle que fait avec l'horizon la nervure soumise à la tension,
Ω_a la section perpendiculaire de la nervure pressée,

de même

Q'' la force de la nervure soumise à la compression,
$Q_y{}''$ la composante verticale de cette force,
α'' l'angle que fait avec l'horizon la nervure soumise à la compression,
Ω_b la section perpendiculaire de la nervure soumise à la compression.

En plaçant le bras de levier de la résultante à la traction $= \mathfrak{H}_0 \cos \alpha'$, d'après l'équation 150) on a:

$$\mathfrak{M} = \mathfrak{A} \, \frac{\mathfrak{a}_0}{\mathfrak{a}} \, \mathfrak{H}_0 \, \cos \alpha' \, (\Omega_a + {}^1\!/_3 \, \delta\mathfrak{a}_0) \quad . \quad . \quad . \quad 159)$$

de plus

$$Q' = \Omega_a \cdot \mathfrak{A} \frac{a_0}{a} \quad \cdot \quad \cdot \quad \cdot \quad \cdot \quad \cdot \quad \cdot \quad \cdot \quad \text{I.}$$

et d'après I. et 159), il résulte que

$$Q' = \frac{\mathfrak{M}}{\mathfrak{H}_0 \cos \alpha'} - \frac{1}{3} \delta a_0 \frac{a_0}{a} \mathfrak{A} \quad \cdot \quad \cdot \quad \cdot \quad \text{II.}$$

$$Q_y' = \sin \alpha' \left\{ \frac{\mathfrak{M}}{\mathfrak{H}_0 \cos \alpha'} - \frac{1}{3} \delta a_0 \frac{a_0}{a} \mathfrak{A} \right\} \quad \cdot \quad \text{III.}$$

de même (d'après l'équation 150)

$$\mathfrak{M} = \mathfrak{B} \frac{b_0}{b} \mathfrak{H}_0 \cos \alpha'' \left(\Omega_b + \frac{1}{3} \delta b_0 \right) \quad \cdot \quad 159^a)$$

$$Q'' = \Omega_b \mathfrak{B} \frac{b_0}{b} \quad \cdot \quad \cdot \quad \cdot \quad \cdot \quad \cdot \quad \cdot \quad \text{IV.}$$

et il résulte de 159^a) et de IV. que

$$Q'' = \frac{\mathfrak{M}}{\mathfrak{H}_0 \cos \alpha''} - \frac{1}{3} \delta b_0 \frac{b_0}{b} \mathfrak{B} \quad \cdot \quad \cdot \quad \cdot \quad \text{V.}$$

$$Q_y'' = \sin \alpha'' \left\{ \frac{\mathfrak{M}}{\mathfrak{H}_0 \cos \alpha''} - \frac{1}{3} \delta b_0 \frac{b_0}{b} \mathfrak{B} \right\} \quad \text{VI.}$$

L'effort maximum de tension $\mathfrak{A}$ (ou de compression $\mathfrak{B}$) qui existe dans la nervure, se calculera d'après l'équation ci-dessus 159) ou 159^a); $\mathfrak{A}$ ou $\mathfrak{B}$ ne doit pas dépasser 700, lorsque le tout est exprimé en kilogrammes et en centimètres.

Nous devrons avoir recours aux équations IV. et VI. pour déterminer l'effort rasant dans la paroi verticale.

Puisque l'effort tranchant est supporté en partie par la composante verticale des forces des nervures, la force $\mathfrak{B}_t$ que les forces rasantes de la section verticale ont à supporter, sera d'autant plus petite, et l'on a :

$$\mathfrak{B}_t = \mathfrak{B} - Q_y' - Q_y'' \quad \cdot \quad \cdot \quad \cdot \quad \cdot \quad \cdot \quad \cdot \quad \text{VII.}$$

d'où résulte comme force rasante horizontale dans les fibres neutres :

$$\mathfrak{S}_0 = \frac{\mathfrak{B} - Q_y' - Q_y''}{\mathfrak{H} \delta} \quad \cdot \quad \cdot \quad \cdot \quad \cdot \quad \cdot \quad \cdot \quad 160)$$

Q_y' et Q_y'' doivent être pris dans les équations ci-dessus III. et IV.

$\mathfrak{S}_0$ ne doit pas dépasser 350, si le tout est exprimé en centimètres et en kilogrammes, d'où résulte

$$\delta \geq \frac{1}{350} \frac{\mathfrak{B} - Q_y' - Q_y''}{\mathfrak{H}} \quad \cdot \quad \cdot \quad \cdot \quad \cdot \quad \cdot \quad 161)$$

On devra prendre dans les calculs des *valeurs simultanées* de $\mathfrak{B}$ et de $\mathfrak{M}$ pour la détermination de l'épaisseur de la paroi, puisque ces dernières valeurs influent sur celles de Q′ et de Q″.

102. Dans toutes les règles ci-dessus, nous admettons toujours que la *diminution pour les logements des rivets* ou pour des assemblages imparfaits a été opérée. — En général, nous renvoyons au résumé du N°. **55**, où sont consignées les règles sur les assemblages avec des rivets; toutefois nous pouvons faire encore quelques observations.

Les rivets qui relient les diverses parties des nervures sont ordinairement assez rapprochés les uns des autres et d'un diamètre tel, qu'il ne résultera pas d'autres affaiblissements aux joints.

On peut encore obtenir cette condition, en plaçant les rivets près de l'arête du couvre-joint de même diamètre que ceux qui se trouvent sur toute la longueur de la poutre, et en ne renforçant que les rangées intérieures de rivets, soit par un diamètre plus grand, soit par le nombre, ces rangées n'ayant plus à supporter la force entière; pour l'affaiblissement de tôles assemblées, on doit premièrement considérer la rangée de rivets qui se trouve le plus près du bord du couvre-joint, (voir N°. **55**).

On s'assurera si un joint est suffisant d'après le développement du N°. **55**; en général le couvre-joint ou les rivets ne doivent pas subir un effort plus grand que celui des tôles assemblées; si ces dernières étaient plus fortes que le calcul ne l'exige, une dimension correspondant à la résistance de la matière suffira pour le joint.

103. *L'assemblage des tôles de la paroi verticale* exige une recherche spéciale. L'épaisseur de la paroi, calculée d'après les formules 145) et 161), est en général plus faible que celle adoptée dans l'exécution, il existe aussi un minimum d'épaisseur, (variable avec la hauteur de la poutre) réclamé par les voilements de faibles tôles, ainsi que par les influences hygrométriques; les résultats de la formule 145) ne seront en général rigoureusement applicables que pour de petits ou de très-grands ponts; ordinairement la paroi recevra un surcroît d'épaisseur pour mieux résister au cisaillement.

On peut toutefois calculer la distance nécessaire des rivets pour un joint vertical *indépendamment de l'épaisseur de la paroi*. — La force rasante horizontale nous servira à cet effet; d'après l'équation 48), les forces rasantes verticale et horizontale par unité de longueur sont égales pour un élément donné.

On a, d'après l'équation 46), pour la force rasante horizontale par unité de longueur:

$$\mathfrak{S}_0 = \frac{\Sigma Y}{\mathfrak{H}} = \frac{\mathfrak{B}}{\mathfrak{H}} \quad . \quad . \quad . \quad . \quad . \quad . \quad . \quad 46)$$

dans cette formule, $\mathfrak{H}$ indique la distance des points d'application des tensions et des pressions de la section entière. Cette force, qui diminue peu en s'approchant des nervures, peut être considérée comme constante sur toute la hauteur et doit être transmise par les rivets de la paroi, aussi comptés par unité de longueur; ces rivets sont soumis au cisaillement double, puisqu'on a toujours un couvre-joint (ou fer en $\top$) des deux côtés; si l'on désigne par

Fig. 113.

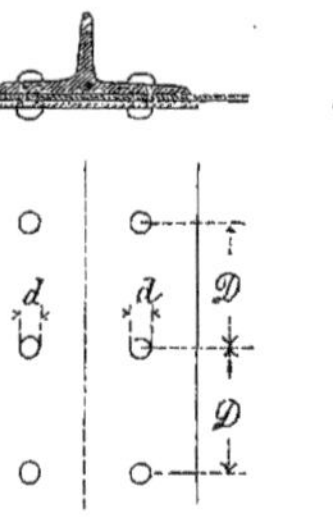

d le diamètre des rivets,

$\mathfrak{C}$ l'effort de tension à adopter pour les rivets,

n le nombre des rivets par unité de longueur,

D la distance des rivets, qui est de $\dfrac{1}{n}$ par unité de longueur,

il en résulte

$$\mathfrak{S}_0 = \frac{\mathfrak{B}}{\mathfrak{H}} = 2n \cdot \frac{d^2\pi}{4} \cdot \mathfrak{C} \quad \left.\right\}$$

$$D = \mathfrak{C} \, \frac{2\mathfrak{H}}{\mathfrak{B}} \cdot \frac{d^2\pi}{4} \qquad \left.\right\} \quad \ldots \ldots \ 162)$$

$\mathfrak{C}$ ne doit pas dépasser 600, si le tout est exprimé en centimètres et en kilogrammes ($\mathfrak{B}$ et $\mathfrak{H}$ peuvent être exprimés, non seulement en centimètres, mais bien aussi en fonction d'une autre mesure, en mètres par exemple). Nous supposons ici du fer excellent et une exécution soignée.

Lorsque la formule 145) servira à *déterminer la dimension de la paroi pour le cas du cisaillement*, il faudra augmenter un peu cette épaisseur de paroi afin de tenir compte de l'affaiblissement produit par les rivets; lorsque l'épaisseur est déterminée d'après la formule 145), on peut calculer directement la distance entre les rivets; la formule 145) donne une épaisseur de tôle telle, que l'effort rasant dans la tôle est de 350 kilogr. tandis que nous avons adopté 600 kilogr. par centimètre carré pour les rivets, ensorte qu'on a, sur la distance D entre deux rivets, (les notations précédentes étant maintenues) pour la

Résistance d'un rivet:

$$2 \cdot 600 \cdot \frac{d^2\pi}{4} \qquad \ldots \ldots \ldots \quad \text{I.}$$

Résistance de la tôle comprise entre deux rivets:

$$(D - d) \, \delta \cdot 350 \qquad \ldots \ldots \ldots \quad \text{II.}$$

d'où résulte, d'après I. et II.

$$D = \frac{\pi d^2 + 1{,}19\,\delta\,d}{1{,}16\,\delta} \qquad \ldots \ldots \quad 163)$$

Si, par exemple, $d = 2\delta$, il s'en suit que $D = 6{,}3d$ et dans ce cas la tôle sera affaiblie de $\frac{1}{6{,}3}$. — Les équations 162) et 163) donnent le même écartement D lorsque le diamètre des rivets d est le même dans les deux cas, supposé que dans le dernier cas, δ soit calculé d'après l'équation 145).

Les considérations faites jusqu'ici ne sont plus applicables pour les parties de la paroi qui se trouvent près des nervures, car les mêmes rivets qui supportent la force rasante de la paroi ci-dessus indiquée ont encore à supporter l'effort de tension longitudinale renfermé dans les nervures, aussi les joints de la paroi verticale doivent-ils recevoir *deux* rangées de rivets à l'endroit où la nervure et la paroi supportent des efforts maxima simultanés.

Ces doubles rangées de rivets ne sont nécessaires que dans le voisinage de la nervure, aussi a-t-on employé la disposition indiquée par la fig. 114 quoiqu'elle soit coûteuse dans l'exécu-

Fig. 144.

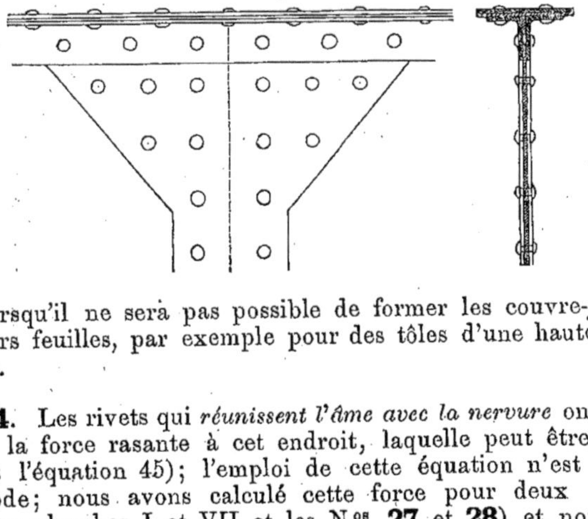

tion lorsqu'il ne sera pas possible de former les couvre-joints de plusieurs feuilles, par exemple pour des tôles d'une hauteur assez grande.

104. Les rivets qui *réunissent l'âme avec la nervure* ont à transmettre la force rasante à cet endroit, laquelle peut être calculée d'après l'équation 45); l'emploi de cette équation n'est pas très-commode; nous avons calculé cette force pour deux exemples (voir les planches I et VII et les N^{os}. **27** et **28**) et nous avons trouvé que la grandeur de l'effort rasant près de la nervure, comparé à l'effort rasant longitudinal $\mathfrak{S}_0$ dans les fibres neutres, est

pour un pont de 15 mètres d'ouverture . . . $0{,}735 - 0{,}8\ \mathfrak{S}_0$
pour un pont à 3 travées de 67 mètres d'ouverture moyenne (pont de Langon) . . . . . $0{,}817\ \mathfrak{S}_0$

On n'exagérera pas en prenant l'effort rasant près de la nervure égal aux $^4/_5$ de celui existant dans les fibres neutres; on
prendra donc comme maximum d'écartement D des rivets qui
réunissent l'âme et la nervure, les $^5/_4$ de celui trouvé par l'équation 45) comme distance des rivets pour les autres joints de la
paroi, d'où résulte

$$D, = 1,25 \cdot \mathfrak{C} \cdot \frac{2\mathfrak{H}}{\mathfrak{B}} \cdot \frac{d^2\pi}{4} \quad \cdot \quad \cdot \quad \cdot \quad 164)$$

$\mathfrak{C}$ ne doit pas dépasser 600 lorsque le tout est exprimé en centimètres et en kilogrammes.

105. Les parois verticales, vu leur faible épaisseur comparée
à leurs autres dimensions et la forte pression qu'elles ont à supporter, doivent être protégées contre le voilement par des carlingues ou nervures rigides. Ces renforts seront surtout nécessaires, si l'épaisseur de la paroi n'est pas plus grande que celle
qui résulte des formules ci-dessus indiquées.

La rigidité des parois verticales s'obtient ordinairement au
moyen de *soutiens verticaux* composés de cornières, de fers en ⊤
ou d'une combinaison de diverses sortes de tôle. Pour le pont de
Britannia, la distance des nervures en forme de ⊤ de 20 à 26 pieds
de hauteur a été prise de 2 pieds anglais; pour le pont de Langon
de 5,5 mètres de hauteur de paroi, la distance des nervures verticales a été prise de 0,86 mètre; pour des ponts à hauteur de
poutres plus faible, on peut augmenter l'écartement des nervures
verticales ensorte que la surface de paroi comprise entre les nervures et les carlingues restera à-peu-près la même.

Pour de grands ponts, où la distance des nervures verticales
est faible, on fera économie de métal en employant des carlingues
de faible dimension entre les nervures verticales principales; ces
dernières servent à recevoir les entretoises, dont la position détermine celle des nervures verticales principales; en pratique, il
s'agira souvent d'étudier si une ou plusieurs nervures verticales
sont nécessaires entre les entretoises.

Lorsque la charge repose sur la nervure supérieure de la
poutre, la moitié de la charge doit être transmise à la nervure
inférieure par l'intermédiaire de la paroi verticale qui, pour cette
raison, tend à se plisser encore davantage. La transmission de
cette force peut avoir lieu par l'intermédiaire de ces mêmes nervures, ou bien aussi au moyen de nervures spéciales.

106. Les *armatures verticales sur les piles*, (aussi nommées mon-
tants verticaux,) sont importantes. Elles ont à supporter toutes
les forces qui agissent de tous côtés dans la paroi et à transmettre
sur les piles principalement les composantes verticales de ces
forces. — S'il n'existe qu'une seule armature sur la pile, cette

dernière doit supporter la pression entière sur l'appui; sa section doit donc être calculée d'après cette condition; (nous rappellerons ici que les efforts tranchants ont toujours été calculés pour une voie, ensorte qu'il faudra les réduire pour une poutre).

S'il existe plusieurs armatures, il faut savoir d'abord de quelle façon est répartie la force à transmettre; c'est surtout le changement de forme de la poutre qui influe, et de la flexion de la poutre résulte une tendance de pression sur l'arête de la pile; nous avons déjà fait remarquer dans le N°. **85**, que le point central de la pression pouvait être éloigné de l'arête de la pile par un arrangement convenable des armatures; il s'agit de déterminer la position de la résultante de la réaction sur la pile lorsque le mode de répartition des armatures est donné.

Il sera surtout très-difficile pour les poutres continues, de déterminer la charge qu'une armature aura à supporter; l'effet est ici réciproque, car d'un côté, la force à laquelle une armature doit résister dépend de la forme de la ligne élastique et de l'autre, cette dernière dépend de la disposition des armatures.

Lorsqu'il n'existe aucune armature sur les piles, la paroi doit reporter la pression totale sur toute la surface d'appui de la poutre; lorsque cette pression agit principalement sur l'arête, il peut résulter un voilement de la paroi; pour de grandes poutres, il est donc absolument nécessaire de construire des armatures verticales sur les piles, et c'est une faute de construction lorsque les dimensions de ces armatures ne sont pas suffisantes. Pour des ponts à parois en tôle, ces armatures verticales consistent en des cornières ou en des fers en ⊤ rivés, et l'on doit ajouter à leur section la portion de la paroi verticale qui se trouve immédiatement au-dessus de la pile.

107. Pour les *faibles* ouvertures, jusqu'à 7 mètres, les tables XXX et XXXI contiennent les *valeurs maxima* de $\mathfrak{M}$ et de $\mathfrak{B}$ (tandis que le calcul des $\mathfrak{M}$ et des $\mathfrak{B}$ est contenu en détail dans le troisième chapitre).

Pour de *grandes ouvertures* il est important de pouvoir déterminer rapidement les valeurs de $\mathfrak{B}$ et de $\mathfrak{M}$ pour une coupe quelconque; nous avons calculé à cet effet les charges q et q' uniformément réparties qui équivalent à un train de chemin de fer, elles sont résumées, pour *une poutre reposant librement sur deux appuis,* dans les tables XVII. On doit faire usage des valeurs de q' dans le cas d'une charge partielle; les efforts tranchants maxima sont donnés par l'équation 96), les moments de flexion qui y correspondent par l'équation 97); ordinairement, pour la charge partielle, on n'aura à considérer que les valeurs de $\mathfrak{B}$ (surtout celles pour le milieu du pont et sur la pile).

Remarque. On a pris la charge sur une des moitiés du pont pour calculer q' dans les tables XVII, tandis que q correspond à la charge totale; pour des charges intermédiaires, la charge uniformément répartie est une moyenne qui se rapproche soit de q soit de q' suivant la répartition de la surcharge moyenne.

Pour une charge uniformément répartie, chaque $\mathfrak{B}$ et chaque $\mathfrak{M}$ doivent être calculés d'après les équations 92[a]) et 93[a]); lors de la charge totale, la grandeur absolue maximum de $\mathfrak{M}$ se trouve toujours égale à $\dfrac{ql^2}{8}$.

Les représentations graphiques de la planche II montrent clairement les variations des valeurs $\mathfrak{B}$ et $\mathfrak{M}$. — Pour les cas spéciaux, on se servira des équations 100)—102) du N°. **63**.

Pour des *poutres continues,* on prendra la valeur q dans la table XVII ou XVII[a]; d'après l'équation 106) ou 107) on détermine les pressions sur les appuis pour 2 travées et, dans le cas d'abaissement des appuis, d'après les équations 117) et 118); pour 3 travées, d'après les équations 123) et 124) et lors de l'abaissement des appuis, d'après les équations 131) et 132); $\mathfrak{B}$ et $\mathfrak{M}$ se trouveront d'après les équations 108)—109[a]); les N[os] **73** et **78** contiennent les règles pour le calcul des valeurs principales.

On ne doit employer les poutres continues que pour de grandes portées et l'on considérera chacune d'elles comme chargée uniformément, (le mode de calcul reste toujours le même lorsque la charge par unité de longueur est déterminée).

Lorsque chacune des valeurs $\mathfrak{B}$ et $\mathfrak{M}$ est connue pour toutes les coupes — d'après la représentation graphique des planches II—V, on calculera les *sections des nervures* et les *épaisseurs des parois verticales* d'après les formules pratiques 143), 150) et 152), et pour des nervures cintrées, d'après les formules 159) et 161). C'est en choisissant des sections de nervures convenables, qu'on obtient un même maximum d'effort de tension longitudinale sur toute la longueur de la poutre; on fait varier la section des nervures en prenant un nombre plus ou moins grand de plaques de tôle, ou bien en employant des cornières d'épaisseur variable; la variation de coupe des nervures est alors irrégulière, en escalier,

Fig. 116.

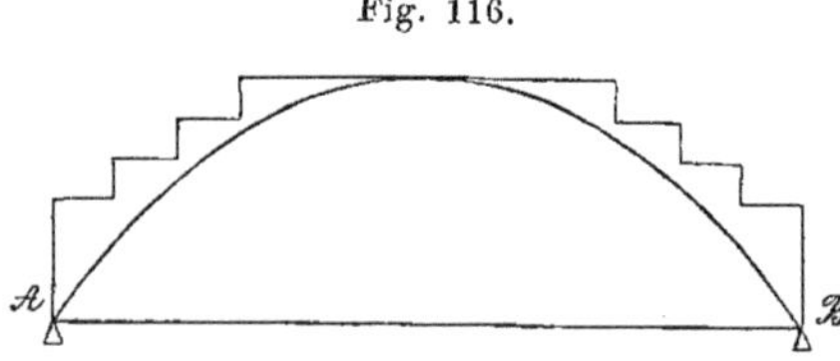

tandis que les moments de flexion varient d'une manière continue; la fig. 116 représente cette variation irrégulière de la section de la nervure qui doit, pour une poutre droite, se rapprocher le plus possible de la parabole des moments de flexion et de façon que l'effort longitudinal de la section moyenne ne soit nulle part dépassé; il est à désirer que la tension longitudinale diminue en se rapprochant des culées, vu que le plus grand effort oblique dans la paroi verticale, lequel ne doit pas dépasser le plus grand effort longitudinal, y subit l'influence d'efforts tranchants relativement plus grands.

108. Jusqu'ici nous avons supposé tous les $\mathfrak{B}$ et tous les $\mathfrak{M}$ agissant dans la poutre principale, ce qui n'est exact que lorsque la charge se trouve directement au-dessus de la poutre; mais ordinairement les surcharges reposent sur des entretoises, entre lesquelles la charge est supportée par des poutrelles en long (longrines-sous-rails); ces dernières renferment une partie du moment de flexion, le moment sera donc diminué dans les poutres principales. Lorsque les poutrelles en long reposent librement sur les points chargés, le moment de flexion $\mathfrak{M}$ de la poutre principale est en ces points le même que si la charge agissait immédiatement sur la poutre; si l'on veut représenter d'une manière graphique les moments qui agissent sur la poutre principale, il faut joindre entre eux les points de la courbe des $\mathfrak{M}$ appartenant aux entretoises, par des arcs de parabole légèrement courbés qui correspondent au propre poids de la poutre principale et auxquels on peut substituer sans grande erreur des lignes droites. Les moments $\varDelta\mathfrak{M}$ qui se trouvent entre le polygone ainsi formé et la courbe des $\mathfrak{M}$, doivent être supportés par le moment de résistance des poutrelles en long (et suivant les cas par les rails eux-mêmes).

La fig. 117 représente graphiquement la modification des $\mathfrak{M}$ et des $\mathfrak{B}$ qui résulte de la charge maximum uniformément répartie;

Fig. 117.

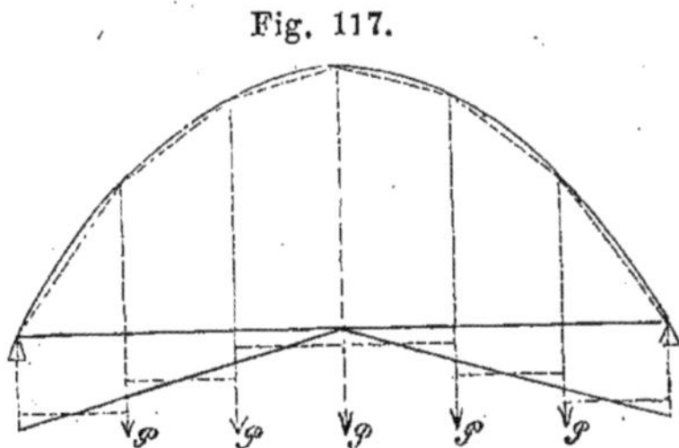

$\mathfrak{B}$ reste constant entre deux entretoises et est égal au $\mathfrak{B}$ du milieu du panneau calculé sans qu'on ait tenu compte des entretoises.

La fig. 118 représente de même l'influence de la charge des entretoises pour le cas d'une charge partielle; tous les $\mathfrak{B}$ maxima ont été déterminés d'après les équations 96) et 96ᵃ), et chaque $\mathfrak{M}$ simultanée d'après les équations 97) et 97ᵃ), (dans beaucoup de cas, les représentations graphiques de la planche II peuvent servir à construire les courbes des $\mathfrak{V}$ et des $\mathfrak{M}$, la table XV donne chacune des ordonnées pour les 6 rapports $\frac{p}{q}$ employés.)

Nous faisons remarquer que, dans la fig. 118, les valeurs q' et k' correspondent à la charge partielle (voir les tables XVII et XVIIᵃ

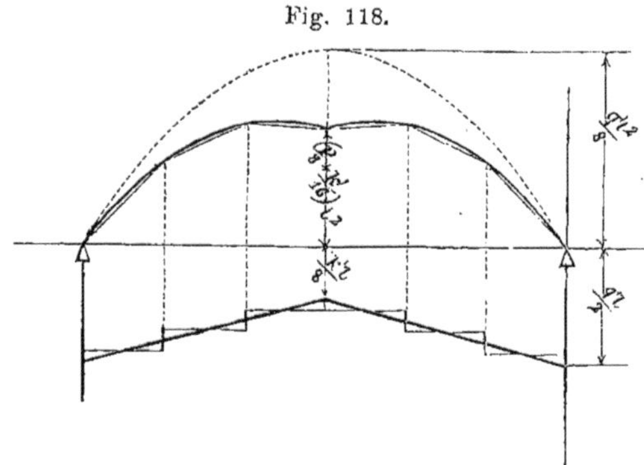

Fig. 118.

et qu'elles sont généralement plus grandes que celles de q et de k (voir la remarque page 169).

Ordinairement on n'aura pas à considérer les valeurs simultanées de $\mathfrak{M}$ et de $\mathfrak{V}$, mais les valeurs maxima de $\mathfrak{M}$ suffisent à la *détermination des sections des nervures* et les valeurs maxima de $\mathfrak{V}$ à la *détermination de l'épaisseur de la paroi verticale.*

La fig. 119 représente ces valeurs maxima, tirées des fig. 117 et 118, (max $\mathfrak{M}$ de la fig. 117 et max $\mathfrak{V}$ de 118).

Fig. 119.

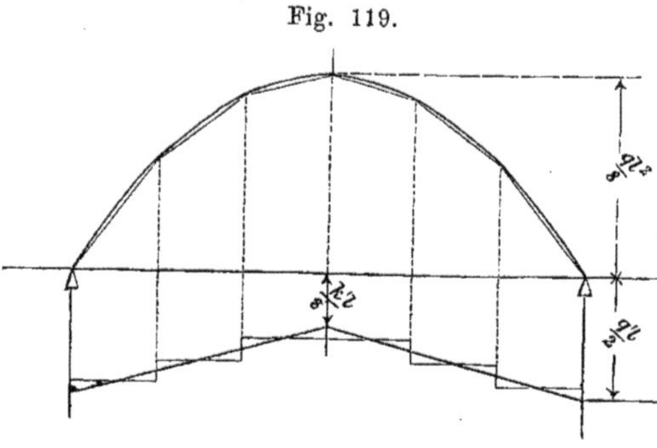

La courbe polygonale des $\mathfrak{M}$ et la courbe des $\mathfrak{B}$ en escalier dans la fig. 119, donnent directement à l'échelle les valeurs de $\mathfrak{M}$ et de $\mathfrak{B}$ qu'on doit faire entrer dans les formules pratiques; on pourrait aussi répartir la charge sur les entretoises d'après la théorie du levier, et déterminer les $\mathfrak{M}$ et les $\mathfrak{B}$ d'après les équations 100)—102); on obtiendrait le même résultat en calculant chaque $\mathfrak{M}$ et chaque $\mathfrak{B}$ pour le système complet, et en déduisant les $\varDelta\mathfrak{M}$ et les $\varDelta\mathfrak{B}$ des entretoises d'après la méthode indiquée par les figures 117, 118 et 113.

§ 13.

Pont à poutres en tôle, de 15 mètres de portée.

109. Comme exemple d'un pont à poutres en tôle, nous choisirons celui d'un pont pour chemin de fer, dont la voie est soutenue par des longrines-sous-rails qui reposent sur des entretoises, ainsi que le représente la fig. 120; les dimensions et les détails de construction sont représentés dans la planche VI.

Fig. 120.

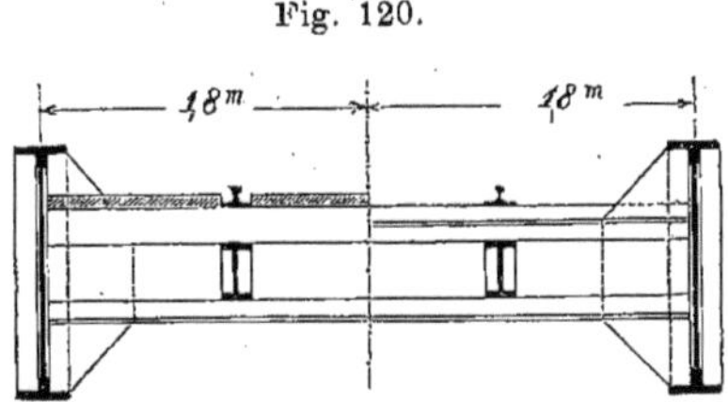

Nous avons pris pour le propre poids du pont 1075 kilogr. par mètre, (d'après la table XVII on devrait prendre comme valeur moyenne 1275 kilogr.), comme charge totale uniformément répartie k = 4750 kilogr. et comme charge partielle, k′ = 6080 kilogr., charges qui correspondent à de lourdes machines à marchandises. Nous aurons donc $q = p + k = 5825$ et $q' = p + k' = 7155$ kilogr.

En portant, ainsi que nous l'avons fait dans la fig. 121, les $\mathfrak{M}$ max. au-dessus, les $\mathfrak{B}$ max. au-dessous de l'axe des abscisses, nous diviserons la longueur en 9 parties; nous modifierons les courbes des $\mathfrak{M}$ et des $\mathfrak{B}$ d'après la méthode indiquée par la fig. 119, et nous calculerons les valeurs suivantes d'après les chiffres ci-dessus indiqués

$$\frac{ql^2}{8} = \frac{5825 \cdot 225}{8} = 163828 \text{ kilogrammètres}$$

$$\frac{q'l}{2} = \frac{7155 \cdot 15}{2} = 53662,5 \text{ kilogr.}$$

$$\frac{k'l}{8} = \frac{6080 \cdot 15}{8} = 11400,0 \text{ kilogr.}$$

on obtient d'une manière graphique, d'après les propriétés connues

Fig. 121.

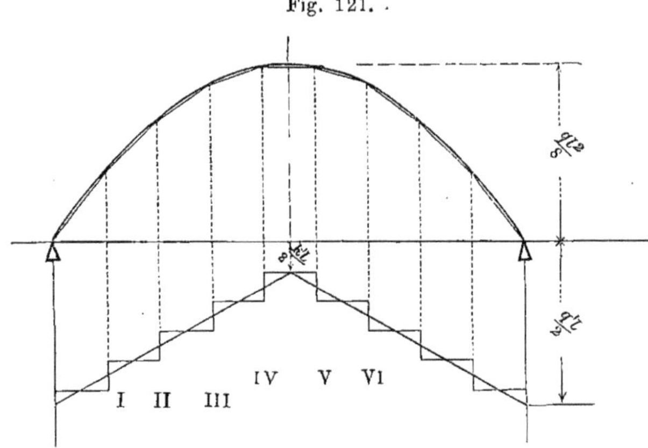

de la parabole et de la ligne droite, par la fig. 121 ou bien d'après le calcul (équations 92)—93^b), la table suivante:

Table XXXII.

Entretoises.	0	I.	II.	III.	IV.	V.	VI.
Abscisses en mètres.	0	$1^2/_3$	$3^1/_3$	5	$6^2/_3$	$7^1/_2$	$8^1/_3$
max $\mathfrak{M}$	0	64700	110000	145600	161800	161800	161800
max $\mathfrak{B}$	53662,5	44271	34880	254.8	16096	11400	16096
au milieu du panneau		49271	39575	30184	20792	11400	

Les valeurs de la table XXXII, calculées pour *une voie*, doivent être réduites de *moitié* dans le calcul d'une poutre, les valeurs ainsi réduites peuvent être employées directement pour déterminer les dimensions de la poutre principale.

110. La fig. 122 représente la forme de la coupe de la poutre principale adoptée préalablement; elle se compose d'une paroi verticale de 1,5 mètre de hauteur et de deux nervures formées chacune, au milieu du pont, de deux cornières et de trois feuilles de tôle; comme le centre de gravité de la nervure tombe à-peu-près sur l'extrémité de la paroi verticale, nous prendrons la hauteur de celle-ci $= \mathfrak{H}_0$, valeur qui entre dans la formule 150) comme distance des centres de gravité des nervures. Avant de pouvoir employer cette équation à la détermination des dimensions de la nervure, il faut connaître l'épaisseur de la paroi verticale.

Fig. 122.

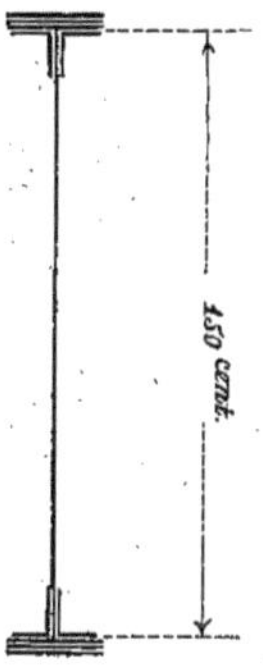

On détermine *l'épaisseur de la paroi verticale* d'après l'équation 145); en estimant la distance $\mathfrak{H}$ des points d'application des pressions et des tensions, égale à

$$\frac{9}{10}\,\mathfrak{H}_0 = 1,35 \text{ mètre},$$

il résulte de l'équation 145) dans laquelle on remplacera les valeurs de max $\mathfrak{B}$ par celles contenues dans la table XXXII.

dans le panneau   0—I $\delta = \dfrac{1}{2} \cdot \dfrac{49271}{350 \cdot 135} = 0,52$ cent.

„ „ „   I—II $\delta = \dfrac{1}{2} \cdot \dfrac{39576}{350 \cdot 135} = 0,40$ „

„ „ „   II—III $\delta = \dfrac{1}{2} \cdot \dfrac{30184}{350 \cdot 135} = 0,32$ „

„ „ „   III—IV $\delta = \dfrac{1}{2} \cdot \dfrac{20792}{350 \cdot 135} = 0,22$ „

„ „ „   IV—V $\delta = \dfrac{1}{2} \cdot \dfrac{11400}{350 \cdot 135} = 0,12$ „

En tenant compte de l'affaiblissement de la paroi produit par les lignes de rivets, nous prendrons dans les deux panneaux extérieurs $\delta = 0,7$ cent., dans les 5 autres du milieu $\delta = 0,6$ cent.; cette dernière valeur sera prise comme minimum à cause des influences hygrométriques et de la résistance au voilement.

L'équation 158) donne pour *section de la nervure Ω au milieu de la poutre*

$$\Omega = \frac{\mathfrak{M}}{\mathfrak{A}\,\dfrac{\mathfrak{H}_0{}^2}{H}} - \frac{1}{6}\,\delta\mathfrak{H}_0 \quad \ldots \ldots \quad 158)$$

Plaçant dans cette équation comme tension admise $\mathfrak{A} = 650$, $\mathfrak{H} = 150$, de plus $H = 156$ cent. en tenant compte de l'épaisseur approximative des feuilles des nervures, $\delta = 0,5$ cent. vu l'affaiblissement produit par les rivets, on obtient:

$$\Omega = \frac{80900 \cdot 1,56}{650 \cdot 1,5^2} - \frac{0,5 \times 150}{6}$$

$$\Omega = 86,2 - 12,5 = 73,7 \text{ cent. carrés.}$$

Pour former cette section, nous prendrons comme dimension des cornières et des feuilles de tôle:

3 couches de feuilles de tôle, chacune de
    22 c. de largeur . . . .
    0,9 „ d'épaisseur . . . .
    chacune donc de 19.8 cent. carrés, total   59,4 cent. carrés
2 cornières, chacune de 18 c. carrés, donc   36,0 „   „
                      ensemble   95,4 „   „

d'où l'on doit déduire
    2 rivets à travers les tôles
    de 1,8 c. d'épaisseur et
    de 3,7 cent. de longueur   13,32 c. carrés
    1 rivet à travers les cornières et la paroi verticale 1,8 × 2,6 . . .   4,86 „   „
                      ensemble   18,0 „   „

reste donc comme section résistante $\Omega = 77,4$ cent. carrés

au lieu de 73,7 cent. qu'indique le calcul ci-dessus. — Vers les culées, on laissera varier le nombre des feuilles d'après les moments, en employant la méthode graphique représentée dans la fig. c de la planche VI.

La section de la nervure étant connue, $\mathfrak{H}$ se détermine d'après l'équation approximative 148).

Pour le milieu de la poutre principale, nous avons:

$$\mathfrak{H} = 150 \frac{12 \cdot 77 + 2 \cdot 0,5 \cdot 150}{12 \cdot 77 + 3 \cdot 0,5 \cdot 150} = 140,1 \text{ cent.}$$

pour les extrémités de la poutre principale, où l'épaisseur de la paroi verticale peut été prise de 0,6 cent., (après déduction faite pour les rivets, et où la section de la nervure après déduction de 2 couches de tôle, est encore de 46 cent. carrés), nous avons:

$$\mathfrak{H} = 150 \frac{12 \cdot 46 + 2 \cdot 0,6 \cdot 150}{12 \cdot 46 + 3 \cdot 0,6 \cdot 150} = 133,5 \text{ cent.}$$

Tandis que nous avons pris ci-dessus approximativement, en moyenne 135 cent.

Les formules 162) et 164) servent à la détermination de la *distance des rivets*, il faut considérer la section dans laquelle $\mathfrak{B}$ est maximum et pour laquelle nous avons trouvé ci-dessus $\mathfrak{H} = 133,5$ cent. Admettons comme diamètre des rivets de la nervure et de la paroi verticale 1,8 cent.; l'équation 162) donne 16,25 cent. pour la distance verticale D des rivets du joint de la paroi verticale, et l'équation 164) donne 20,3 cent. pour la distance horizontale D' des rivets de la nervure. Dans la construction, nous prendrons 13 cent. au lieu de 20,3 cent. de distance, parce que ces rivets servent en même temps à relier les diverses parties de la nervure et qu'ils seront soumis à des efforts encore plus grands près des joints.

En employant des couvre-joints des deux côtés, un rivet de 1,8 cent. de diamètre soumis à un effort de 600 kilogr., peut transmettre une tension ou une compression de 3060 kilogr.; chaque tôle horizontale, soumise à un effort longitudinal de 650 kilogr., doit résister à 11960 kilogr., force qui peut être transmise par 4 rivets soumis à un cisaillement double, qui auront chacun 2990 kilogr. à supporter. La longueur d'un des couvre-joints placés des deux côtés du joint, est donc = 4 D' = 52 cent., la longueur d'un couvre-joint d'un seul côté, 8 D' = 104 cent.

Chaque joint des feuilles des nervures, des cornières et de la paroi verticale, est de même indiqué dans la fig. c de la planche VI; comme on le voit, les couvre-joints recouvrent deux joints (voir fig. 51) et doivent avoir, pour des rivets soumis au cisaillement double, au moins 78 cent. de longueur et pour des rivets soumis au cisaillement simple, au moins 156 cent. Les joints de la paroi verticale sont munis d'une double rangée de rivets, ainsi que nous l'avons vu dans le N°. **103**. Nous n'avons pas employé d'armatures verticales spéciales, parce que les cornières verticales servant de points d'attache des entretoises, renforcent en même temps d'une manière suffisante la paroi verticale de la poutre principale.

111. Nous avons encore à calculer quelques parties du tablier. On peut négliger le poids du tablier dans le calcul des *lon-*

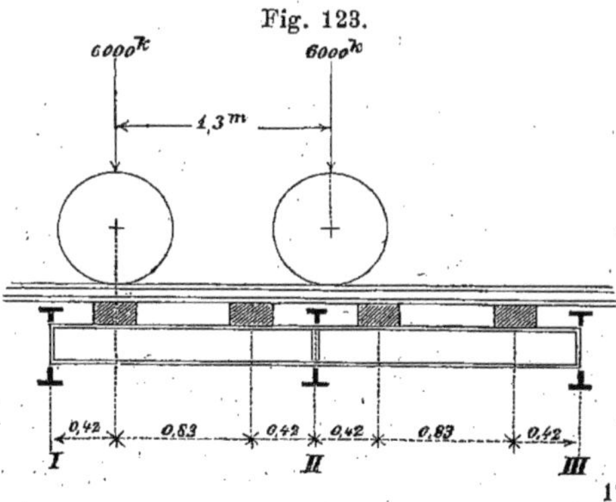

grines-sous-rails; la charge maximum a lieu, lorsqu'une roue de la locomotive se trouve directement au-dessus d'une des traverses; pour ce cas, la pression A sur l'entretoise I. la plus voisine de la roue, est

$$A = \frac{1,25}{1,67} \cdot 6000 + \frac{0,42}{1,67} \cdot \frac{0,37}{0,84} \cdot 6000 = 5156 \text{ kilogr.}$$

et le moment de flexion au point où repose la traverse chargée

$$\mathfrak{M} = A \times 0,42 = 5156 \times 0,42 = 2165 \text{ kilogr.}$$

Nous choisirons dans la table XXIX, page 152, une poutre en I du poids de 42,6 kilogr. par mètre courant, qui, pour 25,1 cent. de hauteur, donne $\Sigma Xy = 2481$ kilogrammètres.

Remarque. Nous aurions aussi pu obtenir par interpolation, le moment de flexion à l'aide de la table XXX[a], à savoir:

$$\max \mathfrak{M} = \frac{1}{2} \frac{2 \cdot 3587 + 1 \cdot 4500}{3} = 1945 \text{ kilogrammètres.}$$

Cette valeur est un peu plus faible que celle trouvée ci-dessus, parce que la table XXX[a] est calculée pour une plus grande distance des traverses et des axes des roues motrices de la locomotive.

Nous devrons prendre, pour le *calcul des entretoises,* comme charge sur l'entretoise II de la fig. 124,

Fig. 124.

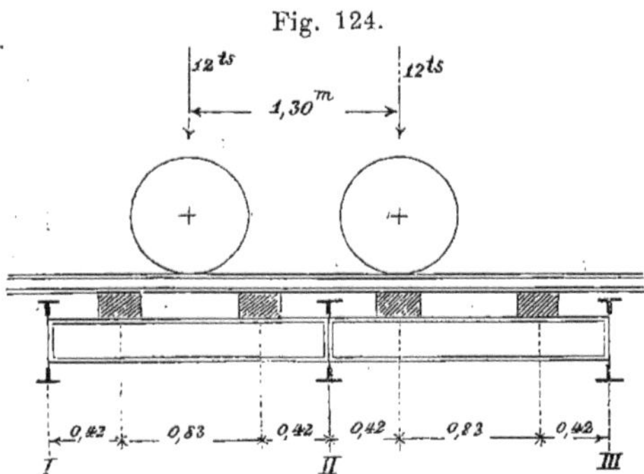

pour la locomotive

$$\left(\frac{3}{4} + \frac{1}{2}\right) \; 12000 \text{ k.} = 15000 \text{ kilogr.}$$

$$1,67 \text{ m. tablier à } \quad 550 \text{ k.} = \underline{\quad 918 \quad}_{\text{„}}$$

$$\text{ensemble } \underline{15918 \text{ kilogr.}}$$

dont la moitié, en nombre rond 8000 kilogr., agit sur chacun des points chargés (voir fig. 120, page 173); d'après le 12ème cas de la table XXVIII, on a, pour l'exemple que nous avons choisi:

$$\max \mathfrak{M} = P\lambda = 8000 \cdot 10 \cdot 8000 \text{ kilogrammètres.}$$

Nous prendrons, pour l'entretoise, une paroi verticale de 50 cent. de hauteur et de 0,7 cent. d'épaisseur; deux cornières suffisent comme nervure; nous prendrons 45 cent. pour la distance $\mathfrak{H}_0$ des centres de gravité des nervures et l'on a, d'après la formule 150) en posant $\mathfrak{A} = 600$

$$\Omega = \frac{8000}{600 \cdot \dfrac{0,2025}{0,50}} - \frac{1}{6} \cdot 0,6 \cdot 45$$

$$\Omega = 32,9 - 4,5 = 28,4 \text{ cent. carrés}$$

de sorte que les deux cornières, chacune de 17 cent. carrés, suffisent et donnent à-peu-près 30 cent. de section résistante après déduction pour les logements des rivets, ensorte que la tension dans les fibres extérieures sera

$$600 \frac{28,4}{30} = 564 \text{ kilogr.}$$

112. Après avoir calculé chaque pièce de la poutre, nous voulons encore déterminer les poids de chacune des pièces et les récapituler dans une table.

(La table se trouve ci-après.)

  § 13. Pont à poutres en tôle, de 15 mètres de portée.

Table XXXIII.

N°.	Désignation des parties du pont.	Détail.		poids par mètre courant du pont.
		Décim. cubes.	kilogr.	
1	**Nervures.**			
	4 feuilles de tôle, chacune de 15,6 m. de longueur, 22,0 c. de largeur, 0,9 c. d'épaisseur	123,55	964	
	4 d°. chacune de 10,2 m. de longueur, 22,0 c. de largeur, 0,9 c. d'épaisseur	80,78	630	
	4 d°. chacune de 7,2 m. de longueur, 22,9 c. de largeur, 0,9 c. d'épaisseur	57,02	435	241
	8 cornières, chacune de 15,6 m. de longueur et de 18 cent. carrés de section	224,64	1752	
	16 couvre-joints des cornières, chacun de 88 c. de longueur et de 12 c. carrés de section	15,36	120	
	4 couvre-joints de feuilles de tôle de la nervure, chacun de 160 c. de longueur, 22,0 c. de largeur, 0,9 c. d'épaisseur	12,67	99	21
	Têtes de rivets (sans compter la partie cylindrique entre la paroi verticale et la nervure), 1940 têtes à 6,6 cent. cubes	11,84	92	
	ensemble	. .	4092	262
2	**Paroi verticale.**			
	4 feuilles de tôle, chacune de 3,63 m. de longueur, 145 c. de hauteur, 0,7 c. d'épaisseur	147,4	1150	
	4 d°. chacune de 4,17 m. de longueur, 145 c. de hauteur, 0,6 c. d'épaisseur	149,1	1163	148
	12 couvre-joints, chacun de 1,25 m. de longueur, 40 c. de largeur, 0,5 c. d'épaisseur	30,0	234	
	16 fourrures, chacune de 1,25 m. de longueur, 20 c. de largeur, 1.0 c. d'épaisseur	40,0	312	
	4 d°. chacune de 1,25 m. de longueur, 20 c. de largeur, 0,5 c. d'épaisseur	5,0	39	86
	32 cornières des armatures verticales, chacune de 143 c. de longueur et de 14,0 c. carrés de section	64,1	500	
	4 armatures verticales, chacune de 143 c. de longueur et de 40 cent. carrés de section	22,9	179	
	1700 têtes de rivets, à 6 c. cubes	10,2	80	
	ensemble	. .	3657	234

Table XXXIII. (Continuation.)

N°.	Désignation des parties du pont.	Détail.		poids par mètre courant du pont.
		Décim. cubes.	kilogr.	
3	**Contreventement.**			
	10 diagonales, chacune de 5,2 m. de longueur, 10 c. de largeur, 0,8 c. d'épaisseur	41,6	325	
	120 têtes de rivets, à 6 cent. cub.	0,7	45	
	ensemble	. .	370	24
4	**Entretoises.**			
	10 tôles de la paroi verticale, chacune de 2,9 m. de longueur, 50 c. de hauteur, 0,7 c. d'épaisseur	101,5	792	
	20 goussets, chacun de 143 c. de hauteur en moyenne 23 c. de largeur, 0,7 c. d'épaisseur	46,0	359	
	40 cornières, en moyenne chacune de 3,5 m. de longueur et de 17 c. carrés de section	238,0	1856	
	40 couvre-joints, chacun de 20 c. de longueur, 30 c. de hauteur, 0,5 c. d'épaisseur	12,0	94	
	1800 têtes de rivets, à 6 c. cub.	10,8	84	
	ensemble	. .	3185	204
5	**Longrines-sous-rails.**			
	18 fers en T, chacun de 1²/₃ m. de longueur et d'un poids de 42 kilogr. par mètre courant	. .	1260,0	
	72 cornières d'attache, chacune de 21 c. de hauteur et de 40 c. carrés de section. .	62,0	484	
	20 tôles de renfort, chacune de 48 c. de hauteur, 30 c. de largeur, 1 c. d'épaisseur	28,8	225	
	600 têtes de rivets à 6 c. cub.	3,6	27	
	ensemble	. .	1996	127
6	**Rails.**			
	15,6 mètres courants à 80 kilogr.	. .	1248	80
7	**Traverses.**			
	18 traverses, chacune de 2,5 m. de longueur, de ²⁴/₁₆ cent. de section et pesant 67 kilogr.	. .	1206	77
8	**Madriers en chêne.**			
	2,0 m. de largeur, 7 cent. d'épaisseur, du poids de 105 kilogr. par mètre courant . . .			105

Les poids 1—8 doivent être répartis sur les poutres principales et sur le tablier d'après le N°. **66**, d'où résulte le résumé suivant:

Table XXXIV.

Nro.	Désignation des parties du pont.	Poids		Somme	
		en kilogr.	par mètre courant.	total.	par mètre courant.
	Poutre principale.				
1	Nervure	4092	262		
2	Paroi verticale	3657	234		
3	Contreventement	370	24	8119	520
	Tablier.				
4	Entretoises	3185	204		
5	Longrines-sous-rails	1996	127		
6	Rails	1248	80		
7	Traverses	1206	77		
8	Madriers	1638	105	9273	593
				17392	1113
	Poids total				
	comprend:				
6—8	matériel de voie	4092	262		
1—5	la construction en fer forgé . . .	13300	851		
	Somme, comme ci-dessus	17392	1113		

Nous avons pris dans le calcul 1075 au lieu de 1113 kilogr. pour propre poids du pont, ce qui ne produirait qu'une très-petite différence de tension. On aurait, pour ce cas, à placer dans l'équation 103^a)

$$C = 33,3 \qquad F = 593$$

donc $\qquad p = 33,3 \cdot 1 + 593 = 1113$ kilogr.

113. Nous calculerons encore, pour le pont ci-dessus, l'effort maximum de tension oblique dans la paroi verticale.

Les fig. a et b de la planche VI représentent graphiquement, pour la poutre principale, les valeurs simultanées de $\mathfrak{M}$ et de $\mathfrak{B}$, tant pour la charge totale que pour la charge partielle; elles sont fondées sur la table XXXII (ainsi que nous l'avons déjà montré dans les fig. 117 et 118 du N°. **108**) et pour deux sections où la coupe réelle se rapproche le plus de la coupe théorique, nous avons déterminé l'effort de la plus grande tension longitudinale $\mathfrak{A}_0$ et l'effort rasant $\mathfrak{S}_0$ dans la fibre neutre d'après la fig. b, qui représente les $\mathfrak{M}$ et les $\mathfrak{B}$ pour le cas d'une surcharge partielle. C'est avec ces valeurs de $\mathfrak{M}$ et de $\mathfrak{B}$, que nous avons constru it les fig. 2 et 3 de la planche I, en employant le procédé indiqué dans le N°. **27**, et l'on voit d'après ces figures que, pour les sections considérées, $\mathfrak{D}_{max}$ n'atteint jamais la valeur de l'effort longitudinal $\mathfrak{A}_0$ dans les fibres extérieures.

Pour les entretoises, nous avons pris chaque max $\mathfrak{B}$ égal à 8000 kilogr. à partir des points chargés jusqu'aux points d'attache, et $\delta = 0{,}6$ cent. vu l'affaiblissement produit par les rivets; $\mathfrak{H}$ se détermine, pour les entretoises, d'après la formule 32) et les dimensions de coupes ci-dessus indiquées

$$\mathfrak{H} = \frac{\Theta}{\int_0^a z\,dy} = \frac{38383}{897{,}7} = 42{,}8 \text{ cent.}$$

et pour l'effort rasant dans la fibre neutre, d'après l'équation 144)

$$\mathfrak{S}_0 = \frac{8000}{0 \cdot 6 \times 42{,}8} = 311 \text{ kilogr.}$$

Cet effort rasant descend jusqu'à 276 kilogr. au bord intérieur de la cornière de la nervure, tandis que l'effort de tension longitudinale en ce point est $\frac{17}{28} \cdot 600 = 408$ kilogr.; nous obtiendrons donc d'après l'équation 55)

$$\max \mathfrak{D} = \frac{408}{2} \pm \sqrt{276^2 + 204^2} = 547 \text{ kilogr.}$$

Pour les *longrines-sous-rails*, nous avons max $\mathfrak{B} = {}^3/_4\ 6000 = 4500$ kilogr. d'où résulte, vu la forme de la poutre représentée dans la planche VI, d'après l'équation 45) et les développements suivants, pour l'effort rasant dans la fibre neutre

$$\mathfrak{S}_0 = 214 \text{ kilogr.}$$

et pour l'effort rasant au bord intérieur de la nervure

$$\mathfrak{S} = 153 \text{ kilogr.}$$

Prenant enfin pour l'effort de tension longitudinale au bord intérieur de la nervure $600\ \frac{21{,}2}{24} = 530$ kilogr., nous obtiendrons pour cette dernière section horizontale, d'après l'équation 55):

$$\mathfrak{D}_{max} = 265 \pm \sqrt{153^2 + 265^2} = 571 \text{ kilogr.}$$

§ 14.

Pont de chemin de fer près de Langon.

114.   Le pont de Langon est établi sur la Garonne, pour le chemin de fer de Bordeaux à Cette et a été livré à la circulation en 1857; c'était la première fois que d'habiles ingénieurs français faisaient usage sur une grande échelle des expériences faites au pont de Britannia, et si l'influence du grand pont anglais ne peut être niée, il y a néanmoins ici progrès et conception nouvelle.

La planche VII indique les données principales et les détails de ce pont décrits dans l'ouvrage „Construction des ponts métalliques par MM. L. Molinos et C. Pronnier, Paris 1857", auquel nous empruntons nos chiffres.

Dans le calcul du pont, la longueur de la travée du milieu a été prise de 74,4 mètres, ensorte que la largeur d'appui est de 3 mètres sur les piles intermédiaires (correspondant à la surface réelle de contact) et de 1,57 mètre sur les culées; la longueur totale des poutres est de 211,7 mètres.

Le propre poids du pont a été pris de 1900 kilogr. par mètre courant de voie, et la surcharge de 4000 kilogr.; le pont est à deux voies, composé seulement de deux poutres en garde-corps, ensorte que chacune d'elle doit porter une voie.

Les poutres sont *continues* sur 3 arches; le procédé de M. Clapeyron, indiqué dans les N^{os}. **21** et **22**, a été employé pour déterminer la ligne élastique, les moments de flexion $\mathfrak{M}$ et les pressions sur les appuis.

On a fait l'hypothèse que chacune des travées était alternativement chargée; les résultats principaux sont consignés dans la table XXXV.

115.   La table XXXV permet de déterminer tous les $\mathfrak{M}$ et tous les $\mathfrak{B}$ d'après les équations 108)—109), ainsi que nous l'avons indiqué dans le N°. **78.** C'est d'après ces calculs qu'il a été fait une représentation graphique des $\mathfrak{M}$ (moments de flexion) et des $\mathfrak{B}$ (efforts tranchants) pour les 4 hypothèses.

En portant simultanément les diverses courbes, on obtient pour chacune des valeurs de $\mathfrak{B}$ et de $\mathfrak{M}$, une courbe enveloppante qui contient les valeurs maxima absolues des efforts tranchants et des moments de flexion.

Les dimensions des nervures et de la paroi verticale ont été déterminées, pour chaque coupe, d'après les valeurs maxima indiquées des $\mathfrak{M}$ et des $\mathfrak{B}$.

Nommons

H la hauteur totale de la construction,
$\mathfrak{H}_0$ la distance des centres de gravité des nervures (en même temps hauteur de la paroi verticale = 550 cent.),
δ l'épaisseur de la paroi verticale,
Ω la section des nervures,
$\mathfrak{A}$ la tension des fibres extérieures,
Θ le moment d'inertie de la section,
$\mathfrak{C}$ l'effort rasant contre le cisaillement.

Table XXXV.

p = 1900 kilogr.
k = 4000 kilogr.

a = 64,05 m.
b = 74,4 m.

Hypothèse sur la charge		1. appui A.	1. travée.	2. appui B.	2. travée.	3. appui C.	3. travée.	4. appui D.
charge de la travée AB	moment de flexion max $\mathfrak{M}$	0	2137,5 tm	1936,5 tm	1079,8 tm	637,3 tm	682,6 tm	0
	pression sur l'appui	158,8 t	—	307,4 t	—	124,0 t	—	—
charge de la travée BC	moment de flexion max $\mathfrak{M}$	0	211,4	2084,6	1997,7	2084,6	211,4	—
	pression sur l'appui	28,3	—	312,9	—	312,9	—	28,3
charge des travées AB et BC	moment de flexion max $\mathfrak{M}$	0	1673,5	3108,6	1649,2	1809,5	280,3	—
	pression sur l'appui	140,5	—	474,5	—	291,1	—	—
charge complète des 3 travées	moment de flexion max $\mathfrak{M}$	—	1777,3	2833,5	1248,9	2833,5	1777,8	—
	pression sur l'appui	144,8	—	452,7	—	452,7	—	144,8

Pour le *calcul de la paroi verticale*, on a supposé qu'une section verticale $\delta\mathfrak{H}_0$ ait à supporter la force $\mathfrak{B}$, ensorte qu'on a obtenu la tension verticale de la paroi $\mathfrak{C}$

$$\mathfrak{C} = \frac{\mathfrak{B}}{\delta\mathfrak{H}_0} \quad \ldots \ldots \ldots \ldots \quad \text{I.}$$

D'après les N°. **24—28**, nous savons que l'effort rasant vertical ne se répartit pas d'une manière uniforme sur toute la section, la planche I et spécialement la planche VII, montrent que l'effort rasant vertical diminue vers les nervures; d'après l'équation 144), l'effort rasant dans la fibre neutre est

$$\mathfrak{S}_0 = \frac{\mathfrak{B}}{\delta\mathfrak{H}} \quad \cdots \cdots \cdots \quad \text{II.}$$

Ces deux équations I. et II. ne diffèrent entre elles que des valeurs $\mathfrak{H}_0$ et $\mathfrak{H}$; cette dernière se trouve d'après l'équation 148) sur les appuis $= 0{,}93\ \mathfrak{H}_0$. — On a pris dans le calcul 360 kilogr. par centimètre carré comme effort rasant maximum (en négligeant l'affaiblissement produit par les rivets), et l'épaisseur de la paroi verticale a été calculée, pour chaque abscisse, d'après l'équation I. Près des piles, on a porté cette épaisseur à 12 millimètres, et comme épaisseur minimum il a été pris 7 millimètres à-peu-près sur la moitié de la longueur; on a regardé cette épaisseur comme minimum, afin d'éviter les risques de voilements et à cause des influences hygrométriques.

La section à donner aux nervures a été déterminée, d'après Molinos et Pronnier, par l'emploi de la formule approximative suivante:

$$\mathfrak{M} = \mathfrak{A} \left\} \mathfrak{H}_0\, \Omega + \frac{1}{6}\, \delta\mathfrak{H}_0{}^2 \right\} \quad \cdots \cdots \quad 165)$$

dans laquelle les lettres conservent leur signification précédente.

Dans le but d'obtenir une tension uniforme $\mathfrak{A}$ d'environ 600 kilogr., on a composé la section, des nervures aux extrémités: de 6 cornières, ayant ensemble 129,6 cent. carrés, de 2 tôles verticales de 74,8 cent. carrés de surface, d'un fer plat horizontal de 90 cent. de largeur et de 108 cent. carrés, formant une section totale de 312,4 cent. carrés; sur les piles, cette section a été renforcée par l'addition de 5 tables horizontales, 3 d'entre elles de 90 cent. de largeur et de 12 millimètres d'épaisseur, les deux autres de 9 cent. de largeur et de 10 millimètres d'épaisseur; la section totale sur les piles est donc de $312{,}4 + 342 = 654{,}4$ cent. carrés; il n'a pas été fait de déduction pour les logements des rivets.

Au milieu du pont, la section des nervures est de 528,4 cent. carrés; le moment fléchissant maximum est d'après la table **XXXV**

$$\max \mathfrak{M}. = 1997{,}7 \text{ mètres tonnes}$$

d'où résulte d'après l'équation ci-dessus:

$$\mathfrak{A} = \frac{199700}{5{,}50 \cdot 528{,}4 + \frac{1}{6}\, 5{,}5\, (0{,}7 \cdot 550)} = 613 \text{ kilogr.}$$

Notre formule 158), d'une exactitude mathématique pour des sections symétriques, donne par l'emploi du rapport $\frac{\mathfrak{H}_0}{H} = \frac{550}{557}$ la valeur $\mathfrak{A} = 620,8$; dans le cas qui nous occupe, l'équation 165) présente une faute d'un peu plus de 1 pour cent.

Si l'on emploie la formule 165) pour la section sur les piles, en prenant max $\mathfrak{M}$ dans la table XXXV, et en introduisant la section ci-dessus calculée de 654,4 cent. carrés, on obtient une tension maximum de 739 kilogr.; nous ne connaissons pas la raison pour laquelle on a adopté une tension si grande, qui est aussi indiquée dans la représentation graphique donnée par MM. Molinos et Pronnier.

116. Dans le N⁰. **28**, nous avons déjà calculé la tension oblique dans la paroi verticale de ce pont, en supposant que la tension longitudinale maximum soit de 600 kilogr. dans les fibres extérieures et l'effort rasant dans la phase neutre de 350 kilogr.; la fig. 4 de la planche VII représente graphiquement le résultat de ce calcul; nous y voyons que, pour les coupes où agissent ces efforts (600 et 350), la tension oblique maximum dans la paroi verticale est égale à 687 kilogr.; sur les piles intermédiaires (où $\mathfrak{A}$ est égal à 739 kilogr.), cette tension doit être notablement plus forte et dépasser 800 kilogr. par cent. carré.

117. D'après les données de MM. Molinos et Pronnier, le poids de la construction métallique du pont de Langon est de:

Poutres principales	726	tonnes
Contreventement et divers	49	„
	775	tonnes
Entretoises, longrines-sous-rails, Croix de St. André	188	„
total	993	tonnes

donc par mètre courant de voie 2274 kilogr. et en y ajoutant le poids des rails, traverses, madriers et couche de ballast, environ 2900 kilogr., l'équation 103) s'écrit dans ce cas:

Poids de la construction métallique
$$p' = 445 + 27\,l \quad \ldots \ldots \ldots \ldots \quad \text{I.}$$
et comme poids total
$$p = 1085 + 27\,l \quad \ldots \ldots \ldots \ldots \quad \text{II.}$$

L'équation I. montre pour le pont de Langon, une grande légèreté de construction, surtout si l'on a égard à l'époque où il a été construit; cette légèreté est due à la continuité des poutres principales, à l'arrangement du tablier et surtout à ce qu'il n'a été construit que deux poutres principales pour les deux voies.

La continuité a produit une épargne de 20°/₀ en poids des nervures; on a épargné encore davantage en paroi verticale en n'employant que deux poutres, car, comme l'épaisseur de la paroi verticale sur la plus grande partie du pont ne peut être réduite que fort peu, lors de l'emploi d'un plus grand nombre de poutres principales, et que les constructions de rigidité, quoique un peu plus faibles, devraient être appliquées à chacune des poutres, il en résulterait que l'emploi de 4 poutres formerait au moins un poids de moitié plus grand que les deux poutres du pont de Langon, donc il a été épargné au moins 30°/₀ de poids en parois verticales.

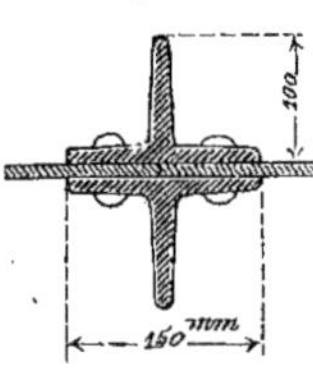

Fig. 123.

118. Les *parois verticales des poutres principales* consistent en feuilles de tôle de 86 cent. de largeur et de 5,5 millimètres de hauteur, les joints des tôles verticales sont faits au moyen de fers à ┬ ainsi que le représente la fig. 123. La distance verticale des rivets de 18 millimètres de diamètre est de 10 cent.; l'effort rasant dans la fibre neutre $\mathfrak{S}_0$ calculé de 360 kilogr. abstraction faite des rivets est, après déduction des logements de ces derniers,

$$\mathfrak{S}_0 = \frac{100}{82} \cdot 360 = 439 \text{ kilogr.} \quad \ldots \ldots \quad \text{I.}$$

L'effort rasant des rivets $\mathfrak{C}$ est, d'après l'équation 162):

$$\mathfrak{C} = 360 \frac{8,2}{2 \cdot 2,54} = 585 \text{ kilogr.} \quad \ldots \quad \text{II.}$$

Les résultats des équations I. et II. correspondent assez bien avec nos règles; la distance des rivets, par conséquent leur tension, est relativement moindre que dans l'exemple du § 13, ce qui est nécessaire, puisque les nervures représentées par la fig. 123 n'offrent qu'une seule rangée de rivets qui supportent une tension beaucoup plus grande près des nervures. — Lorsque, par exemple, la tension longitudinale au bord de la nervure est de 600 kilogr. et que l'effort rasant de la paroi verticale est à cet endroit de 300 kilogr. pour une section donnée, la tension oblique maximum dans la paroi verticale est, d'après la table VI, de 724,2 kilogr., tandis que le diamètre et le nombre des rivets restent les mêmes que sur l'axe neutre, où la tension (pression) maximum est de 439 kilogr.

Près de la pile intermédiaire, où la tension longitudinale s'élève jusqu'à 739 kilogr., les rivets de la paroi verticale supportent un effort très-considérable; à ces endroits, il a été employé des *armatures* (voir fig. 124) munies d'une double rangée de rivets. Ces derniers sont ainsi notablement soulagés.

A l'endroit où les entretoises rencontrent les armatures indiquées par les fig. 123 et 124, le fer en ⊤ est remplacé par deux cornières avec couvre-joints, comme le représente la fig. 125.

Fig. 124.   Fig. 125.

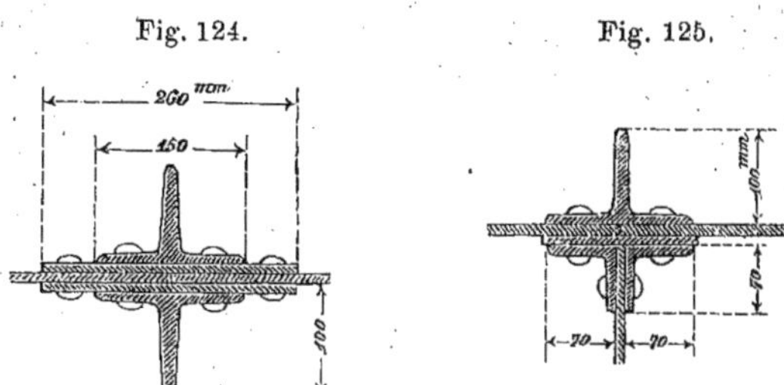

Cette dernière disposition n'a été employée que pour la moitié des entretoises, parce qu'à tous les 5,16 mètres de distance, il a été employé des *armatures verticales plus fortes*, qui servaient en même temps de points d'attache des autres entretoises; la section en est représentée par la fig. 126.

Fig. 126.

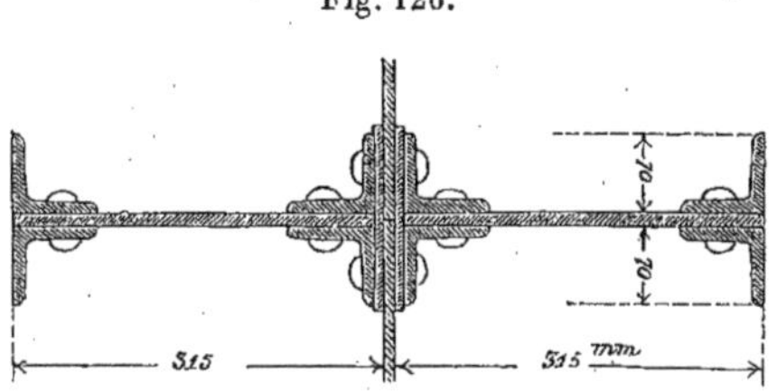

Ces armatures verticales renforcées ont aussi été employées aux *extrémités* des poutres et forment, par l'addition de croix de St. André, un système très-rigide.

La répartition des armatures des parois verticales représentées par les fig. 123—126, est indiquée dans la planche VII. On voit qu'il a été construit sur les piles du milieu 3 armatures semblables qui ont à répartir, avec la paroi verticale comprise entre elles, la pression totale sur la pile entière. La pression maximum sur la pile, d'après la table XXXV, lorsque 2 travées sont chargées, est de 474,4 tonnes; la section de la paroi verticale est de 360 cent. carrés (sans déduction des rivets) et est augmentée jusqu'à environ 900 cent. par l'emploi des armatures verticales, ensorte que la pression moyenne est d'environ

$\dfrac{474500}{900} = 527$ kilogr. Il s'en suit évidemment que la pression doit être répartie sur toute la surface de la pile si l'on veut que quelques parties ne subissent pas des efforts démesurés (voir le N^{o}. **86**).

119. La planche VII indique l'arrangement employé pour les nervures; il faut encore remarquer qu'il a été employé des deux côtés des couvre-joints qui ont reçu un nombre suffisant de rivets placés les uns à la suite des autres, de façon que la répartition uniforme des rivets a pu être maintenue sur toute la longueur, ce qui est avantageux, vu la simplicité qui en résulte dans l'exécution. Toutes les tôles horizontales des nervures ont la même longueur de 5,16 mètres, égale à la distance double des entretoises.

Les dimensions des rivets qui *relient les nervures avec la paroi verticale* ont été déduites de la valeur $\dfrac{d\,\mathfrak{M}}{dx}$ et l'effort tranchant pour ces rivets a été pris de 500 kilogr. par cent. carré; nous savons d'après l'équation 18), que $\dfrac{d\,\mathfrak{M}}{dx}$ est égal à l'effort tranchant $\mathfrak{B}$ dont la valeur maximum pour une poutre selon la table XXXV et l'équation 106) $= 64{,}08 \cdot q - A = 64{,}0 \cdot 5{,}9 - 140{,}5 = 237{,}5$ tonnes.

La distance D, des rivets de 2,5 cent. de diamètre, placés entre la paroi verticale et la nervure est, d'après l'équation 162):

$$D_{,} = \frac{5}{4} \cdot 2\mathfrak{C}\,\frac{\mathfrak{H}}{\mathfrak{B}} \cdot \frac{d^{2}\pi}{4}.$$

$$D_{,} = \frac{5}{4}\, 2 \cdot 500\,\frac{511{,}5}{237500} \cdot 4{,}9 = 13{,}2 \text{ cent.}$$

et dans l'exécution cette distance a été portée à 10,7 cent. —

120. La *construction des rivets* exerce la plus grande influence sur la solidité des ponts à parois en tôle ainsi que sur le prix du montage. Le soin réclamé pour ces rivets a été observé pour le pont de Langon, tant dans l'exécution, que dans la description que MM. Molinos et Pronnier en ont donnée.

Les rivets ont reçu un diamètre de 1 millimètre plus faible que les trous qu'ils ont à remplir, ensorte que le refoulement procuré par la rivure à chaud fait exactement remplir le trou et que le contact existe encore après le refroidissement comme on peut s'en convaincre en faisant sauter une tête; nous avons déjà fait remarquer que ce remplissage du trou n'est assuré que lorsque la longueur du rivet n'est pas trop grande relativement à son diamètre. La partie cylindrique des rivets doit être un peu plus grande que celle des tôles à réunir; pour la construction des têtes, il faut encore ajouter une longueur égale à 1,1 fois le diamètre du rivet. MM. Molinos et Pronnier ont donné la table suivante, où la longueur des rivets a été déterminée comme nous l'avons indiqué ci-dessus et d'après les recherches faites dans les usines de MM. Gouin et Comp.

Table XXXVI.

Epais-seur à river.	Rivets de 18 millim. de dia-mètre; poids de 100 têtes = 4,28 kilogr.		Rivets de 20 millim. de dia-mètre; poids de 100 têtes = 5,87 kilogr.		Rivets de 22 millim. de dia-mètre; poids de 100 têtes = 7,76 kilogr.		Rivets de 25 millim. de dia-mètre; poids de 100 têtes = 11,39 kilogr.	
	Lon-gueur de la partie cylindr.	Poids de 100 rivets.	Lon-gueur de la partie cylindr.	Poids de 100 rivets.	Lon-gueur de la partie cylindr.	Poids de 100 rivets.	Lon-gueur de la partie cylindr.	Poids de 100 rivets.
15	42	12,04 k	45	16,14	45	20,50	51	29,28
18	45	12,64	48	16,87	48	21,39	54	30,16
21	48	13,23	51	17,60	51	22,28	57	31,31
24	51	13,82	54	18,34	54	23,17	60	32,46
27	54	14,42	57	19,07	57	24,06	63	33,61
30	57	15,01	60	19,80	60	24,94	66	34,76
33	60	15,61	63	20,54	63	25,83	69	35,91
36	63	16,19	66	21,27	66	26,72	72	37,05
39	66	16,77	69	22,00	69	27,61	75	38,20
42	72	17,94	72	22,74	72	28,49	78	39,35
45	75	18,53	75	23,47	75	29,38	81	40,50
48	78	19,11	78	24,20	81	30,27	87	42,79
51	81	19,61	81	24,44	84	31,16	90	43,94
54	84	20,28	84	25,67	87	32,05	93	45,09
57	87	20,86	87	26,40	90	32,94	96	46,23
60	90	21,45	90	27,13	93	33,82	99	47,38

121. Nous terminons la description de ce pont en donnant un résumé du poids des diverses pièces de la construction, tiré des données de MM. Molinos et Pronnier.

Table XXXVII.

Désignation des parties.	Poids par mètre courant pour une voie	
	séparément, en kilogr.	total.
a) Construction des poutres principales.		
1) *Paroi verticale.*		
Feuilles de tôle	350,3	
Armatures verticales	396,3	
Têtes de rivets	30,0	
		776,6
2) *Nervures.*		
Tables et cornières	829	
Couvre-joints	78	
Têtes de rivets	32	
		939,0
3) *Contreventement et divers.*		113,4
	total	1829,0
b) Entretoises, longrines-sous-rails, croix de St. André.		445,0
poids total du fer		2274,0
pour rails, traverses et madriers		441,0
pour couche de ballast		215,0
poids total de la construction par mètre courant de voie		2900,0

APPENDICE.

———

Rapports des poids et des mesures de divers pays.

Table XXXVIII.

Mesures de longueur.

Pied anglais.	Pied prussien.	Pied autrichien	Pied suisse.	Pied de Paris.	Mètre.
de 12 pouces.	de 12 pouces.	de 12 pouces.	de 10 pouces.	de 12 pouces.	de 100 cent.
1	0,9711	0,9642	1,0160	0,9383	0,3048
1,0297	1	0,9929	1,0462	0,9662	0,3138
1,0371	1,0072	1	1,0537	0,9731	0,3161
0,9843	0,9559	0,9490	1	0,9235	0,3000
1,0658	1,0350	1,0276	1,0828	1	0,3248
3,2809	3,1862	3,1634	3,3333	3,0784	1

Etats-Unis d'Amérique, comme l'Angleterre,
Russie, comme l'Angleterre,
Italie, Hollande, Belgique, comme la France,
Prusse — pied du Rhin ;

Table XXXIX.

Poids.

Livre anglaise.	Livre douanière.	Kilogramme.
$= \frac{1}{2240}$ tonne.	$= \frac{1}{100}$ quintaux.	$= \frac{1}{1000}$ tonne.
1	0,9072	0,4536
1,1023	1	0,5000
2,2046	2,0000	1

Etats-Unis d'Amérique, comme l'Angleterre,
Italie, Suisse, Belgique, Hollande, comme la France,

1 libre ancienne d'Autriche = 0,560 kilogr.
1 „ „ de Prusse = 0,4677 „
1 „ „ de France = 0,4896 „

Table XL.

Mesures de superficie.

Pied carré anglais.	Pied carré prussien.	Pied carré autrichien.	Pied carré suisse.	Pied carré parisien.	Mètre carré.
1	0,9431	0,9297	1,0322	0,8804	0,0929
1,0603	1	0,9858	1,0945	0,9335	0,0985
1,0756	1,0144	1	1,1103	0,9470	0,0999
0,9688	0,9137	0,9007	1	0,8529	0,0900
1,1359	1,0712	1,0560	1,1724	1	0,1055
10,7643	10,1519	10,0074	11,1111	9,4768	1

Table XLI.

Mesures cubiques.

Pied cube anglais.	Pied cube prussien.	Pied cube autrichien.	Pied cube suisse.	Pied cube parisien.	Mètre cube.
1	0,9159	0,8964	1,0487	0,8261	0,0283
1,0918	1	0,9787	1,1450	0,9019	0,0309
1,1156	1,0217	1	1,1699	0,9215	0,0316
0,9535	0,8733	0,8548	1	0,7877	0,0270
1,2106	1,1087	1,0851	1,2695	1	0,0343
35,3166	32,3459	31,6578	37,0370	29,1738	1

Table XLII.

Poids par unité carrée de divers pays.

(La libre douanière est prise comme base pour l'Allemagne et l'Autriche.)

Anglais.	Prussien.	Autrichien.	Suisse.	Français.
Tonne par pouce carré.	Livre par pouce carré.	Livre par pouce carré.	Livre par pouce carré.	Kilogramme par centim. carré.
1	2154,6	2185,8	2834,9	157,49
0,000464	1	1,014	1,316	0,0731
0,000457	0,986	1	1,297	0,0720
0,000353	0,760	0,771	1	0,0555
0,006342	13,681	13,879	18,000	1

Remarque. Dans les calculs de ponts, on trouve encore les anciens poids prussiens et autrichiens.

1 kilogr. par c. carré = 14,62 livres ancien. pruss. par pouce carré
1 „ „ „ „ = 12,39 „ „ autrich. „ „ „
1 livre anc. autrich. par pouce carré = 0,0684 kilogr. par cent. carré
1 „ „ pruss. „ „ „ = 0,0807 „ „ „ „

Table XLIII.

Poids par unité linéaire de divers pays.

(La livre douanière est prise comme base pour l'Allemagne
et l'Autriche.)

Anglaise.	Prussienne.	Autrichienne.	Suisse.	Française.
Tonne par pied courant.	Livre par pied courant.	Livre par pied courant.	Livre par pied courant.	Kilogrammes par mètre courant.
1	2092,5	2107,6	2000,2	3333,6
0,00048	1	1,0072	0,956	1,593
0,00047	0,993	1	0,949	1,582
0,0005	1,046	1,054	1	1,667
0,0003	0,628	0,632	0,6	1

1 livre ancienne de Prusse par pied cour. = 1,490 kilogr. par m. cour.
1   „   „   d'Autriche „   „   „   = 1,772 „   „   „   „
1 kilogr. par m. cour. = 0,671 livre ancienne de Prusse par pied cour.
1   „   „   „   „   = 0,564   „   „   d'Autriche „   „   „

Dans le calcul des poids, on peut réduire toutes les mesures
cubiques en décimètres cubes d'après la table XLI.

Un décimètre cube d'eau pèse 1 kilogr., ensorte qu'on peut
réduire les kilogrammes obtenus, en fonction des autres unités de
poids, d'après la table XXXIX.

Le poids d'un volume d'eau étant pris comme unité, on obtient
le poids réel du corps qu'on considère à l'aide de la table suivante.

Table XLIV.

Poids spécifiques de divers corps.

Eau	1,0
Sapin	0,47—0,55
Sapin fraîchement abattu, jusqu'à	0,9
Chêne	0,65—0,80
Fonte	7,2
Fer forgé	7,8
Acier fondu	7,9

Les données suivantes faciliteront encore davantage le calcul des poids:

1 décimètre cube		d'eau pèse	1 k.	= 1,000 lk.			
1 pouce cub. d'Anglet.		„	„ 0,0162	„ = 0,0357 livre anglaise
1 „	„ de Prusse	„	„ 0,01788	„ = 0,03576 „ douan.
1 „	„ d'Autriche	„	„ 0,01829	„ = 0,03657 „ „
1 „	„ de Suisse	„	„ 0,027	„ = 0,0540 „ „

Nota. Le second tome, contenant principalement le calcul et des exemples de ponts en treillis de diverses formes, est sous presse et paraîtra prochainement.

Calcul des efforts de tension et de pression maxima, pour une poutre de 1,50 de hauteur.

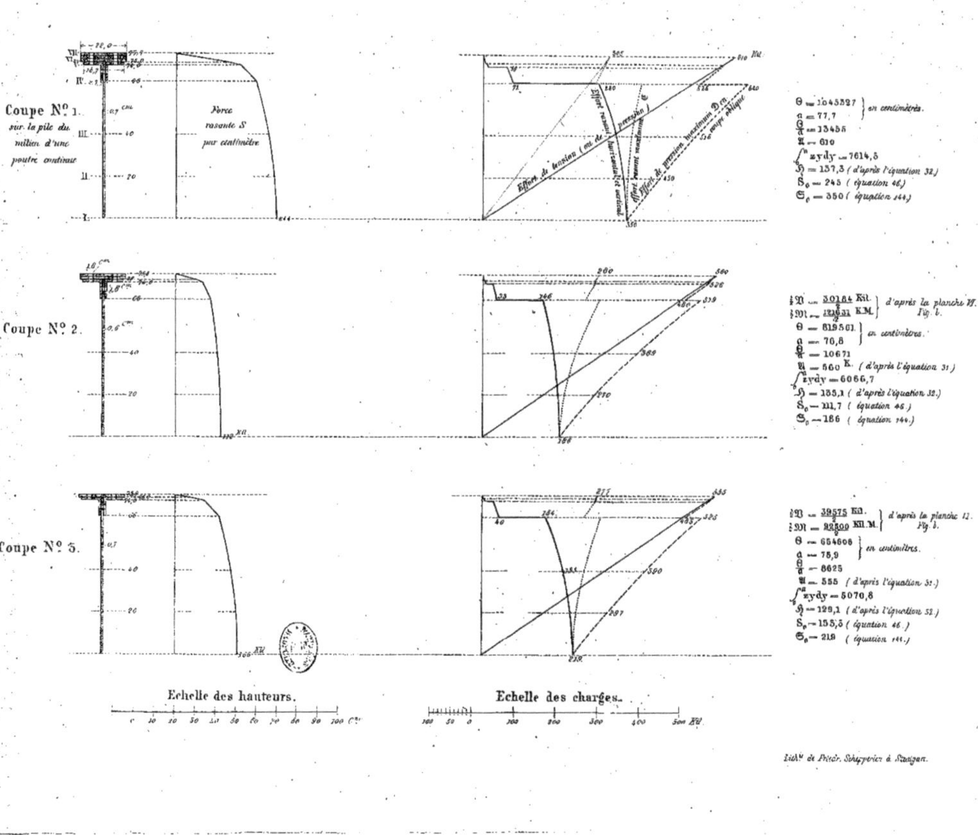

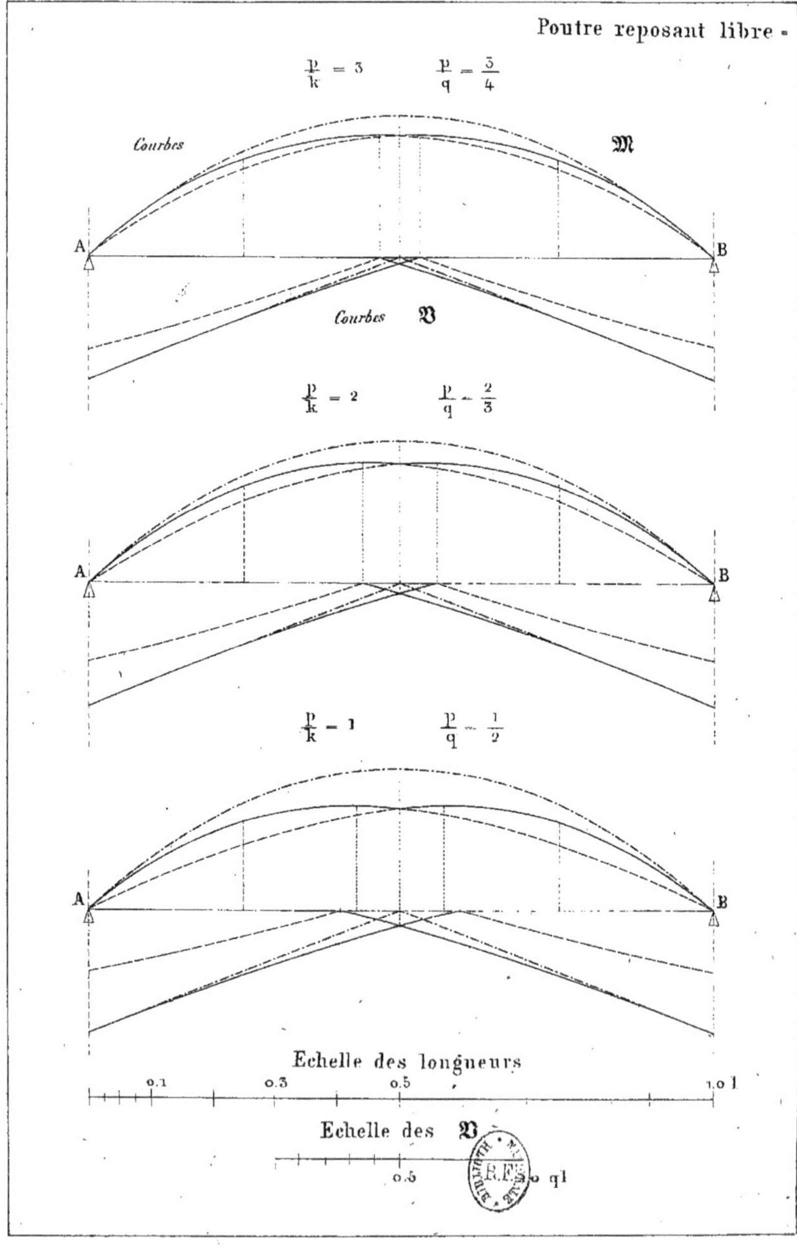
Poutre reposant libre-
$\frac{p}{k} = 3$ $\frac{p}{q} = \frac{3}{4}$
Courbes
M
A
B
Courbes B
$\frac{p}{k} = 2$ $\frac{p}{q} = \frac{2}{3}$
A
B
$\frac{p}{k} = 1$ $\frac{p}{q} = \frac{1}{2}$
A
B
Echelle des longueurs
0.1   0.3   0.5   1.0 l
Echelle des B
0.5   q l

ment sur deux appuis.

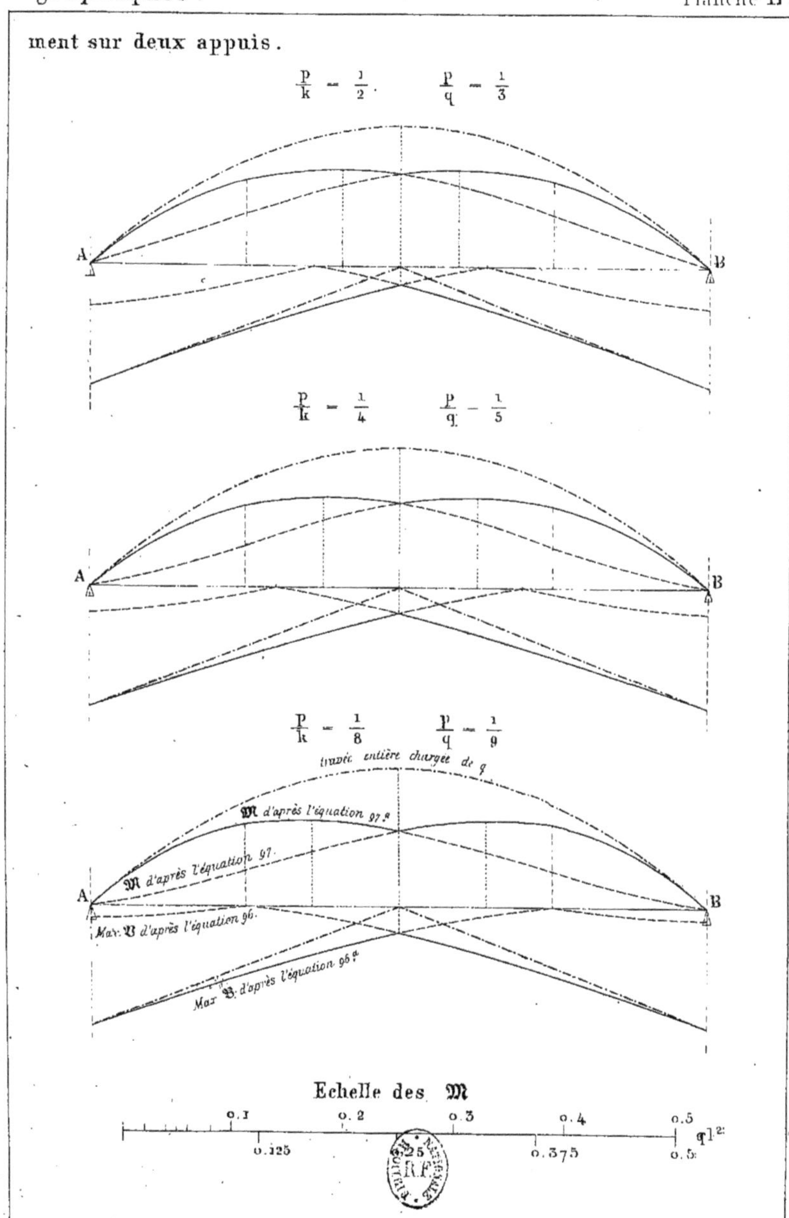

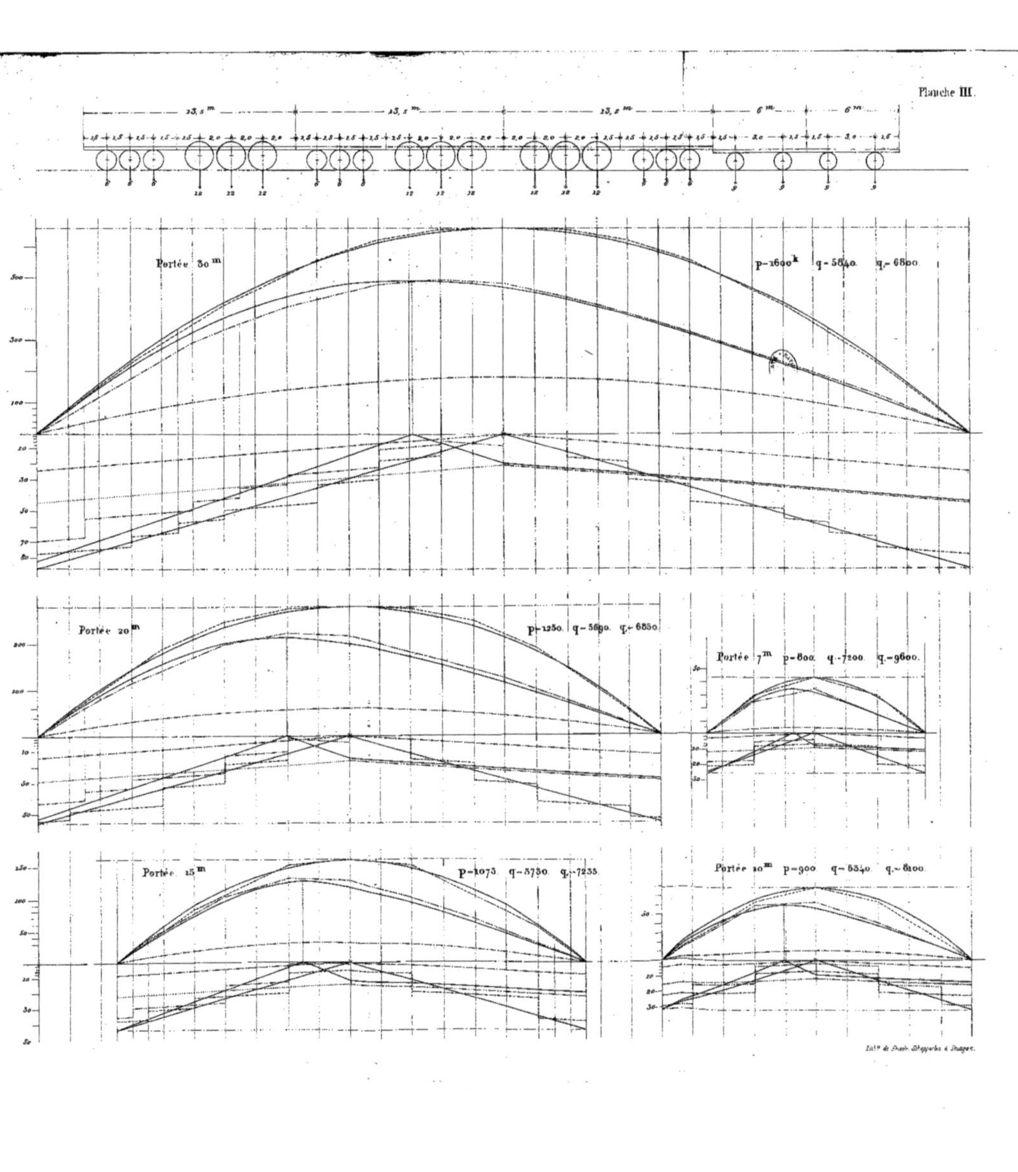

Portée 30ᵐ
p-1600ᵏ   q-5840   q₁-6800
Portée 20ᵐ
p-1250   q-5690   q₁-6850
Portée 7ᵐ   p-800   q-7200   q₁-9600
Portée 15ᵐ   p-1075   q-5750   q₁-7233
Portée 10ᵐ   p-900   q-6540   q₁-8100
13,5ᵐ   13,5ᵐ   13,5ᵐ   6ᵐ   6ᵐ
Imp. de Pub. Shepperbs & Sniper.

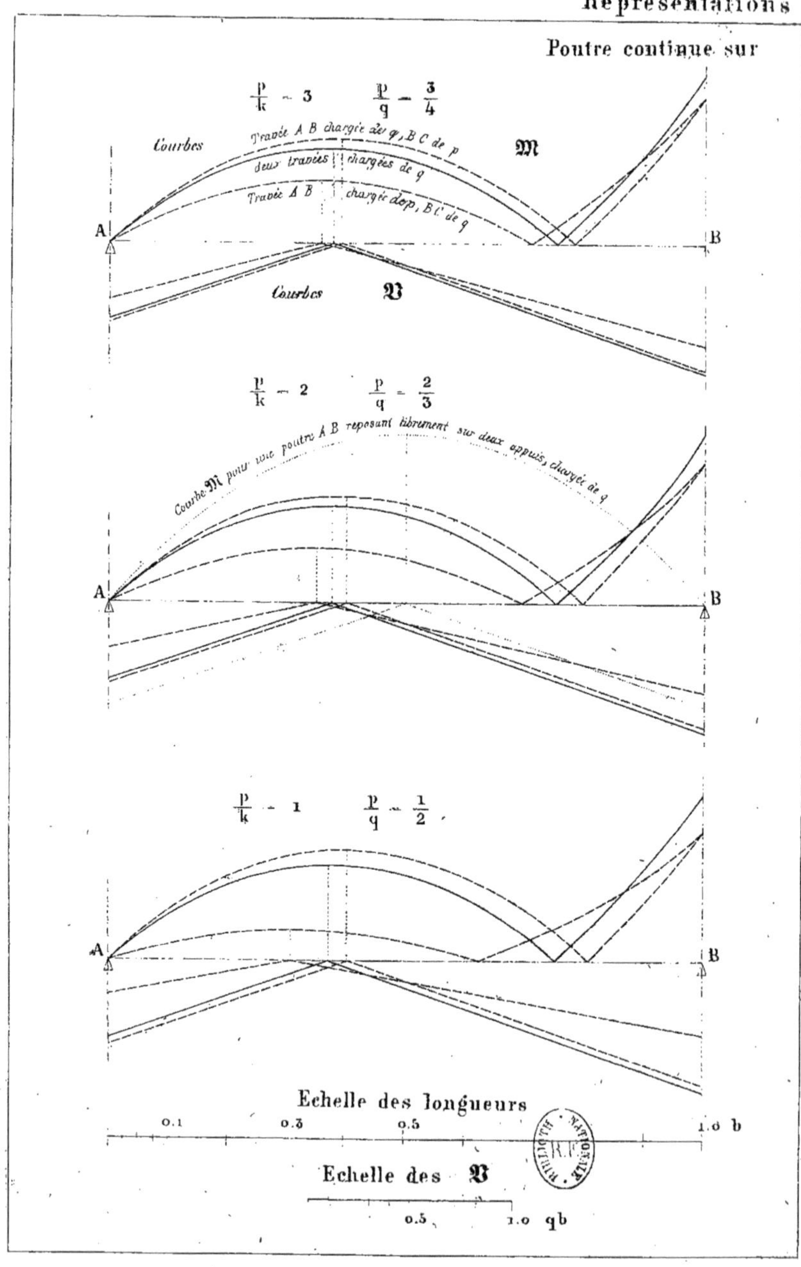
Poutre continue sur
$\frac{\mathrm{p}}{\mathrm{k}} = 3$ $\frac{\mathrm{p}}{\mathrm{q}} = \frac{3}{4}$
Courbes   Travée A B chargée de q, B C de p   M
deux travées chargées de q
Travée A B chargée de p, B C de q
A   B
Courbes   B
$\frac{\mathrm{p}}{\mathrm{k}} = 2$ $\frac{\mathrm{p}}{\mathrm{q}} = \frac{2}{3}$
Courbe M pour une poutre A B reposant librement sur deux appuis, chargée de q
A   B
$\frac{\mathrm{p}}{\mathrm{k}} = 1$ $\frac{\mathrm{p}}{\mathrm{q}} = \frac{1}{2}$
A   B
Echelle des longueurs
0.1   0.3   0.5   1.0 b
Echelle des B
0.5   1.0 qb

deux travées égales AB - BC - b.

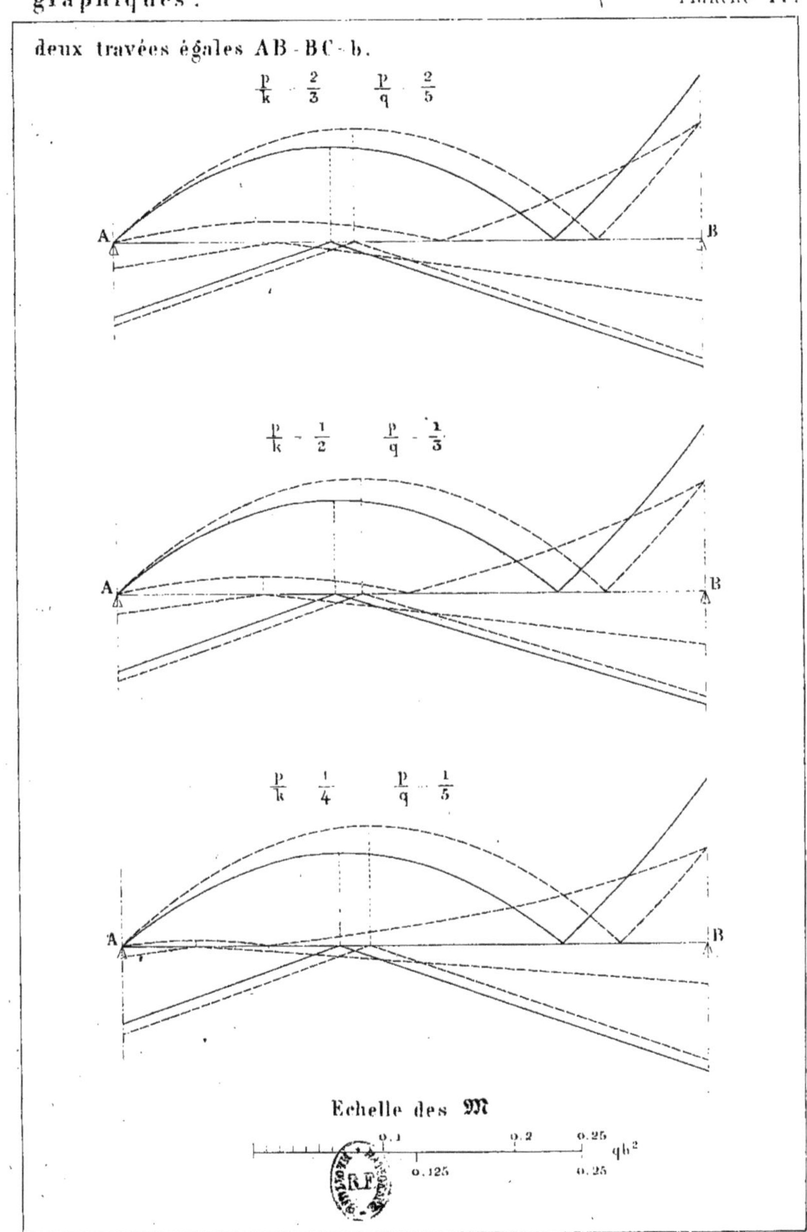

Représentations
Poutre continue sur 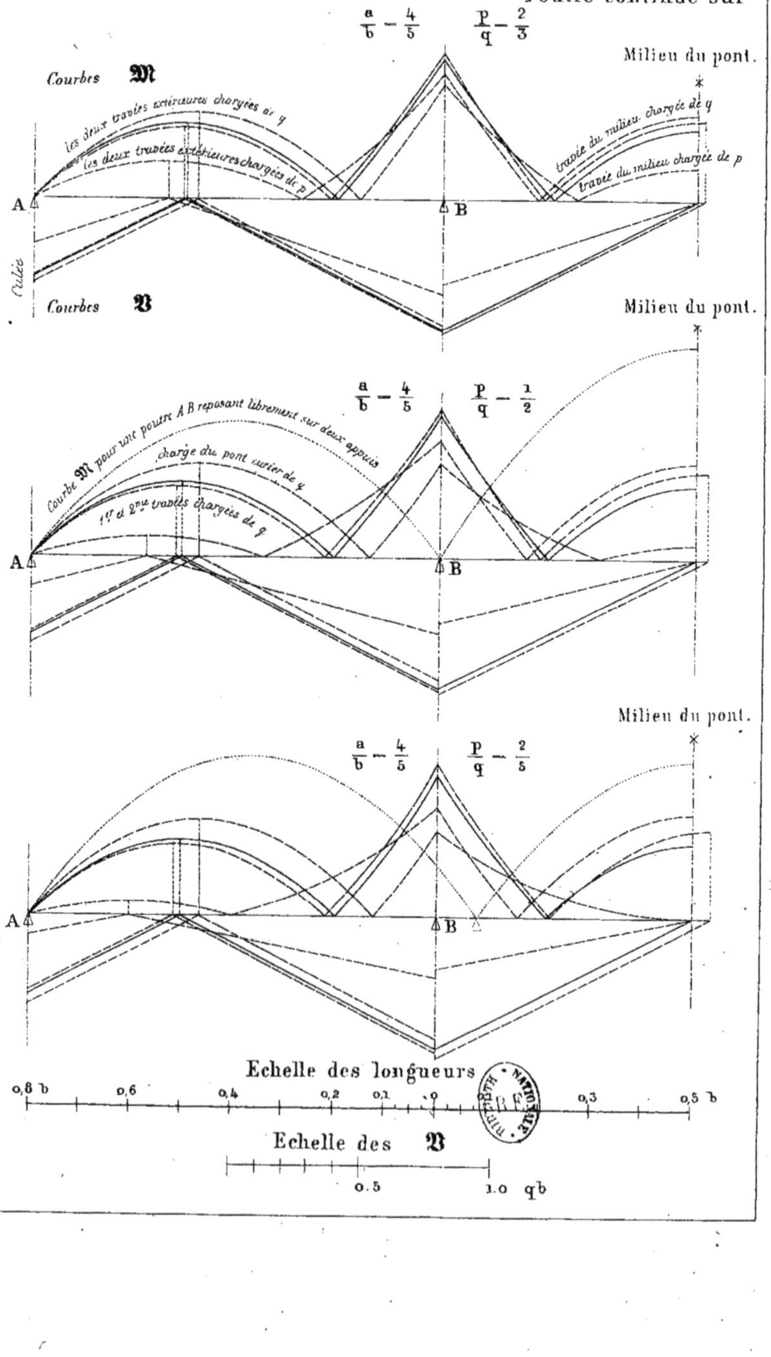
Courbes M
$\frac{a}{b} = \frac{4}{5}$
$\frac{p}{q} = \frac{2}{3}$
Milieu du pont.
les deux travées extérieures chargées de q
les deux travées extérieures chargées de p
travée du milieu chargée de q
travée du milieu chargée de p
A
B
Oslée
Courbes B
Milieu du pont.
$\frac{a}{b} = \frac{4}{5}$
$\frac{p}{q} = \frac{1}{2}$
Courbe M pour une poutre AB reposant librement sur deux appuis
charge du pont entier de q
1er et 2me travées chargées de q
A
B
Milieu du pont.
$\frac{a}{b} = \frac{4}{5}$
$\frac{p}{q} = \frac{2}{5}$
A
B
Echelle des longueurs
0,8 b   0,6   0,4   0,2   0,1   0   0,3   0,5 b
Echelle des B
0.5   1.0 qb

3 travées a, b & a.

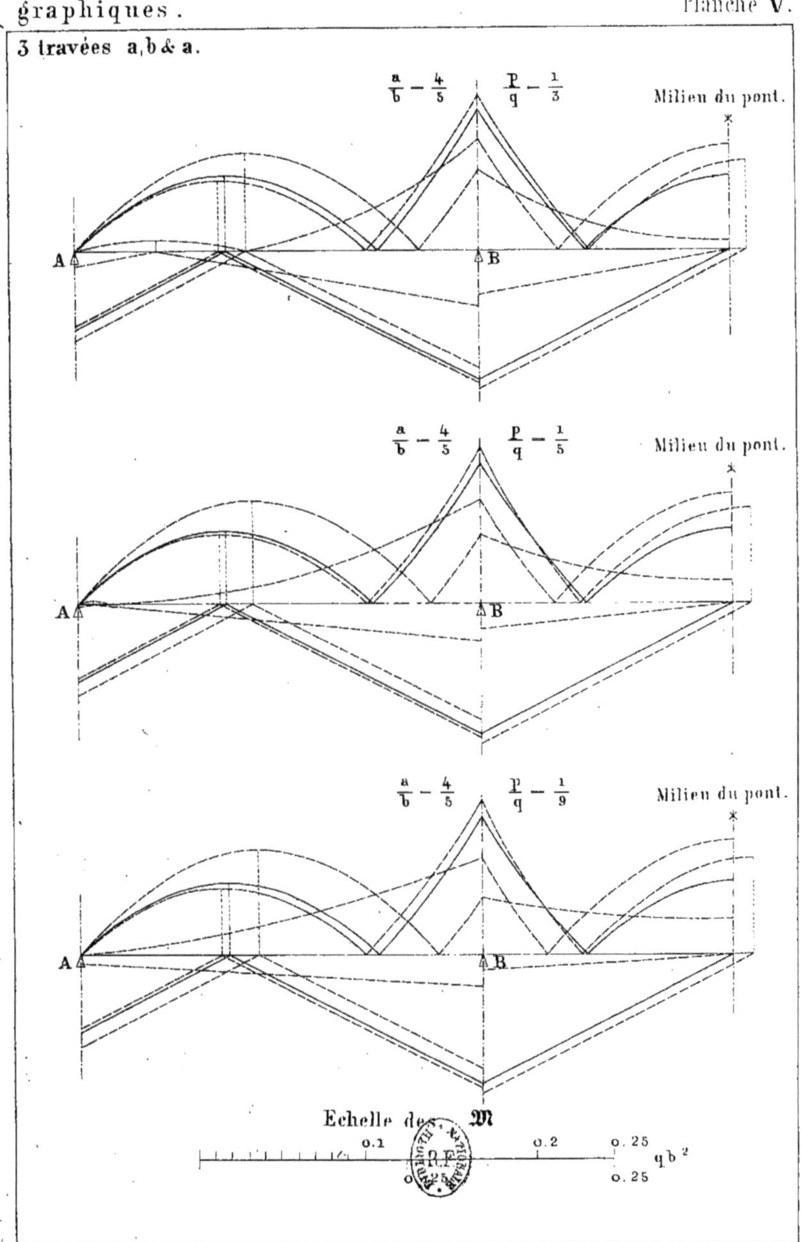

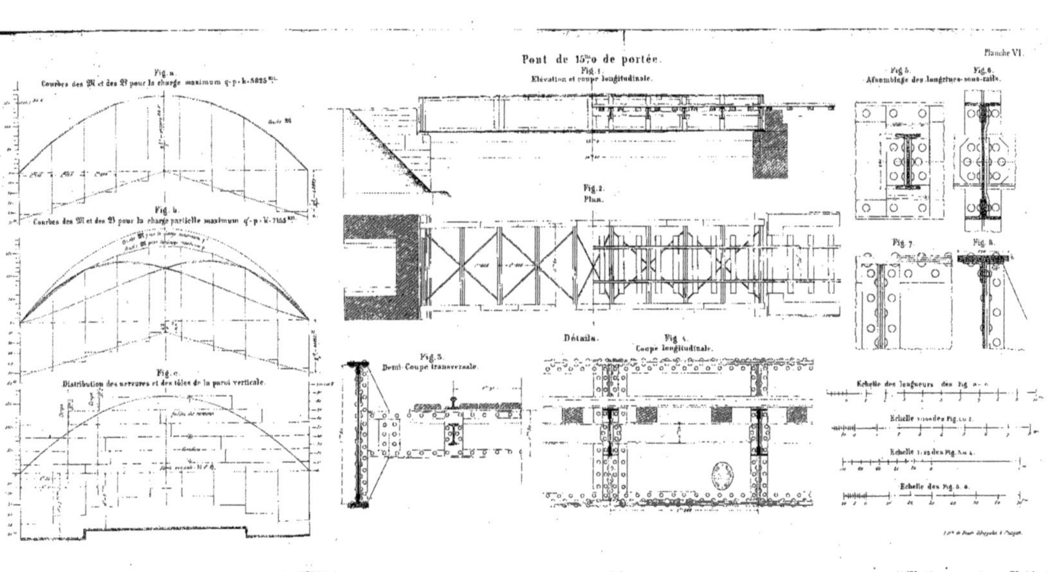

Pont de 15m,0 de portée.
Planche VI.
Fig. 1.
Élévation et coupe longitudinale.
Fig. 2.
Plan.
Fig. 5.
Fig. 6.
Assemblage des longrines-sous-rails.
Fig. 7.
Fig. 8.
Fig. a.
Courbes des M et des N pour la charge maximum q.p.k.=5825 kil.
Fig. b.
Courbes des M et des N pour la charge partielle maximum q.p.k.=7155 kil.
Fig. c.
Distribution des nervures et des tôles de la paroi verticale.
Détails.
Fig. 3.
Demi-Coupe transversale.
Fig. 4.
Coupe longitudinale.
Échelle des longueurs des Fig. a. c.
Échelle 1:10 des Fig. 1. et 2.
Échelle 1:12 des Fig. 3. et 4.
Échelle des Fig. 5. 6.

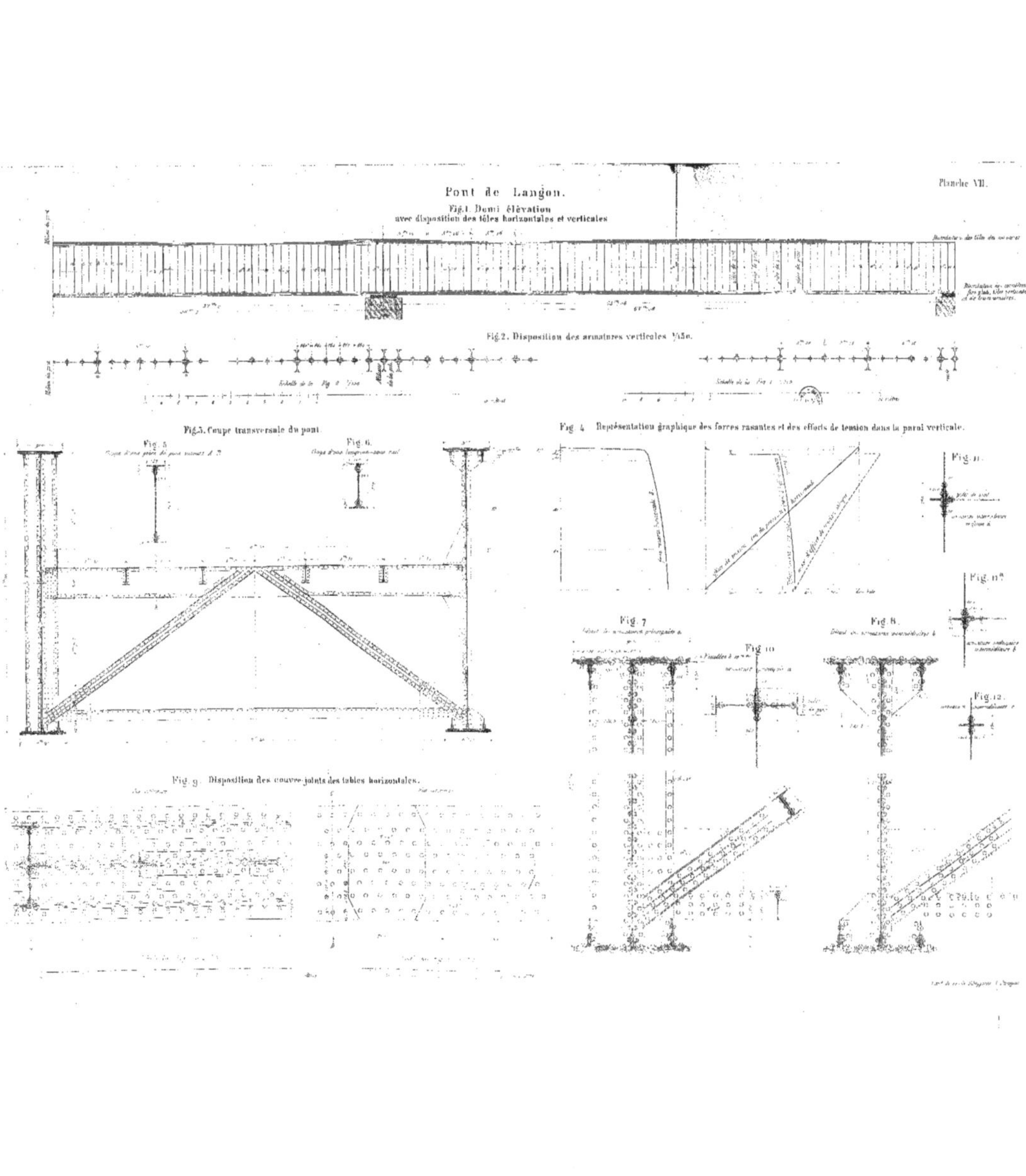

Pont de Langon.
Planche VII.
Fig.1. Demi élévation
avec disposition des tôles horizontales et verticales
Fig.2. Disposition des armatures verticales ⅟₅₀.
Fig.3. Coupe transversale du pont.
Fig.4. Représentation graphique des forces rasantes et des efforts de tension dans la paroi verticale.
Fig.5.
Fig.6.
Fig.7.
Fig.8.
Fig.9. Disposition des couvre-joints des tables horizontales.
Fig.10.
Fig.11.
Fig.12.

Rail de la Metropolitan Railway à Londres.

Fig. 1.
Champignon du rail soumis à la traction.

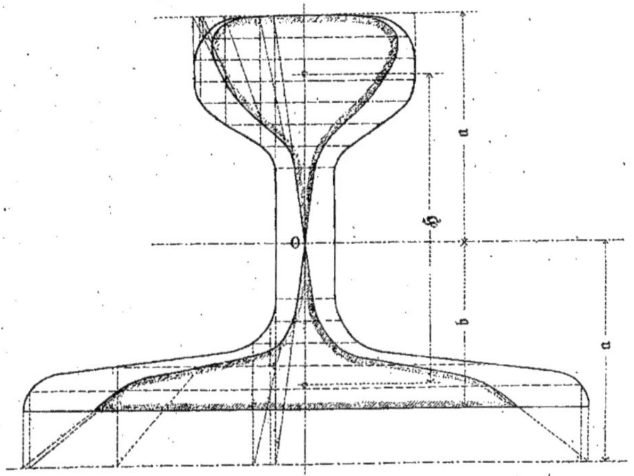

Surface de la partie hâchée $= 2,49$ ☐ pouces anglais $\mathfrak{H} = 3,5''$

$$\frac{\Theta}{\mathfrak{q}} = 2,49 \times \mathfrak{H} = 8,715.$$

Fig. 2.
Patin du rail soumis à la traction.

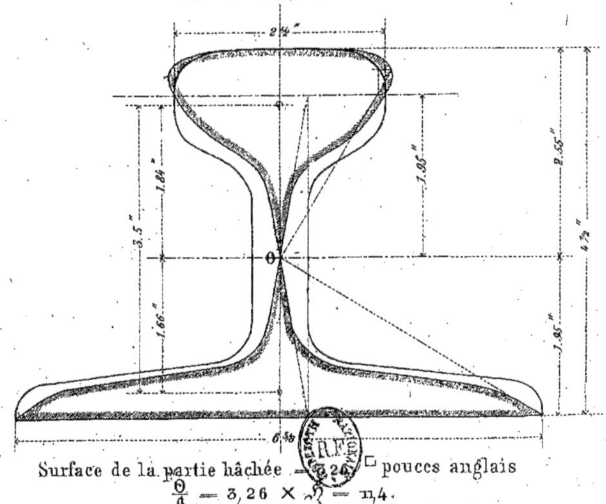

Surface de la partie hâchée $= 3,26$ ☐ pouces anglais

$$\frac{\Theta}{\mathfrak{q}} = 3,26 \times \mathfrak{H} = 11,4.$$

Imprimerie de Woerner et Comp. à Stouttgart.

9 782019 969141